{prometeo}
l i b r o s

CENTROAMÉRICA:
ENTRE REVOLUCIONES Y DEMOCRACIA

Consejo Latinoamericano
de Ciencias Sociales   **CLACSO**   Conselho Latino-americano
de Ciências Sociais

Secretario Ejecutivo: Emir Sader
Secretario Ejecutivo Adjunto: Pablo Gentili
Área de Difusión y Producción Editorial de CLACSO
Coordinador: Jorge Fraga
Programa de Co-ediciones
Coordinador: Horacio Tarcus
Asistencia Editorial: Sabrina González - Lucas Sablich

Consejo Editorial
Alejandro Grimson
Dídimo Castillo
Emir Sader
Gerardo Caetano
Horacio Tarcus
Pablo Gentili
Víctor Vich

Primera edición

Consejo Latinoamericano de Ciencias Sociales – Conselho Latino-americano de
Ciências Sociais
Av. Callao 875 | piso 5° | C1023AAB Ciudad de Buenos Aires | Argentina
Tel [54 11] 4811 6588 | Fax [54 11] 4812 8459 | e-mail clacso@clacso.edu.ar | web
www.clacso.org

CLACSO cuenta con el apoyo de la Agencia Sueca de Desarrollo Internacional (ASDI)

Edelberto Torres Rivas

Presentación: Jorge Rovira Mas

CENTROAMÉRICA:
ENTRE REVOLUCIONES Y DEMOCRACIA

CLACSO

Índice

Edelberto Torres Rivas:
La perspectiva centroamericana

Jorge Rovira Mas[*]

Aproximarse a la comprensión de la obra de un sociólogo comoEdelberto Torres-Rivas, cuya fibra intelectual resumí alguna vezdescribiéndolo como *centroamericano, razón y pasión,* exige establecer esa conexión capital entre *biografía e historia* sobre la que tan inspiradoramente escribiera Charles Wright Mills[1].

La *imaginación sociológica* –como insistía Mills– es la que permite conectar significativamente las *inquietudes personales del medio* con los *problemas públicos de la estructura social*[2]. Gracias a ella es posible colocar lo particular y subjetivo, como desazón y problema, y también como curiosidad que convoca explicaciones, en ese contexto más amplio que es la estructura social en movimiento, es decir, en el marco de la historia. La *imaginación sociológica*, así, crea condiciones para que la sensibilidad ética del analista social tenga la oportunidad de enraizarse y desplegarse con mucha mayor pertinencia y profundidad.

Un rasgo sobresaliente del trabajo de Edelberto Torres-Rivas ha sido poseer una rica *imaginación sociológica* en el sentido de Mills, impregnada de una firme proclividad a adoptar la *perspectiva centroamericana* en cuanto al horizonte espacio-temporal de sus preguntas e indagaciones. En lo que sigue voy

---

[*] Doctor en sociología por la Universidad Nacional Autónoma de México (UNAM). Profesor e investigador de la Universidad de Costa Rica (UCR) en el Programa Centroamericano de Maestría en Sociología y en el Instituto de Investigaciones Sociales (IIS), de los cuales también ha sido director. Esta antología ha sido preparada en el marco del trabajo académico que el compilador realiza en el IIS-UCR, entidad que forma parte de la red de centros que

[1] Charles Wright Mills, "La promesa", en *La imaginación sociológica*, México, Fondo de Cultura Económica, 1961, pp. 23-43.

[2] *Ibid.*, p. 27.

a acercarme a su producción científica desde esta disposición interpretativa, con la cual espero sugerir algunas de las *conexiones de sentido* que más han incidido en ella.

Los primeros años: temas y problemas

Cuando nace en Guatemala, en 1932, Centroamérica iniciaba uno de los más difíciles momentos de su trayectoria social en el siglo xx. Las claves eran varias. Crisis económicas en cada uno de los países como efecto de la crisis mundial iniciada en octubre de 1929 en Estados Unidos, que había traído consigo una caída extraordinaria en los precios del café, principal producto de exportación en manos nacionales. Un malestar social acumulado y una represión brutal para acallarlo en varias de estas sociedades.

Fue 1932 el año del levantamiento campesino en El Salvador y de la sanguinaria represalia del gobierno de Hernández Martínez, con saldo de alrededor de 20.000 muertos entre campesinos e indígenas. Ésos fueron también los años de la indómita lucha nacionalista y antiimperialista que mantuviera Augusto César Sandino desde la región de Las Segovias, en Nicaragua, contra la reincidente y prolongada intervención norteamericana, lucha que concluiría con su traicionero asesinato en 1934 y con una campaña posterior de liquidación de la disminuida resistencia sobreviviente allí. A todo ello vino a sumársele, como correlato, el ascenso casi al unísono de los regímenes autoritarios de tipo tradicional y personalista de Jorge Ubico (1931-1944) en Guatemala, de Maximiliano Hernández Martínez (1931-1944) en El Salvador, de Tiburcio Carías Andino en Honduras (1933-1948) y de Anastasio Somoza García en Nicaragua (1937-1956), militares todos. Estas dictaduras se encargarían de pacificar la región de las turbulencias sociales incrementadas tras el grave deterioro económico. Fortalecerían el papel político de las fuerzas armadas en la historia subsiguiente de Centroamérica y asegurarían la supervivencia, sin cambios significativos, del orden social y político por entonces vigente, agroexportador y oligárquico.

Dictadura y democracia son dos temas que calarían hondo muy temprano en la sensibilidad intelectual, social y política de Torres-Rivas, y que lo han acompañado desde entonces. Mucho más aún por la socialización vivida en el entorno familiar del cual disfrutó. Su madre fue Marta Rivas, oriunda de

Chiquimula (población próxima a Esquipulas, en Guatemala), maestra graduada, mujer inteligente, perspicaz, animosa y con un gran sentido práctico y de organización en la vida, baluarte afectivo de sus tres hijos (dos mujeres, el varón en el medio) y de su marido, a quien, entre tantísimas de sus tareas cotidianas como compañera, ayudó larga y minuciosamente en la elaboración de su libro sobre el poeta Rubén Darío, una biografía aún no superada[3]. Su padre, Edelberto Torres Espinoza, de Masaya, Nicaragua, primero maestro de escuela primaria, profesor después, fue un incansable y ardoroso luchador contra las dictaduras centroamericanas, principalmente contra la de Anastasio Somoza García, lo que lo condujo al destierro durante buena parte de su vida. Fue en ese ambiente familiar, sencillo y modesto económicamente, pero muy estimulante en lo intelectual y en lo ético, que Torres-Rivas modeló sus valores, normas e inquietudes personales duraderas de vida.

En Guatemala, la siguiente década fue la de la caída de Ubico, en 1944, y la del inicio, poco después, de la "revolución de octubre". Por 10 años, entre 1944 y 1954, esta sociedad se convertiría en la divisa del progreso en Centroamérica. Dos gobiernos consecutivos electos democráticamente (el de Juan José Arévalo, 1945-1951, y el de Jacobo Arbenz, 1951-1954, derrocado éste por la reacción conservadora interna con el patrocinio de la Agencia Central de Inteligencia [CIA] de Estados Unidos); la aceleración de la modernización económica, que incluyó la voluntad de promover la industrialización en el país y una amplia reforma agraria en 1952, y la creación de importantes instituciones sociales (código de trabajo, seguridad social, sindicalización de la fuerza de trabajo y otras), fueron parte de aquellos 10 años. Tiempo de grandes ilusiones y expectativas.

Torres-Rivas vivió intensamente aquellos luminosos días de la "revolución de octubre", que presagiaban, como una alternativa posible, una nueva Centroamérica democrática y en proceso de modernización económica y social, a la postre frustrada. Su *ethos*, su sentido moral y político, se forjó al calor de todos estos acontecimientos, familiares y sociales, constituyéndose en primera instancia en una acendrada e interiorizada aversión hacia las dictaduras y como un anhelo de una Centroamérica libre de autoritarismos. En ella ha-

---

[3] Edelberto Torres Espinoza (1898-1994), *La dramática vida de Rubén Darío*, San José, EDUCA, 1982, con cerca de mil páginas, ésta la sexta y última edición que en vida su autor corrigió y amplió, aunque muy recientemente se ha publicado otra en dos tomos, que facilita mucho su lectura.

bría de alcanzarse también la justicia social para aquella población que en su tierra natal era mayoritariamente indígena, explotada y empobrecida, lo que en su caso lo hacía inclinarse claramente hacia una perspectiva del cambio social desde la izquierda. Entre sus varias actividades de entonces, fundó la Alianza de la Juventud Democrática y fue su secretario general durante los años del gobierno de Arbenz, para luego, tras el derrocamiento de éste y durante el inicio de una reversión histórica de profundas y duraderas consecuencias para toda la región centroamericana por más de un cuarto de siglo, exiliarse en México.

Tiempo después retornaría a Guatemala de manera clandestina y por un breve periodo se incorporaría al Partido Guatemalteco del Trabajo (PGT), el Partido Comunista. Al mismo tiempo continuaría con sus estudios universitarios de abogado, carrera en la cual se graduaría en la Universidad de San Carlos (USAC) en 1962 con una tesis de perfil particular, sobre todo sociológico: *Las clases sociales en Guatemala*.

De estas experiencias juveniles emergerían, como los ejes temáticos alrededor de los cuales habrían de girar por largo tiempo sus principales preocupaciones intelectuales, además de la dictadura y de la democracia antes señaladas, el subdesarrollo y el desarrollo, así como las causas del fracaso persistente en los intentos por alcanzar la modernización política y económica en Centroamérica. Como bien lo ha escrito en un trabajo íntimo no publicado: "La militancia política inicial formó mi sensibilidad, pero sobre todo estimuló en mí el interés y la pasión por tratar de entender y de explicar el porqué de tanta pobreza, el porqué de las dictaduras, el porqué de los fracasos de la modernidad en Centroamérica".

La experiencia chilena, formación sociológica y ópera prima

Poco después de culminar sus estudios en el campo del derecho, partiría hacia Santiago de Chile a mediados de los años sesenta, y no retornaría a su país sino para por fin volver a residir en él, hasta prácticamente las vísperas de la firma de los Acuerdos de Paz celebrada en diciembre de 1996; es decir, su ausencia física, que no intelectual, por el seguimiento de la coyuntura en la cual se iba desenvolviendo Guatemala, se prolongaría por más de 30 años. Como afirmó en una entrevista reciente, a propósito de una pregunta sobre su extendida permanencia en el exterior: "[…] pude haber venido a quedarme un tiempo, pero estaría muerto.

Hubo una época en que aquí, en Guatemala, el que andaba con libros era sospechoso; la muerte de Luis de León fue por eso"[4].

En Santiago formó parte de la IV Promoción (1964-1965) de la Escuela Latinoamericana de Sociología (Elas), dentro de la Facultad Latinoamericana de Ciencias Sociales (FLACSO), en donde se diplomaría. En general, la formación sociológica que se recibía allí, sobre todo en sus primeras promociones, era sólida y buscaba ser bastante balanceada entre teoría y técnicas (con buenas bases en estadística), anudadas por una actividad de investigación mediante la cual se llevaba a cabo la articulación metodológica[5]. A ello se agregaba el intercambio personal y académico entre estudiantes muy bien seleccionados de diversos países de América Latina. Sin embargo, al ambiente intelectual que prevalecía allí cuando Peter Heintz la dirigió entre 1960 y 1965 –ya José Medina Echavarría, el primer director de la Elas y uno de los más apreciados, se había marchado de esa posición años atrás—, Edelberto lo calificaba de la siguiente manera: "En FLACSO encontré un clima muy conservador […] No había ningún curso de marxismo; todo era funcionalismo estructural, con alguna orientación antropológica"[6]. Pero quizá lo más importante que le aportó su estadía de varios años en la capital chilena y en Sudamérica hasta finales de la década, fueron dos cosas: el extraordinario ambiente institucional que existía allí para el desarrollo de las ciencias sociales, por un lado, y la oportunidad de trabajar en algunas de esas organizaciones, por otro.

Tenían su sede en la capital chilena la Comisión Económica para la América Latina y El Caribe (CEPAL) –fundada por el doctor Raúl Prebisch en 1948–; la propia FLACSO, naturalmente; el Instituto Latinoamericano de Planificación Económica y Social (ILPES); y las buenas universidades de ese país: la Universidad de Chile y la Universidad Católica. Se reunían también allí científicos so-

---

[4] Francisco Mauricio Martínez, "Entrevista al maestro y amigo Edelberto Torres-Rivas", en *Revista Dominical de Prensa Libre*, Ciudad de Guatemala, 17 de junio de 2007.

[5] Rolando Franco, *La FLACSO clásica (1957-1973): vicisitudes de las ciencias sociales latinoamericanas*, Santiago, FLACSO-Chile, 2007, pp. 72-73.

[6] Cita de la entrevista que le hizo, en 2006, Gilles Bataillon, titulada "Edelberto Torres-Rivas: entrevista con el hijo de un exiliado nicaragüense en Guatemala", referida por Rolando Franco en *La FLACSO clásica (1957-1973): vicisitudes de las ciencias sociales latinoamericanas, op. cit.,* p. 73.

ciales de la talla de José Medina Echavarría, Fernando Henrique Cardoso, Theotonio dos Santos, Vania Bambirra, Jorge Graciarena, Aldo Solari y muchísimos más, entre ellos algunos de los que se iban graduando en la Elas de FLACSO, algo más jóvenes pero muy talentosos, como Enzo Faletto.

Eran los años en los en que el proceso de desarrollo latinoamericano transitaba las sendas de una industrialización alrededor de la cual se despertaban grandes expectativas desde finales de los cuarenta y durante los cincuenta; eran los días en que, tras muchas negociaciones, habían comenzado a funcionar los acuerdos de integración económica (el Mercado Común Centroamericano, la Asociación Latinoamericana para el Libre Comercio, el Pacto Andino); eran también los primeros años de la Revolución Cubana.

Todo ello, en el terreno de las ciencias sociales, conmovía los análisis y las reflexiones sobre el desarrollo latinoamericano. El *estructuralismo cepalino* en economía y la *teoría de la modernización* en sociología constituían los paradigmas interpretativos dominantes en los años cincuenta e inicios de los sesenta, el primero liderado por el doctor Prebisch y el segundo por ese notable sociólogo que fue el doctor Gino Germani, quien trabajaba en la Universidad de Buenos Aires. Pero hacia la mitad de estos últimos años, justo cuando Edelberto concluía su maestría en sociología en FLACSO, era evidente para algunos de los críticos más agudos del proceso de desarrollo regional que éste no patentizaba el dinamismo esperable de él gracias a la aceleración de su industrialización. La sociedad latinoamericana parecía orientarse hacia un callejón incapaz de satisfacer las expectativas, sobre todo en materia de distribución del ingreso, transformación de las estructuras de la propiedad agrícola, en materias sociales y también políticas, alrededor de las cuales tantas esperanzas se habían cifrado y empezaban a verse frustradas. Frente a lo cual, como es sabido, la Revolución Cubana aparecía entonces como una alternativa que satisfacía grandes ilusiones incumplidas del desarrollo de América Latina, las que parecían irse tornando inviables en un marco capitalista.

Fue en estos ambientes institucionales, intelectuales y teóricos, que nutrió su formación sociológica Torres-Rivas, y frente a los cuales se fue posicionando. En el ILPES trabajó por un tiempo y allí –aspecto poco conocido del proceso de génesis del enfoque de la *dependencia*– Fernando H. Cardoso conformaría un grupo de análisis y reflexión en torno del tema del desarrollo, que funcionaría entre 1966 y 1967, al cual asistirían regularmente los jueves en la tarde, además de él, Enzo Faletto (chileno), José Luis Reyna (mexicano), Aníbal Quijano (peruano), Theotonio dos Santos y Vania Bambirra (brasileños), además de Edelberto y otros colegas más[7]. Fue de esos prolongados e intensos intercambios que saldría finalmente *Dependencia y desarrollo en América Latina*[8]. Y fue con base en las actividades de ese grupo que igualmente Torres-Rivas elaboró –exigido como estaba de reflexionar sistemáticamente sobre el desarrollo de Centroamérica para presentar sus contribuciones al grupo de los jueves– la que sería de verdad su ópera prima, y una de sus más influyentes contribuciones, *Interpretación del desarrollo social centroamericano*[9]. Esta obra sería muy leída, y sobre todo estudiada, en Centroamérica a lo largo de la década siguiente, la de los años setenta, justo cuando se institucionalizó la enseñanza de la sociología en la región. Si bien la obra de Cardoso y Faletto no tardó en conocerse, con la de Torres-Rivas se introdujo el enfoque de la dependencia referido directamente a los países centroamericanos, pero con un alcance mayor que el de país por país, es decir, con una visión de conjunto que relevaba lo común y lo diverso a un tiempo de sus estructuras sociales y sus procesos históricos, y ofrecía una visión comprensiva de larga duración de aquéllas y de éstos a partir de la Independencia.

Lo más valioso de la obra no se encontraba en los datos sino en la nueva mirada que a ellos se les daba. A la interpretación que se ofrecía, a partir de las categorías e hipótesis propias del planteamiento dependentista, de cada una de las principales fases o periodos del desarrollo de Centroamérica, hasta la constitución del *nuevo carácter de la dependencia*[10], que es temáticamente a lo que se dedica el último capítulo de *Interpretación del desarrollo...*

---

[7] Detalle que recoge Rolando Franco, *La FLACSO clásica (1957-1973): vicisitudes de las ciencias sociales latinoamericanas*, *op. cit.*, pp. 155-156, a partir de un intercambio con Torres-Rivas, pero también relatado por éste en la sesión de homenaje a su trayectoria como centroamericanista, que le ofreció la Central American Section (CAS) de la Latin American Studies Association (LASA) el 6 de septiembre de 2007 en su XXVII Congreso de Montreal (Canadá), y en la cual participé.

[8] F. H. Cardoso y E. Faletto, *Dependencia y desarrollo en América Latina*, México, Siglo XXI, 1969.

[9] Este libro se publicó por primera vez en 1969 (al igual que la edición con alcance latinoamericano del escrito por Cardoso y Faletto), bajo el título de *Procesos y estructuras de una sociedad dependiente: el caso de Centroamérica*, originalmente publicado por la Editorial Prensa Latinoamericana (PLA) de Santiago de Chile, pero que es mejor conocido por el título con que fue publicado en San José por la Editorial Universitaria de Centroamérica (EDUCA), *Interpretación del desarrollo social centroamericano*, y que cuenta con numerosas ediciones desde 1971.

[10] F. H. Cardoso y E. Faletto, *Dependencia y desarrollo en América Latina*, *op. cit.*, p. 130, pero también recuérdese el clásico artículo de Theotonio dos Santos titulado precisamente así, "El nuevo carácter de la dependencia", publicado originalmente como el *Cuaderno Nº 6* del Centro de Estudios Socioeconómicos (CESO), en 1967, y luego reproducido en numerosos libros.

El texto aportaba contribuciones interpretativas para cada una de las fases del desarrollo: la de la *anarquía* y la imposibilidad que implicó de conformar exitosamente la federación centroamericana; la del *período de expansión hacia fuera*, con las dificultades para asegurar la inserción en el mercado mundial capitalista, la muy precaria constitución de los Estados nacionales en la región y los rasgos de la evolución social en este periodo; la *primera crisis del orden agroexportador oligárquico*, a partir de 1929, que en sus efectos económicos, sociales y políticos fue tan diferente de las que ocurrieron en los países de mayor desarrollo capitalista relativo de América Latina (como México y los del Cono Sur, en los cuales se concentraba en demasía la atención analítica de los principales formuladores del enfoque dependentista); la *transición de la postguerra* (a partir de 1944), con su diversificación agroexportadora y el dificultoso inicio de la industrialización en Centroamérica, hasta el proyecto de integración económica de los años sesenta del siglo XX, que tantas expectativas provocó.

La tesis de fondo con la cual cerraba la obra no podía ser más inquietante, porque a partir de ella se enunciaba una crítica profunda al proyecto integracionista y sus alcances, en el preciso momento en el cual experimentaba sus años dorados (en la segunda mitad de los años sesenta, poco antes del conflicto armado entre El Salvador y Honduras de julio de 1969, mal denominado "Guerra del Fútbol", que le produjo una primera, temprana e importante fractura). Su argumento central era el siguiente: si bien había habido un importante crecimiento económico en la región en la posguerra, propiciado por una nueva diversificación y ampliación de la agroexportación, y cierta modernización productiva, además de la industrialización sustitutiva de importaciones que entonces se impulsaba dirigida al recién establecido Mercado Común Centroamericano (1960), todo esto sucedía constreñido por las siguientes limitaciones estructurales: en primer lugar, por la transacción política entre la oligarquía vinculada con el agro renuente a la modernización y los industrializadores (muchas veces procedentes de aquélla), un acuerdo político entre ambos sectores para no modificar lo que Torres-Rivas denominaba "el talón de Aquiles" del sistema socioeconómico centroamericano, es decir, el mundo rural, en donde habitaban dos tercios de la población. Aquí prevalecían pautas de elevada concentración de la propiedad, proletarización en aumento pero con alta explotación de la fuerza de trabajo, y patrones productivos muy atrasados en el sector campesino. En segundo lugar, la industrialización, que si bien al principio fue un proyecto de un sector de débiles elites nacionales, en el momento final de su diseño se configuró para abrirle espacio al capital extranjero, principalmente norteamericano, que entonces lo penetró y se convertiría en su principal ganancioso. De esta manera la industrialización, subordinada al capital extranjero, configuradora de una nueva forma de dependencia de la región con respecto a los centros económicos y políticos del sistema capitalista mundial, en concordancia con la estructura del mundo rural, apuntaban a límites que eran prácticamente imposibles de trascender, excepto que se gestara "[…] una sólida alianza de clases a nivel nacional y centroamericano, que hoy no tiene posibilidades de darse"[11]. El proyecto integracionista de los años sesenta quedaba así condenado a promover una modernización restringida, beneficiaria de los estratos sociales altos y medios de la sociedad centroamericana, pero en modo alguno conducente a un desarrollo capitalista profundo, liderado por el capital nacional y con un impacto social generalizado.

La obra tenía un valor agregado poco percibido entonces, y quizás en parte todavía, porque su amplia circulación se circunscribió a Centroamérica: enriquecía la literatura que analizaba críticamente el desarrollo capitalista latinoamericano desde la perspectiva dependentista, al aportar un estudio de casos nacionales y de una región en su conjunto escasamente conocida por los principales sociólogos de los países latinoamericanos de mayor desarrollo relativo, los más influyentes en el debate teórico.

El regreso a Centroamerica: los grandes desafíos

Aportes a la institucionalización de la sociología

Entre 1969 y 1970 Torres-Rivas realizó sus estudios de doctorado en la Universidad de Essex (Inglaterra). Pero ya desde principios de los años setenta quiso acercarse a América Central. Gracias a la Universidad Nacional Autónoma de México (UNAM), que lo contrató como profesor e investigador en el Instituto de Investigaciones Sociales (IIS-UNAM) y en la División

---

[11] Edelberto Torres-Rivas, *Interpretación del desarrollo social centroamericano*, *op. cit.*, p. 270.

de Estudios Superiores de la Facultad de Ciencias Políticas y Sociales, pudo realizar una primera aproximación.

Luego, a partir de 1972, volvería a residir en Centroamérica, y aquí se afincaría aún más tras su matrimonio, en 1974, con la abogada costarricense Cecilia Crespo, compañera infatigable y mujer atenta a todos los detalles de la vida familiar, apoyo afectivo de centralísima significación en la agitada vida que Edelberto desarrollara en San José, con alcance centroamericano, el primer posgrado en esta disciplina, es decir, una promoción de la Maestría Itinerante en Sociología Rural (la que antes se había impartido en Asunción, Paraguay, y en Quito, Ecuador), patrocinada por el Consejo Latinoamericano de Ciencias Sociales (CLACSO).

También entre 1978 y 1979, junto con el costarricense Oscar Fernández, quien lideraría este empeño, y otros docentes de la Universidad de Costa Rica, entre ellos Eugenio Fonseca Tortós, graduado de la primera promoción de la Elas-FLACSO, propiciaría el surgimiento del Programa Centroamericano de Maestría en Sociología de la Universidad de Costa Rica, acreditado desde entonces por el CSUCA, y que muy pronto cumplirá 30 años de funcionamiento. De esta manera coadyuvaba otra vez al inicio, en Centroamérica, de la institucionalización de la formación sociológica, pero ahora con nivel de posgrado. En fin, que se trató de una década durante la cual dedicó una gran energía, en su dimensión docente y en la de creación de instituciones, al establecimiento de la enseñanza de la disciplina y a su fortalecimiento.

Pero no se limitó a eso. Dos temas principales[12] atrajeron la atención del investigador. El primero fue el agrario: la estructura social del campo, los procesos de proletarización estimulados por la diversificación agroexportadora capitalista de la posguerra, las relaciones urbano-rurales, entre otros. El segundo, el de las relaciones de poder en Centroamérica, particularmente el proceso sociohistórico de su configuración y las vicisitudes por las cuales ha atravesado la formación del Estado nacional en estas pequeñas y débiles sociedades dependientes, aspecto este último que luego retomaría, a inicios de los años ochenta. Tres estudios sobresalen, dos de ellos que se complementan muy bien entre sí en términos del alcance temporal que cubren: "Síntesis

---

[12] Para un examen detallado de sus publicaciones y los temas a lo largo de los años setenta, puede revisarse la bibliografía de Torres-Rivas al final de la antología.

histórica del proceso político" (1975)[13], muy concentrado en la génesis y el desarrollo del Estado liberal-oligárquico y en el carácter de la política oligárquica; y el otro, escrito con Vinicio González, "Naturaleza y crisis del poder en Centroamérica" (1972 y 1975)[14], en el cual se analiza la dinámica política en la posguerra, incluido el periodo del Mercomún. El tercero ha sido incorporado a la presente antología y aborda agudamente el final de uno de los procesos más trascendentales del ciclo político centroamericano de posguerra: "Crisis y coyuntura crítica: la caída de Arbenz y los contratiempos de la revolución burguesa" (1979)[15].

Los años de la crisis en Centroamérica

El inicio de la siguiente década, la de los años ochenta, implicó para Centroamérica un doble quiebre histórico, como el de buena parte del resto de América Latina, pero con especificidades insoslayables.

El ciclo político de la posguerra –que transcurrió desde la "revolución de octubre" de Guatemala (1944-1954) hasta el *desplazamiento* del régimen de los Somoza por los sandinistas en julio de 1979, único sobreviviente de cuantos se establecieron desde los años treinta en la región–, llegaba a su fin. Se trataba de la crisis definitiva del sistema de dominación impuesto por la oligarquía con el auxilio de las fuerzas armadas y grupos de tecnócratas. Dicho sistema se había logrado reformular y había sobrevivido varias décadas más allá de la desaparición de las dictaduras personalistas a partir de 1944, con sólo aquella excepción, frustrando una y otra vez, mediante fraudes electorales y golpes de Estado, todos los eventos democratizadores y quebrando todas las ilusiones de establecer, al menos, democracias representativas legítimas en Centroamérica. Era también el comienzo de la cancelación del patrón de crecimiento capitalista prevaleciente durante dicho ciclo (diversificación agroexportadora, industrialización sustitutiva de importaciones, Estado un

---

[13] Para un examen detallado de sus publicaciones y los temas a lo largo de los años setenta, puede revisarse la bibliografía de Torres-Rivas al final de la antología.

[14] En *Estudios Sociales Centroamericanos*, N° 3, septiembre-diciembre, San José, CSUCA, 1972, pp. 37-81, posteriormente incluido en Eduardo Lizano F. (comp.), *La integración económica centroamericana*, tomo II, México, Fondo de Cultura Económica, 1975, pp. 252-294.

[15] Publicado en *Revista Mexicana de Sociología*, vol. XLI, N° 1, enero-marzo de 1979, pp. 297-323.

poco más fuerte e intervencionista que en tiempos del liberalismo, pobreza generalizada y elevada concentración del ingreso), en el marco más amplio de la crisis capitalista internacional de los años setenta y de la reorientación del capitalismo mundial bajo una incipiente hegemonía neoliberal.

Los años ochenta fueron extremadamente dolorosos y difíciles para toda Centroamérica, pero también fue un tiempo de parto, al principio indescifrable, que avanzó a puros tanteos. Todo ello en el marco de un contexto latinoamericano cambiante también, en dirección hacia la democracia, y de un contexto mundial que tomaba caminos insospechados, como el de las consecuencias derivadas del derrumbe del *socialismo real* en la Unión Soviética y en Europa del Este.

En realidad, de lo que se trató en Centroamérica durante esa década fue de una lucha abierta y frontal de proyectos políticos.

Por un lado, el de las fuerzas insurrectas de izquierda que anhelaban derrocar esas *democracias de fachada* –como alguna vez las llamó Mario Solórzano–[16], sostenidas a punta de manipulaciones políticas y de bayonetas, y de avanzar hacia el socialismo, muy influidas por la imagen de Cuba en el caso de la Revolución Sandinista (al menos en lo que se denominaba su *proyecto histórico*, no el que la realidad impuso, el *proyecto táctico*: economía mixta, pluralismo político y no-alineamiento). Por otro lado, el proyecto de la derecha recalcitrante, avalada por militares y empresarios anticomunistas con respaldo declinante de Estados Unidos a tales posiciones extremas, de preservación del *statu quo ex ante* 1979, con algunas concesiones. Finalmente, en posiciones alrededor del centro político –bien hacia el centro-derecha con apoyo norteamericano, bien hacia el centro-izquierda, próximas a la social-democracia en este último caso–, se encontraba la opción de institucionalizar una democracia representativa operante, que contaba al inicio con menores recursos de poder fácticos. Pero no sería sino hasta el arribo de la siguiente década, la de los noventa, que el nuevo panorama político se iría decantando como una *resultante histórica*, es decir, como un vector de desarrollo político que se inclinaba más fuertemente hacia negociaciones y acuerdos para institucionalizar la democracia representativa. *Resultante histórica* que emergía sin que ésta hubiera sido la primera y más acariciada preferencia de

---

[16] Mario Solórzano Martínez, "Centroamérica: democracias de fachada", en *Revista Sistema*, Nros. 60-61, junio de 1984, pp. 103-133.

ninguno de los principales actores involucrados en el prolongado y cruento contencioso regional.

En este clima político e intelectual, que Torres-Rivas vivió con intensidad cuando alcanzó su medio siglo de vida, y a lo largo de toda la siguiente década, su reflexión y su producción se concentraron en gran medida en el tema de la crisis centroamericana, en comprender su origen más profundo, las fuerzas que se encuentran en la liza, los escenarios posibles. Es un tiempo febril, en el cual saca recursos de sí y de otros no sólo para adentrarse en la aprehensión del curso que va produciendo el proceso histórico, sino también para hacer avanzar aún más la institucionalización de la actividad de las ciencias sociales en la región y para convocar a la realización de uno de sus más valiosos legados.

Al principio de la década se traslada desde el CSUCA, en donde había permanecido por alrededor de ocho años, al Instituto Centroamericano de Administración Pública (ICAP), localizado también en San José, en donde desarrolla tareas docentes y de investigación hasta 1984. Allí coordinó dos proyectos, de los cuales uno en particular, "Evolución del sector público en Centroamérica", dejaría varios libros escritos por él y otros colegas.

El suyo, en colaboración con Julio César Pinto, es *Problemas en la formación del Estado Nacional en Centroamérica*[17]. Dos artículos sobresalen en la producción de estos primeros años de la década, ambos incluidos en esta antología. El primero es de índole teórica: "La nación: problemas teóricos e históricos"[18]. El segundo es el notable trabajo titulado "Ocho claves para comprender la crisis en Centroamérica", que tiene la singularidad de haberse escrito justo a inicios de 1981, cuando la crisis política apenas despuntaba, y con el cual aporta una comprensión interpretativa profunda de una dinámica sociopolítica en ciernes y extremadamente compleja. Este análisis se encuentra incorporado en su libro *Crisis del poder en Centroamérica*[19], que contiene también otros de mucha valía, como "El Estado contra la sociedad: las raíces de la revolución nicaragüense".

Al final de su período en el ICAP fundó, con Gabriel Aguilera Peralta, buen amigo guatemalteco, el Instituto Centroamericano de Documentación

---

[17] Publicado por el ICAP en San José en 1983.

[18] En Norbert Lechner (ed.), *Estado y política en América Latina*, México, Siglo XXI, 1981, pp. 87-132

[19] Publicado en San José por la Editorial Universitaria de Centroamérica (EDUCA), 1981, pp. 71-112.

e Investigación Social (ICADIS), cuya sede estaría en San José. Si bien desde antes habían empezado a publicar la revista *Polémica* –un buen punto de encuentro para los académicos centroamericanos que vivían en la región y para aquellos que residían fuera de ella, casi siempre por circunstancias políticas ajenas a su voluntad–, la revista cobró aún más fuerza tras la constitución del ICADIS. Desde esta entidad, a partir de una donación de la Fundación Ford, conforme avanzaba la crisis política y económica, se pudo emprender el más ambicioso de los proyectos que procuraron adentrarse en las causas de la crisis regional y en las alternativas que se le abrían entonces a la América Central. Este macroproyecto de investigación, que reunió a más de 20 investigadores centroamericanos durante los años 1985-1987 y que produjo al final numerosos libros y artículos, se denominó "Crisis y alternativas en Centroamérica". Además de ICADIS, apoyó el estudio la Coordinadora Regional de Investigaciones Económicas y Sociales (CRIES), con sede en Managua (Nicaragua), que entonces estaba a cargo del sacerdote jesuita Xabier Gorostiaga, después rector de la Universidad Centroamericana (UCA) de ese país, fallecido en años recientes.

La segunda mitad de los años ochenta fue para Torres-Rivas de un infatigable trabajo a favor del desarrollo de las ciencias sociales en América Latina. En 1985 fue nombrado por cuatro años, y luego reelecto hasta 1993, como secretario general de la Facultad Latinoamericana de Ciencias Sociales (FLACSO), cuya sede central había sido trasladada a San José desde 1979 por el costarricense Daniel Camacho Monge. Contribuiría desde la Secretaría General al establecimiento en Centroamérica de tres *programas* –el de Guatemala y el de Costa Rica llegarían luego a ser *sedes*–: FLACSO-Guatemala (1987), FLACSO-Costa Rica (1992) y FLACSO-El Salvador (1992).

Sus responsabilidades administrativas no le hicieron disminuir energías para entregarse también a la investigación. Desde la secretaría general de FLACSO se propuso, al acercarse el quinto centenario del Descubrimiento de América (1492-1992), conseguir fondos de las comunidades europeas y de España para desarrollar otro macroproyecto. Se tituló "Historia y sociedad en Centroamérica", y con él se vincularon 32 investigadores a lo largo de los años 1989-1992. Al inicio de 1993 se publicaría por fin una nueva *Historia general de Centroamérica*, en seis tomos, con una perspectiva moderna y actualizada, que es hoy de ineludible consulta para los estudiosos de esta región de América Latina.

Fue su coordinador general y el editor del último de los tomos: *Historia inmediata*.

Ahora bien, conforme fueron avanzando los últimos años de la segunda mitad de los ochenta –sobre todo tras los Acuerdos de Esquipulas II de agosto de 1987 entre los presidentes centroamericanos– y ya plenamente en los noventa, y la alternativa de salida de la crisis se iba inclinando definitivamente hacia procesos negociadores para clausurar el conflicto armado con garantías mínimas para los diferentes actores en un marco institucional democrático, su mirada analítica sobre la región fue cambiando al mismo tiempo. Emerge entonces como su principal centro de indagación, hasta el día de hoy, la cuestión de la democracia en sociedades como las centroamericanas.

¿Cuáles son las democracias posibles en Centroamérica? ¿Qué funciones han venido cumpliendo las elecciones en los distintos momentos históricos y en las sociedades de la región recientemente? ¿Cuáles son los desafíos que tienen estas democracias electorales? ¿Cómo se constituyen ciudadanías conscientes, actuantes, participativas, en sociedades con enormes déficit sociales? ¿Cuáles son los retos de los partidos políticos *vis a vis* su débil y casi inexistente institucionalidad y funcionalidad en el pasado, y de cara también a las funciones que se le exigen en estas democracias? ¿Cuáles son las condiciones de posibilidad del *buen gobierno*? ¿Cuál es la relación entre el *Estado realmente existente* en Centroamérica y el desarrollo de la democracia? ¿Cuáles son los desafíos que tiene hoy la izquierda aquí? ¿Cuáles son los déficit y los retos en general de la consolidación de la democracia en Centroamérica?

De estos años, y sobre estos temas, he seleccionado dos trabajos: "Los desafíos del desarrollo democrático en Centroamérica"[20] y su breve pero enjundioso estudio comparativo sobre la democracia en las dos sociedades que se han localizado en las antípodas de la región a lo largo de su historia, y no menos en el transcurso de la segunda mitad del siglo XX, después de 1954, titulado "Contrapunto entre reforma y revolución: la democracia en Costa Rica y Guatemala"[21].

---

[20] En Joan Botella y Josep M. Sanahuja (eds.), *Centroamérica después de la crisis*, Barcelona, Institut de Ciències Polítiques i Socials de la Universitat Autònoma de Barcelona, 1998, pp. 153-197.

[21] En el libro de Jorge Rovira Mas, *La democracia de Costa Rica ante el siglo XXI*, San José, Editorial de la Universidad de Costa Rica-Instituto de Investigaciones Sociales-Fundación Friedrich Ebert, 2001, pp. 21-40.

El regreso a casa

Al concluir su gestión en la secretaría general de FLACSO (1993) y su colaboración en el Programa Costa Rica de esta misma institución (1994), que él contribuyó decisivamente a establecer, es decir, tras nueve años en este organismo, pasó dos realizando investigaciones e impartiendo cursos en Europa. En el segundo semestre de 1994 estuvo varios meses en Holanda escribiendo sobre el tema de la violencia en Guatemala, tras haberse hecho acreedor de la prestigiosa Beca de Investigación Príncipe Bernardo de ese país europeo. Y en España lo acogieron instituciones como el Instituto Ortega y Gasset, la Universidad Complutense de Madrid, la Universidad de Salamanca y la Universidad Autónoma de Barcelona.

Por fin, más de 30 años después de haber abandonado Guatemala, Torres-Rivas regresa a casa cuando el cierre de la beligerancia armada entre la Unidad Revolucionaria Nacional Guatemalteca (URNG) y el gobierno es inminente (la firma de los Acuerdos de Paz se concretaría a finales de diciembre de 1996). Se va concluyendo así la difícil y prolongada transición a la democracia en su país. Para entonces tiene 64 años. Llega a Guatemala a incorporarse a una dinámica social y política que tiene mucho de vieja aún, pero también algo nuevo importante y que le significa, en la tercera parte de su vida, ver concretado un anhelo parcial de su juventud, a partir del recuerdo y de la experiencia de la sociedad que bajo la dictadura de Ubico lo vio nacer. Queda un larguísimo camino por delante que recorrer. Guatemala sigue siendo una de las sociedades más pobres y desiguales de América Latina; la democracia es débil y el Estado, inhibido en sus alcances y en su potencial por una clase capitalista racista y reacia a concesiones incluso mínimas, lo es tanto o más. Pero el tiempo es propicio para sembrar…, lo que cada cual pueda.

Gracias al soporte del United Nations Research Institute for Social Development (UNRISD), con sede en Ginebra, su regreso a Guatemala se facilita mediante el desarrollo de la investigación "Sociedades desgarradas por la guerra". Se incorpora también a la sede de FLACSO en Guatemala, y colabora en docencia con la Universidad Rafael Landívar. Pero poco tiempo después empezaría a laborar en el Programa de las Naciones Unidas para el Desarrollo (PNUD) en la preparación de los Informes Nacionales de Desarrollo Humano, actividad en la que se desempeña principalmente en la actualidad.

El retorno a Guatemala también ha significado una concentración temática en derredor de esta sociedad: la democracia en ella, el comportamiento electoral, la izquierda allí, el multiculturalismo, la ciudadanía étnica. De este período he seleccionado su provocadora reflexión sobre las ciencias sociales, titulada "Acerca del pesimismo en las ciencias sociales"[22]. Y también su breve trabajo que describe la estructura social guatemalteca poco después de los Acuerdos de Paz, al iniciarse el siglo XXI: "Guatemala 2000: un edificio de cinco pisos. (Introducción a un análisis de estratificación social)"[23], que conmociona por la manera como evoca la inmensa desigualdad que allí prevalece y los condicionamientos que se imponen para obstaculizar la movilidad social.

El itinerario intelectual seguido por Edelberto Torres-Rivas, como en parte el de la generación de sociólogos latinoamericanos a la cual pertenece, al igual que el derrotero temático transitado por la misma sociología en su ya casi septuagenaria historia en América Latina, ha abarcado desde la preocupación central por el desarrollo, pasando por la revolución, hasta el análisis y la crítica, desde la sociología política, de estas *democracias realmente existentes*.

Pero siempre insatisfecho y nunca complaciente.

San José de Costa Rica, agosto de 2008

---

[22] Publicado en la *Revista de Ciencias Sociales*, N° 94, 2001 (IV), San José, Universidad de Costa Rica, pp. 151-167.

[23] Publicado en la *Revista de la Universidad de San Carlos de Guatemala*, tercer trimestre, Ciudad de Guatemala, Universidad de San Carlos de Guatemala, 2005.

ANTOLOGÍA DE
EDELBERTO TORRES RIVAS

Crisis y coyuntura crítica: la caída de Arbenz y los contratiempos de la revolución burguesa[24]

1. El acontecimiento

Cuando Jacobo Arbenz anuncia con entrecortada voz su renuncia definitiva a la Presidencia de la Nación, por la Cadena Nacional de Radiodifusión, la noche del 27 de junio de 1951, causas y efectos de una situación crítica parecieran quedar anudados para revelar, en el dramatismo de la caída, la exacta significación de la conjura. No fue aquél, el acto de renuncia, un acto de denuncia plena llevada a sus últimas consecuencias. En esa medida no fue el acto final en el que el acontecimiento llega al límite y se resuelve por sí mismo, como lo fue el suicidio de Vargas, el 24 de agosto de 1954, o el asesinato de Allende, el 11 de septiembre de 1973.

No es que a la caída de Arbenz le hiciera falta su muerte, sino que aquélla pecó propiamente de ambigüedad, por el contenido de su mensaje final, que sin duda paralizó las encrespadas energías del apoyo popular. Ambiguo porque solicitó el respaldo de las mayorías, próximas al asalto del poder, para su sucesor militar y al evitar consecuentemente el esperado llamamiento para la resistencia frontal.

Aquella noche estaba teniendo éxito la primera operación que contra sucesivos gobiernos extranjeros organizó y empujó la Agencia Central de Inteligencia (CIA)[25]. Fue ésa sin duda la primera oportunidad que tuvo el gobierno norteamericano de "montar" procesos contrarrevolucionarios en América Latina.

---

[24] Texto extraído de la *Revista Mexicana de Sociología*, año XLI, vol. XLI, Nº 1, enero-marzo de 1979, pp. 297-323.

[25] En recientes publicaciones de un Comité Especial del Senado Norteamericano (Senate Select Committe on Inteligence) se apunta que la de Arbenz fue la primera –y exitosa– intervención de la CIA en sus actividades en el extranjero. El interés puesto por el gobierno de Eisenhower y, especialmente, por el jefe de la política exterior, John F. Dulles, excedió ciertamente la significación del problema local, la

Puesta a prueba esa capacidad policíaca, diremos que la caída de Arbenz, que es también la derrota local de un movimiento de aquel país para lidiar con los movimientos progresistas en el período nacionalista, puso en evidencia la incapacidad de la política exterior de la postguerra.

Los entretelones del complot interno y de la crisis política que se fue gestando desde 1953 para trasladarse en el momento culminante, en junio del 54, al interior del ejército son menos conocidos –peor evaluados– que la crónica de la extensa campaña de descrédito y ablandamiento que en el período más álgido de la guerra fría realizó el imperialismo norteamericano[26]. Hubo aquí un entrevero de factores internos y causas externas, confundidas a medida que la crisis se fue profundizando. Hace falta un análisis detenido y con las ventajas de la distancia transcurrida para establecer la contribución de todas ellas en el acontecimiento. De ahí que la renuncia de Arbenz no pueda ser comprendida solamente ni como resultado de una profunda desmoralización personal ni como producto exclusivo y exitoso de una conspiración extranjera. Es cierto que el acontecimiento por sí mismo marca la coyuntura, pero aquél sólo se entiende en el marco de la lógica histórica de ésta. También es cierto que el hecho crítico, final, se mueve con una lógica propia, la del momento que, cuando es decisivo, señala las discontinuidades del proceso, y que muestra así la verdadera dimensión de los movimientos históricos. Así, renuncia y complot (o viceversa), o ambos y con ellos el golpe de Estado previsto como resultado de aquellos afanes, pertenecen a un proceso mayor que les presta sentido. Es la historia que se impone sobre la anécdota. O como diría mejor un historiador, la estructura que funda y otorga sentido al movimiento.

El telón de fondo lo constituye la experiencia democrática que el país empezó a experimentar en la postguerra, cuando la dictadura terrateniente del

---

expropiación de la United Fruit Co., para convertirse, en el brutal clima de la guerra fría, en el problema de detener la penetración comunista. Un asunto de nacionalización fue convertido en un problema político-militar con la Unión Soviética.

[26] Hay una extensa fuente documental sobre el tema. Pocos trabajos tan aleccionadores por su cinismo indisimulado como la tesis doctoral de R. Chakof, *Communist Toehold in the Americas: A History of Official United States Involvement in the Guatemala Crisis, 1954*, Miami, Florida State University, 1967. Así como John R. Beal, *John Foster Dulles: A Biography*, Nueva York, Harpers & Brothers, 1957; Daniel E. James, *Red Design for the Americas Guatemalan Prelude*, Nueva York, The John Day Co., 1954; Ronald Schneider, *Comunism in Guatemala, 1944-54*, Nueva York, Frederick A. Praeger, 1963. De distinta concepción, es importante el trabajo de John Gerassi, *The Great Fear in Latin America*, Nueva York, Collier Books, 1965.

general Jorge Ubico se desploma al enfrentar, en junio de 1944, una generalizada resistencia civil de la mediana y pequeña burguesía urbana, a las que la política económica conservadora del último gobernante liberal había terminado por sofocar. La derrota de la dictadura, en junio de 1944, se completó el 20 de octubre del mismo año, cuando un triunvirato de generales viejos, herederos y representantes del peor estilo oligárquico, fueron violentamente desalojados del poder.

Terminó así, casi a la mitad de este siglo, el período de la llamada *república cafetalera*, que fue como una maligna prolongación, ya decadente, del ideario liberal. Fue, sin duda, el fin de una época.

Y por el curso que inmediatamente después tomaron las cosas, la búsqueda de la diversificación de la estructura económica, la renovación institucional del Estado, la emergencia política de nuevos grupos sociales, etcétera, se llamó a ese punto de arranque, y al proceso mismo, la "revolución de octubre", imprecisa pero inevitable calificación de una etapa que en su desarrollo pudo haber tenido esa significación global.

La historia de la "revolución de octubre" (1944-1954) no ha sido hecha todavía, salvo las crónicas que siguieron al momento posterior de su derrota y que constituyen testimonios valiosos pero limitados por la exégesis o por la diatriba pero marcados siempre por la anécdota[27]. Tal vez ese análisis ha esperado el paso del tiempo para ganar objetividad. Lo cierto es que a diestra y siniestra ella no ha existido. Los críticos anticomunistas la han juzgado como un proceso anómalo que perdió rápidamente su rumbo. Al extraviarlo, estaba condenada al fracaso, como si esa inevitabilidad estuviera dada desde dentro del proceso mismo, predeterminada a través de una necesidad suprahistórica. En tales condiciones, la caída de Arbenz y la derrota del movimiento

---

[27] Existe una numerosa bibliografía, en inglés y en español, sobre esta historia, pero que reproduce casi siempre la misma información. Son importantes los trabajos de Juan José Arévalo, *Guatemala, la democracia y el Imperio*, Montevideo, Marcha, 1954; Manuel Galich, *Por qué lucha Guatemala*, Buenos Aires, Elmner, 1956; Guillermo Toriello, *La batalla de Guatemala*, Buenos Aires, Pueblos de América, 1955 (existe una edición chilena, de la Editorial Universitaria, y una mexicana, de Cuadernos Americanos); Gregorio Selser, *El Guatemalazo: la primera guerra sucia*, Buenos Aires, Iguazú, 1961; también del mismo Guillermo Toriello, *Tras la cortina de banano*, México, Fondo de Cultura Económica, 1976, y el de Raúl Osegueda, *Operación Guatemala $$OK$$*, México, América Nueva, 1957. Una información detallada de todo lo publicado sobre el caso aparece en R. Díaz Castillo, "El 'caso Guatemala': contribución para una bibliografía", en *Anuario de la Universidad de San Carlos*, 11ª época, N° 5, 1974, pp. 40-62.

popular son el castigo para el pecado del desorden.[28] En la perspectiva opuesta, el éxito de la conspiración anticomunista ha sido juzgado como resultado de una imposición desde fuera, exitosa en la medida en que la violencia aplicada a un proceso significa interrupción y ruptura del mismo. Esta visión también utiliza la noción de fatalidad, pero de signo opuesto. En aquélla, el proceso político de derrota a sí mismo y la coyuntura no harían sino explicar ese resultado. En este análisis, al proceso se lo quiebra, y así, se lo derrota. El acontecimiento es entonces distinto, original, y por ello reclama primacía en el análisis. El acontecimiento pretende explicarse por sí mismo, sin remitir a sus causas.

Los problemas para el movimiento democrático de Guatemala empezaron muy temprano, cuando superó con éxito los problemas de quién y cómo debía sustituir a la dictadura militar. Si la lucha contra Ubico fuese casi unánime expresión de la voluntad ciudadana, esa unidad empezó a erosionarse con la elección de la Asamblea Constituyente y luego con la elección presidencial.

Se diría que las deserciones empezaron cuando no fue electo el candidato conservador Adrián Recinos, embajador en Estados Unidos del gobierno liberal recién caído, sino el doctor Juan José Arévalo, profesor universitario en la Argentina, exiliado por aquel gobierno; Arévalo fue electo con una mayoría abrumadora, el 19 de diciembre de 1944, con un 86% del total de los votos depositados.

Fue ésa la primera elección libre en la historia nacional. El cumplimiento de las prescripciones de la democracia constitucional adquiere un notable sentido en un país atrasado cuya historia está excedida por dictaduras y prácticas autoritarias. Ya cuando la elección de Arbenz, seis años después, la coalición revolucionaria sólo obtuvo el 68% de los votos. En 1951, varios años de gimnasia democrática habían fatigado la escasa tolerancia cívica de la burguesía agraria, terrateniente y rentista y habían empezado a debilitar la voluntad progresista de la pequeña burguesía urbana, asalariada y consumística. Cuando Arbenz

---

[28] Cito únicamente autores guatemaltecos, aunque el grueso de los análisis críticos fue hecho por extranjeros. Véase, especialmente, los de M. E. Nájera Farfán, *Los estafadores de la democracia*, Buenos Aires, Gelm, 1956; Mario López Villatoro, *¿Por qué fue derrotado el comunismo en Guatemala?*, Ciudad de Guatemala, Liberación, 1957; J. Calderón Salazar, *Letras de la liberación*, Ciudad de Guatemala, Tipografía Nacional, 1955, y Jorge del Valle Matheu, *Un pueblo que se redime: Guatemala*, Ciudad de Guatemala, Tipografía Nacional, 1954. Más información en R. Díaz Castillo, "El 'caso Guatemala': contribución para una bibliografía", *op. cit.*

asciende a la presidencia de la nación, el 15 de marzo de 1951, la "unidad de la familia guatemalteca", como todavía acostumbran a recordar con reproche los ideólogos anticomunistas, se había desbaratado para siempre.

Las causas del encono interno y las que movieron la voluntad intervencionista norteamericana son varias. En otra parte de este trabajo se las resume. No importan cuáles fueron más importantes para concitar el odio de lo más atrasado de la sociedad guatemalteca y de la política exterior norteamericana, si las huelgas de los obreros en las plantaciones de la United Fruit Company, o la emisión del Código de Trabajo, en 1947; si la expulsión del embajador Patterson por quebrantar sus deberes diplomáticos o las cuotas patronales para el Seguro Social, en 1948; o tal vez la Ley de Arrendamientos Forzosos. Pero ya en el período de Arbenz el proceso adquirió otro ritmo, y entonces la definición de las fuerzas sociales y de sus intereses enfrentados fue quedando a la vista. Hubo dos hechos que hoy en día, 25 años después, no justificarían por sí mismos ninguna intervención extranjera, pero el clima de la guerra fría y la historia antisoviética calificaron como provocación: la expropiación de las tierras de la United Fruit Company primero, y la compra de pistolas y fusiles checos en Suiza, después. Ambos, ejercicios de soberanía nacional.

Las presiones ejercidas por el gobierno norteamericano a partir de la aplicación de la Ley Agraria fueron crecientes y brutales.

La X Conferencia Interamericana de Caracas, que legitimó la agresión contra Guatemala, fue parte de esa estrategia ofensiva.

Así, el conflicto interno adquirió una dimensión internacional y éste comenzó a expresar abiertamente la oposición burguesa al proceso democrático. La llegada de la nave sueca *Alfhem*, con un cargamento de armas compradas en Europa al puerto guatemalteco, el 15 de mayo de 1954, sirvió para que la conspiración militar que el imperialismo venía tratando de montar se precipitara abiertamente. Hoy día se sabe que el arribo del barco extranjero a Puerto Barrios, con una dotación de armas cortas compradas en Suiza y Checoeslovaquia, no fue el resultado de una hábil estratagema guatemalteca que la Inteligencia norteamericana no pudo evitar. Por el contrario, conociendo la calidad limitada del armamento, los servicios de seguridad de este país lo dejaron pasar y tuvieron así el último argumento que necesitaban para terminar con las vacilaciones de algunos altos oficiales guatemaltecos.

El día 19 de junio de 1954 se reunió en el local del Estado Mayor del Ejército el Consejo Superior de la Defensa Nacional –máximo organismo deliberativo de la institución– para conocer problemas relacionados con el armamento recién llegado al país hacía dos semanas. A sugerencia de los coroneles Carlos Enrique Díaz, jefe de las Fuerzas Armadas, y José Ángel Sánchez, ministro de la Defensa, se decidió solicitar una entrevista al presidente Arbenz, que se efectuó en el Salón de Sesiones del Palacio Nacional el lunes 7 de junio de 1954. Según una versión[29], el objeto de la entrevista era pedir una explicación, por parte del Ejército, de "por qué el Partido Comunista actuaba en la cosa pública, cuando lo prohibía terminantemente el artículo 32 de la Carta Magna de la nación". Según otra fuente[30], "el alto mando del Ejército pidió una audiencia al Presidente para agradecerle por la carga de armas que había llegado de Checoeslovaquia", la que aprovecharon "para hacerle una serie de preguntas de carácter muy especial sobre el comunismo y el anticomunismo, del tipo normalmente elaborado por el FBI"[31]. Así, durante más de cuatro horas, Arbenz y los altos jefes militares estuvieron discutiendo de política, de la crisis interna que el país vivía desde hacía meses y en la que el tema del "comunismo" había sido colocado como el problema central.

Según confesión del propio Arbenz, fue él quien solicitó a los integrantes del Consejo Superior de la Defensa que resumieran sus argumentos y juicios críticos en un cuestionario que discutirían conjuntamente con posterioridad. El memorándum presentado por la alta oficialidad del Ejército fue el último mecanismo utilizado internamente para desencadenar la conspiración. Así el cuestionario y la extensa discusión que motivó entre Arbenz y unos cien oficiales asistentes a la reunión fue, de hecho, un ultimátum que el Ejército presentaba a su jefe, el presidente de la nación. La pregunta tercera, por ejemplo, dice: "¿Hay alguna evidencia de que la política nacional e internacional no rendirían satisfactoriamente los fines que se proponen, sin la necesidad del Partido Comunista?"[32]. Ni Arbenz ni los oficiales arbencistas lo

---

[29] Diario *El Impacto*, Ciudad de Guatemala, 25 de julio de 1954, p. 3.

[30] Marta Cehelsky, "Habla Arbenz, su juicio histórico retrospectivo", en *Alero,* 3ª época, N° 8, 1974, p. 122.

[31] *Ibid.,* p. 123.

[32] Véase, también, la pregunta novena: "¿No querría el señor Presidente apoyarse únicamente en el Ejército Nacional para seguir libremente la política sincera y nacionalista que se le reconoce, para no depender de los compromisos, si los hubiere, con respecto a los grupos que lo llevaron a la Presidencia

entendieron así, como el penúltimo paso en el complot que venía caminando, lenta pero inexorablemente desde meses atrás, a pesar de que en síntesis el contenido último de la discusión fue una crítica directa, personalizada, a la política oficial. Además, aquel encuentro adquiría una significación siniestra porque no se producía como un hecho aislado, como mera indisciplina interior, sino se daba en el cuadro de una abierta ofensiva del imperialismo norteamericano contra el movimiento revolucionario guatemalteco. La campaña internacional en la que participaron senadores y periodistas norteamericanos, y especialmente el secretario de Estado John Foster Dulles, cobró un vuelo inusitado. Justamente el día del encuentro militar, la Cancillería norteamericana anunció llegado el momento de celebrar una Conferencia Interamericana "a fin de considerar la situación de Guatemala de acuerdo con el Tratado de Río de Janeiro y para adoptar una serie de 'medidas prudentes' para hacer frente a la creciente actividad comunista en el país centroamericano"[33]. Los preparativos para la invasión desde Honduras habían dejado de ser maniobras clandestinas. De hecho, nunca lo fueron, y menos aún cuando en el mes de marzo la traición del agente de enlace Isaac Delgado, alias *Chaco*, permitió al gobierno guatemalteco acceder a importante documentación secreta, reveladora de la trama[34]. Los repetidos llamamientos para paralizar la actividad económica y a boicotear la producción, que desde hojas volantes se solicitaba, no tuvieron eco, como tampoco los varios intentos de provocar un levantamiento interno. Sin embargo, tales hechos se sumaron a

---

para la satisfacción de egoístas?". No obstante, era tal el ascendiente que todavía Arbenz tenía sobre sus compañeros de armas, o fue tan sofisticada la perfidia, que el primer párrafo del memo-ultimátum reconocía: "[…] la totalidad de los jefes y oficiales del Estado Mayor, de la Inspección General y de la Ayudantía General del Ejército desean hacer saber al señor Presidente de la República que cualquiera sea la línea de su política y cualquiera [sic] que sean los propósitos de la actividad gubernamental que él dirige como Jefe del Ejecutivo, lo apoyan y r espaldan íntegramente y sin reservas de ninguna clase", diario *El Impacto*, *op. cit.*, p. 4 y Marta Cehelsky, "Habla Arbenz, su juicio histórico retrospectivo", *op. cit.*, p. 124.

[33]Despacho de la AP, 7 de junio de 1954, Washington, citado por Gregorio Selser, *El Guatemalazo: la primera guerra sucia, op. cit.*, p. 138.

[34] La naturaleza de este trabajo impide hacer referencia a esta valiosa fuente documental, testimonio de la colaboración entre Somoza, de Nicaragua, el gobierno hondureño, los servicios diplomáticos y militares norteamericanos y los dos cabecillas guatemaltecos, el coronel Castillo Armas y el general Ydígoras Fuentes. En virtud de un convenio secreto y gracias a la intermediación del embajador Peurifoy, Castillo Armas sería el jefe del ejército invasor, pero Ydígoras Fuentes sería nominado presidente de Guatemala. Castillo Armas incumplió el contrato por presión de sus partidarios.

los otros que se describen más adelante, lo que obligó a que el 8 de junio el Gobierno suspendiera las garantías constitucionales como una medida de defensa interna.

El enfrentamiento de clase fue adquiriendo así una formalidad peculiar. No dejó en ningún momento de expresar la virulencia con que las clases propietarias pasaban a la ofensiva, pero por interpósita mano. Movilizada más por temores ideológicos que por agresiones a su poder material, la burguesía planteó una crisis esencialmente política en el interior del Estado, aun sin haber organizado sus propias fuerzas. Comprendiendo que es a este nivel, el de la política, y sólo aquí donde se resuelve la contradicción fundamental que es el problema de la lucha por el control y conservación del poder, la crisis se deslizó a la institución armada.

No se desarrolló la lucha política en el seno de las clases y de sus organizaciones políticas. No hubo, por así decir, presencia ni acción de masas tras la conjura reaccionaria ni en el apoyo al gobierno. El Estado quedó aislado por fuera y fracturado por dentro y la crisis se radicó en el seno del Ejército. El error de las fuerzas revolucionarias de Guatemala –inútil constatación *post festum*– fue prolongar la ilusión militarista en momentos en que la lucha de clases recrudecía. Esa confianza sin fundamento racional produjo expectativas y tácticas que giraron siempre en torno de la idea de que aquél era el "ejército de la revolución".

Pero era, solamente, el ejército de un orden burgués, entrenado técnicamente y penetrado ideológicamente por los cuerpos norteamericanos.

Debe decirse también que los líderes del Frente Democrático Nacional[35] no quisieron en el inicio, y ya no pudieron después, trasladar enteramente el enfrentamiento político al seno de las masas y de sus organizaciones. Es probable que la agudeza de la crisis hubiera derivado fácilmente en una guerra civil, en la que sin duda alguna la burguesía habría tenido a su lado al Ejército.

Acerca de lo que pudo suceder, este análisis no puede distraerse.

La actualidad tiene siempre el sabor de lo accidental, y por lo tanto es valorado por el sentido común, por la conciencia inmediata de las cosas, como algo inevitable; en aquel momento, la dirigencia revolucionaria mantuvo ob-

---

[35] Alianza política de los partidos democráticos, Partido Acción Revolucionaria, Renovación Nacional, Partido de la Revolución Guatemalteca, más el Partido Guatemalteco del Trabajo (comunista), la Conferencia General de Trabajadores y la Confederación Nacional Campesina.

sesivamente el temor a repetir, en pequeño, la experiencia española. Así, se quedaron a la defensiva a pesar de tener de su lado una parte del gobierno.

Las fuerzas reaccionarias intentaron desencadenar la violencia, pero no se jugaron a fondo, sabedoras de que no lo necesitaban.

Confiaron y alentaron la solución del exterior, es decir, la invasión mercenaria y la presión directa de los Estados Unidos. Ambas salidas hicieron jugar al Ejército un papel decisivo.

Así, el 10 de junio, el secretario de Estado norteamericano dirigió un publicitado llamamiento a las naciones americanas "para que ayuden al pueblo de Guatemala a liberarse por sí mismo de la penetración comunista". "Es evidente –dijo– que la intervención extranjera que llevó a la Declaración de Caracas –que condena la intervención comunista en este hemisferio– se ha hecho más pronunciada y la sumisión de uno de los Estados americanos al despotismo extranjero ha aumentado"[36]. Siendo totalmente falso, el predicamento de Foster Dulles sólo se explica por la naturaleza agresiva y policíaca de la política exterior norteamericana, cuya vocación de imperio se acentuó notablemente en el período de la guerra fría. Es una calumniosa afirmación por cuanto, descontada una mera declaración de intenciones, en 1953 el gobierno guatemalteco ni siquiera tuvo relaciones comerciales con la Unión Soviética. Las relaciones diplomáticas se mantuvieron en el nivel de representación geográfica (el embajador soviético en México fue anunciado por extensión, como ejerciendo funciones en Guatemala). Era inimaginable, además, en esa época, alguna forma de cooperación militar como la que impunemente exhiben hoy día, por ejemplo, una docena de países africanos. Más bien, la revolución guatemalteca resintió un atroz distanciamiento diplomático, comercial y cultural con relación a los países socialistas, de quienes no recibió ayuda de ningún tipo.

Así, la "sumisión al despotismo extranjero" fue la que aplicó con desembozada energía el embajador Peurifoy, uno de los artífices internos de la conspiración crítica.

El mismo día 10 de junio, fecha de la agresiva declaración norteamericana, en un inútil esfuerzo por detener la invasión desde Honduras, la Cancillería guatemalteca propuso la firma de un pacto de amistad y no agresión a ese país,

---

[36] Discurso de J. F. Dulles en la Reunión Anual Rotaria Internacional, difundido por AP desde Seattle (*La Nación*, Buenos Aires, 11 de mayo de 1954).

iniciativa más que retórica, rechazada de inmediato por el gobierno hondureño. Una semana después el país sería invadido desde esa frontera.

No es posible ni necesario detenerse en otros detalles de similar factura. Pero ayudará a comprender la temperatura política en ascenso, y por ello el desenlace de la crisis, un par de datos más.

Una radiodifusora clandestina, de potente penetración, empezó a funcionar el 13 de mayo, en tanto que avionetas particulares distribuían propaganda anticomunista a partir del día 15, fecha en que los servicios de inteligencia norteamericanos permitieron que el armamento checoeslovaco, incompleto, desembarcara en el país. Hoy en día se sabe que la radio clandestina, exitoso símbolo por lo que tiene de desafío a la autoridad, eficaz instrumento de difusión de consignas, funcionaba en una de las secciones del Templo de Esquipulas, en la frontera hondureña. Siendo el Señor de Esquipulas –un Cristo negro de la época de la Colonia– la imagen más venerada del pueblo católico guatemalteco, la impunidad de los anticomunistas, al buscar refugio en territorio prohibido, señala sin reticencias la complicidad de la Iglesia. Un pacto mundano en el que el arzobispo Rossell se pone al servicio de la burguesía reaccionaria y de los intereses extranjeros[37]. Aunque el gobierno norteamericano continuó los preparativos para realizar una nueva reunión de cancilleres americanos, al aceptar Uruguay ser la sede, fue obvio que no era por canales diplomáticos que la conspiración tendría éxito. El mismo día 16 de junio, en que Uruguay aceptó que se tratara el "caso Guatemala", altos funcionarios del Departamento de la Marina "confirmaron que naves norteamericanas ayudadas por aviones, han establecido un servicio permanente de vigilancia en torno a Guatemala". El bloqueo, de hecho, había empezado semanas atrás. Cuarenta y ocho horas después de esta medida precautoria, pieza menor en la estrategia global, por cuanto Guatemala no tenía ni tuvo nunca ninguna oportunidad de recibir asistencia soviética, comenzó el bombardeo desde el exterior. El 18 de junio de 1954, Guatemala fue bombardeada en varios sitios al mismo tiempo, por aviones sin identificación con bases en territorio nicaragüense; tales aviones destruyeron los tanques de petróleo en San José (el puerto más importante del Pacífico), otros volaron

---

[37] Ya meses atrás, en enero de 1954, se realizó una fervorosa cruzada profesional en defensa de la propiedad privada, la tradición y la familia que recuerda la que 10 años después, copia y calco sin imaginación, realizaran los contrarrevolucionarios brasileños.

sobre la ciudad de Guatemala haciendo fuego contra objetivos militares, sin bombardearlos, y otros, finalmente, en la zona de Puerto Barrios, en el Atlántico. Al informar de tales hechos, el canciller Toriello subrayó que con estos actos empezaba la "batalla de Guatemala".

El día anterior cuatro columnas mercenarias compuestas por guatemaltecos, nicaragüenses y dominicanos invadieron el país por cuatro puntos. Tales grupos venían comandados por el coronel Carlos Castillo Armas[38]. Con la invasión mercenaria y los bombardeos ocasionales, la crisis política entró en su fase definitoria. Del lado de las fuerzas revolucionarias, desde hacía dos semanas se habían comenzado a organizar, casi espontáneamente, Comités de Defensa de la Revolución, en respuesta a un llamamiento de la Confederación General de Trabajadores. Se sabe que hasta el domingo 27 de junio, día de la renuncia de Arbenz, no menos de 100.000 personas se encontraban nucleadas en estos comités, que fueron germen de una forma de participación paramilitar y política que no llegó a cristalizar. Ellos fueron particularmente importantes en las zonas rurales, donde, de hecho, en los últimos días de la crisis, pasaron insensiblemente a desempeñar funciones de vigilancia, orden y control, a veces en colaboración con, y otras tantas al margen de las operaciones de la Guardia Civil (Policía Nacional). En la región de Santa Rosa y Jutiapa, en el sur-oriente del país, comités campesinos capturaron saboteadores y bultos con armamentos arrojados desde el aire y con el propósito de crear internamente una insurrección general.

En esta situación crítica, la respuesta popular fue siempre superior al ambiente de componenda que se desarrolló en el seno de los partidos democráticos, base de apoyo del régimen, y en la alta dirigencia del Frente Democrático Nacional. Ya el lunes 21 de junio la iniciativa de armarse y organizarse para

---

[38] De las muchas fuentes que podrían citarse, hemos escogido un párrafo de las *Memorias* del entonces canciller británico Anthony Eden, no porque la información nuestra necesite de citas para probar su veracidad sino por el valor testimonial: "Mientras sir Winston y yo estábamos en alta mar en nuestro viaje a los Estados Unidos, comenzó la lucha en Guatemala. El 17 de junio *el país fue invadido desde Honduras* por unos 200 voluntarios mandados por Castillo Armas, oficial guatemalteco exiliado. Aunque Honduras protestaba de su inocencia, las *armas y la incursión por tierra y aire procedían de aquel país*. Se trataba de un asunto modesto, pero como el gobierno guatemalteco no tenía ningún avión, el par de aparatos con que contaban los insurgentes adquiría una importancia formidable. Las simpatías norteamericanas se inclinaban abiertamente a favor del coronel Armas". *Marcha,* "Eden explica la Operación Guatemala", Montevideo, 13 de mayo de 1960, citado por Gregorio Selser, *El Guatemalazo: la primera guerra sucia, op. cit.*, p. 155.

detener la invasión y salvar al gobierno había ganado la calle, y como consigna colectiva tomó cuerpo en los sindicatos, especialmente en el medio rural y en las organizaciones estudiantiles. La urgencia práctica hizo que el entrenamiento comenzara, días atrás, por ejemplo, con el ingenuo expediente de aprender a marchar en fila. La ciudad fue vigilada de noche por comandos civiles sin armas. Pero la crisis que ya estaba instalada, paralizando lo que son los procesos normales, otorgándole a cualquier acto una significación de ruptura, hizo que tales actos sorprendieran a los propios cuadros dirigentes, y que censuraran todo lo que pudiera ser asumido por el Ejército como una provocación. ¿Qué otra cosa sino eso explica que los comités campesinos de Santa Rosa hayan tenido que entregar al Ejército casi una tonelada de armamento capturado por ellos en las haciendas de los terratenientes, y lanzados en paracaídas por los aviones que comandaba el ex segundo jefe de la Fuerza Aérea, coronel Mendoza, que traidoramente huyó del país un mes antes para ponerse al servicio de la contrarrevolución?

En este género de análisis es imprescindible deslizar una advertencia que rescate, hasta donde se pueda, la verdad histórica, que es siempre una verdad concreta. Así, la invasión mercenaria fue un hecho objetivo, como también lo fueron los descalabros sufridos por las columnas invasoras: en Gualan-Río Hondo y Puerto Barrios, donde fuerzas combinadas de civiles armados y miembros de la Guardia Civil (Policía Nacional) los combatieron y derrotaron. Fueron éstos los únicos actos de guerra de toda la jornada. En la región de Chiquimula, la única resistencia que encontró el grueso de la tropa invasora fue realizada por los Comités de Defensa, dirigidos por miembros del Partido Guatemalteco del Trabajo. Ahí, en el que pudo haber sido el frente de batalla decisivo, el Ejército Nacional no peleó. Arbenz había nombrado al coronel Víctor León como primer jefe de operaciones en la zona de Zacapa-Chiquimula, quien decidió pactar un "cese de fuego" con Castillo Armas. Así, facilitó que en esta última ciudad se instalara un gobierno provisional[39]. No obstante, no fue la invasión mercenaria el factor más importante de la ofensiva reaccionaria contra el movimiento democrático de Guatemala. Tuvo ciertamente un decisivo efecto psicológico. Puso a prueba, en un instante

---

[39] La información acerca de los acontecimientos en "el frente de guerra" le fue traída a Arbenz por el coronel Anselmo Getellá, tercer jefe de operaciones del Ejército en campaña: Getellá le aseguró a Arbenz que el Ejército sólo pelearía contra el invasor si renunciaba de inmediato.

muy preciso, la voluntad de lucha del Ejército, instante decisivo en que se confronta ineluctablemente la conciencia profesional; la disciplina con la ideología, lo administrativo con lo político. La decisión de los altos jefes militares de no obedecer la orden de pelear, negación intrínseca de su razón de ser, convierte necesariamente su conducta en una conducta partidaria, sesgada, parcial. Tampoco obedecieron la orden de entregar armas a los comités cívicos que ya venían recibiendo entrenamiento en distintas partes de la ciudad capital[40]. En tanto el peligro de una guerra civil empezaba a cobrar forma y la campaña internacional dirigida con personal celo por Foster Dulles continuaba azuzando el peligro soviético en Guatemala, se hizo evidente el verdadero significado del memorándum presentado a Arbenz por el Estado Mayor. Se trataba de forzar una estrategia del "paso atrás" para "salvarlo todo". El proceso democrático podía continuar si el Presidente se desembarazaba del apoyo comunista y procedía a realizar una purga inmediata de los elementos que el Ejército consideraba hostiles. La historia posterior, como en tantos otros lugares, comprobó que cuando la lucha de clases alcanza un punto de polarización política, ella no disminuye sino cuando se vence o se capitula. Y toda capitulación empieza con una concesión. No era el Partido Comunista primero, ni Arbenz después, como lo exigieron los jefes traidores, el verdadero problema, sino el carácter progresista del proceso político desencadenado años atrás.

En esa semana, la crisis, que como toda crisis era esencialmente política, reveló en la anécdota su dimensión total. Los militares reaccionarios pedían la ilegalización del Partido Guatemalteco del Trabajo, el encarcelamiento inmediato de todos sus dirigentes, así como la detención y el juicio de los cuadros sindicales, campesinos y estudiantiles más importantes, y otras medidas normalizadoras. Arbenz rechazó una y otra vez la imposición de tales medidas, que le fueron primero sugeridas en el ya mencionado memorándum, luego planteadas por los coroneles Parinello (jefe del Estado Mayor del Ejér-

---

[40] El jefe de las Fuerzas Armadas nombró al coronel Domingo Morales como jefe de los Centros de Entrenamiento Civil, y estableció siete centros de aprovisionamiento popular: en Los Cipresales (coronel Domingo Rosales España); en el Mayan Golf Club (coronel Marco Antonio Soto); en el Campo de Marte (coronel Manuel T. Natareno); en el Campo Elgin (coronel Alfredo Gálvez); en el Hospital Roosevelt (coronel Ignacio Soto); en el Hipódromo del Norte (coronel Guillermo Pereira) y en la Finca Bárcenas, Escuela de Agricultura (coronel Manuel G. Samayoa). La última semana de junio deberían quedar organizados y armados los primeros 5.500 civiles.

cito) y Donis Koestler (secretario del Consejo Superior de la Defensa) y finalmente exigidas, en un brutal abandono de las formalidades diplomáticas, por John E. Peurifoy, embajador norte americano. La claridad de tales pretensiones hizo tambalear la estructura del Frente Democrático y reveló sus inconsistencias internas y la naturaleza oportunista de muchos de sus líderes. Pero también recordó básicamente lo que es superior a la anécdota, porque pertenece a la sustancia del proceso: la inmadurez del movimiento popular, la pequeñez estructural de la clase obrera, la total inexperiencia y el atraso de los campesinos, el fervor impotente de sus organizaciones; en suma, la absoluta debilidad de los factores subjetivos para avanzar, para convertir la crisis en una etapa superior del desarrollo revolucionario.

Y en el meollo de esta carencia, la impotencia en que cayó el Partido Comunista, en parte como una previsible consecuencia por su vinculación casi personal con Arbenz.

Probablemente esta última consideración, el déficit subjetivo en las condiciones políticas internas, y la otra, la ruptura institucional de los jefes militares, que la moral pública califica como traición, turbaron el ánimo de Arbenz y de toda la dirigencia civil. No todo está claro en este proceder. Pero con tal tesitura colectiva, para paralizar la conspiración interna del Ejército y asegurar la derrota de las huestes invasoras, que objetivamente nunca avanzaron más allá de la ciudad de Chiquimula, el coronel Arbenz se dispuso a renunciar. Para salvar la institucionalidad, sin embargo, la quebrantó.

El proceso crítico se desarrollaba en distintos niveles que hasta hoy la crónica periodística soltó sin poder ordenar. En primer lugar, el drama interno de un proceso vivido conflictivamente y que llevó al presidente Arbenz, fiel a sus convicciones políticas y a su compromiso público, a renunciar antes que ceder a las solicitaciones del "paso atrás". Fue una renuncia condicionada antes sin que hubiese ninguna posibilidad de garantizar su cumplimiento.

Fue ése un acto esencialmente personal, aunque se sabe que en la redacción del mismo participó el ex secretario general del Partido Guatemalteco del Trabajo, José Manuel Fortuny. En segundo lugar, la movilización en el seno de las organizaciones populares, exasperadas por la percepción de su impotencia y cuyo nivel de conciencia de clase se reveló superior a su condición política. Ese ánimo colectivo no fue aprovechado consecuentemente por la dirección política del movimiento revolucionario. Aún más, las masas fueron sorprendidas con la noticia de la renuncia del Presidente y luego abandonadas a su suerte[41]. En tercer lugar, el plano internacional, donde la ofensiva diplomática norteamericana impidió que el reclamo guatemalteco fuese discutido en el seno del Consejo de Seguridad. Cuando el gobierno de Arbenz recurrió a las Naciones Unidas, como víctima de una agresión exterior y de acuerdo con la Carta de ese organismo, una mayoría precaria alcanzada en el último momento decidió trasladar el "reclamo" al seno de la Organización de Estados Americanos (OEA), el 25 de junio de 1954. En la OEA se decidió, perezosamente, enviar una comisión investigadora que llegó al lugar de los hechos, la frontera bélica, cuando Castillo Armas tomaba posesión del gobierno.

Insistimos en que el problema guatemalteco se planteó y se resolvió como un asunto interno. Pero la dimensión externa que protagonizó Foster Dulles en contra de la revolución guatemalteca fue decisiva[42]. Resumamos: Arbenz comunicó su renuncia a la nación el domingo 27 por la noche; un día antes, por la mañana, lo hizo en presencia de los miembros de su gabinete y de los jefes militares, cuyo juramento de cumplir con las condiciones de su renuncia quedó escrito como constancia del compromiso:

1. que el Ejército continuaría la lucha contra los invasores encabezados por Castillo Armas, y 2. que se respetaría la vida y la integridad de los dirigentes políticos y sindicales.

Depositó el cargo en el jefe de las Fuerzas Armadas, coronel Carlos Enrique Díaz, olvidando en su decisión al Congreso Nacional y a las organizaciones populares. Los coroneles Sánchez, ministro de la Defensa, y Monzón, ministro sin cartera, garantizaron con su firma el cumplimiento de aquel

---

[41] La defensa casi espontánea en el oriente del país, las funciones de vigilancia y control realizadas por los comités campesinos en la región de Escuintla y San Marcos, y hasta la respuesta masiva de los estudiantes secundarios y universitarios, quedarán como testimonio de una voluntad frustrada, pero testimonio al fin de la potencialidad coyuntural de un pueblo, movilizado pero sin dirección.

[42] "El fin de la guerra en Indochina, en la primavera de 1975, señaló también, tanto simbólica como literalmente, el fin de una era en la política exterior estadounidense y despejó el camino para una reconsideración del papel de Estados Unidos en el mundo, libres ya de las preocupaciones del pasado. El embrollo de Vietnam fue el punto crítico de una política que durante dos décadas hizo que los EE.UU. ejercieran una participación activa en varias zonas del mundo a fin de responder a lo que se percibía como una amenaza comunista a la seguridad nacional [...]". Samuel P. Huntington, "Más allá del aislacionismo", en *Facetas*, vol. 9, Nº 2, 1976, p. 3.

compromiso[43]. La crónica posterior importa, pero de otra manera. El acontecimiento llegó a su límite. El coronel Díaz declaró fuera de la ley al Partido Guatemalteco del Trabajo y proclamó la continuación de la lucha. Doce horas después fue forzado a renunciar a favor del coronel Monzón, al negarse a fusilar a los líderes políticos y sindicales que exigía Peurifoy. A su vez, y por nuevas presiones, Monzón renunció a favor de Castillo Armas, el 2 de julio. Las tropas mercenarias hicieron su ingreso en la ciudad capital el 3 de julio de 1954. Así empezó la contrarrevolución en el país. Los pormenores de este deslizamiento final importan menos que los hechos consignados, porque el resultado a cortísimo plazo fue el desmoronamiento total de la resistencia civil y el cruento cumplimiento del plan impuesto por el imperialismo norteamericano.

2. La coyuntura

Con la salida del presidente Arbenz no sólo tuvo éxito la conspiración internacional que a doble flanco –la diplomacia de Foster Dulles en lo declarativo y la subversión de la CIA en lo subterráneo– movió los hilos del conflicto interno. Aquel éxito se asoció y fue posible por la ofensiva reaccionaria en el seno de la sociedad guatemalteca, por la profundidad del conflicto político y la manera como internamente se desarrollaron las contradicciones sociales.

Las clases propietarias se pusieron en movimiento arrastrando en sus propósitos a otras fuerzas sociales, decididas a terminar con lo que percibieron objetivamente como la mayor amenaza al sistema. No fue la batalla contra un gobierno sino la defensa obstinada y feroz del sistema mismo. Por ello, con la renuncia terminó un importante período de la historia política de Guatemala.

Se ha dicho, y con razón, que con la salida de Arbenz se frustró un proyecto político, una concepción teórica del desarrollo nacional, aquel que intentó combinar el crecimiento capitalista con la participación popular y la democracia política. En el espacio de 10 años, pero acusadamente en los últimos de ese período, los resultados de una voluntad modernizadora se enfrentaron con una realidad que demostró finalmente que el nacionalismo burgués es tan inexistente como imposible lo es el capitalismo nacional.

---

[43] Guillermo Toriello, *Tras la cortina de banano, op. cit.*, pp. 225-227.

El capitalismo dependiente se desarrolla en la órbita del imperialismo y bajo su control, o no hay capitalismo. Aunque así no se percibiera en la inmediatez de la derrota y ésta sólo se asumiera como el colapso coyuntural de un gobierno, en junio de 1954 se desacreditó aquel género de concepciones teóricas y políticas que suponen que el camino revolucionario pasa por el florecimiento de la sociedad capitalista y que la independencia nacional basada en ese despertar puede ser alcanzada en los marcos de una sociedad dependiente. La posterior historia de América Latina no ha hecho sino reforzar –trágicamente en algunos casos– la certitud de ese destino.

La renuncia, obviamente, no explica el fracaso. Es éste el que informa la lógica de la renuncia. La intencionalidad final de las acciones políticas, como ésta de la renuncia, no puede desvincularse del proceso en que se produce. Es en el terreno de las contradicciones de clase que el comportamiento individual se explica y se comprende. Otro problema, no obstante, es el hecho mismo de la retirada presidencial, que no fue sino una solución palaciega a la crisis política, cuyo cenit lo marcó la desobediencia militar.

Aquel acto de confusión personal fue también la claudicación de una dirigencia, la de los partidos de izquierda y del Frente Democrático. Hubo en la perspectiva que probablemente trazaron Arbenz y sus consejeros, una sobreestimación por los jefes militares, desleales casi todos en el momento final; paralelamente, hubo también un olvido de las masas. Y la falta de confianza en ellas fue, propiamente, desconfianza. Pero ya lo hemos dicho: sería injusto y aún más, equivocado, si el análisis se limitara a lo accidental del acontecimiento y que éste, por sí mismo, calificara la coyuntura. La revolución guatemalteca, en ascenso, venía siendo minada desde tiempo atrás.

En su momento inicial, en 1944, cuando un extenso frente social unió los ánimos contra la dictadura, el movimiento sólo buscaba establecer un estado de derecho, una revalorización, en la práctica, de la democracia constitucional que como propósito sin vigencia nunca dejó de enunciar la vieja Constitución liberal de 1876. La legalidad constitucional y la convivencia democrática, en un régimen político en que lo único nuevo eran los administradores del poder, fue cuanto estaban dispuestos a tolerar los dueños del país. Pero sin duda el contenido final de aquel proceso de tan prudentes pretensiones, el destino de la "revolución de octubre", no fue trazado solamente por los intereses de la burguesía cafetalera, a veces más rentista que exportadora y acostumbrada siempre a una práctica señorialista y servil. En la polifonía que se entonó en la posguerra también tuvieron voz la fracción burguesa que buscaba nuevas posibilidades de acumulación en un proyecto industrial, en la diversificación y modernización agrícola, y los sectores medios de la estructura social (la pequeña burguesía urbana y los profesionales liberales, la burocracia pública y privada y otros grupos sociales intermedios) cuya emergente presencia otorgó prestancia al coro.

Pero el común denominador de 1944 se perdió rápidamente.

El tremendo atraso del país –social, económico, cultural– agotó rápidamente el menguado ideario democrático-liberal de la burguesía. Las medidas reformistas del gobierno de Arévalo, tales como la importante modernización de algunas instituciones públicas, el restablecimiento de la autonomía municipal y el sufragio universal, la legislación laboral y la de seguridad social, las garantías para el ejercicio de los derechos de organización, la libertad de prensa, etcétera, todas ellas fueron medidas mal vistas y luego resistidas por la burguesía terrateniente y sus aliados. El proceso democratizador concitó enemigos muy pronto, sin que en su desarrollo se amenazaran los intereses económicos de las clases propietarias. Ya en esa época el "peligro comunista" empezaba a ser la forma ideológica como se expresarían los contenidos de la oposición de clase.

Para los líderes de la burguesía conservadora, la "revolución de octubre" extravió su camino prematuramente. Para las clases populares, por el contrario, lo encontró cuando el proceso político fue profundizándose lentamente al definirse respecto de los grandes déficit nacionales: la organización sindical y campesina, la valorización de la cultura popular, la defensa de las riquezas nacionales, la formación de una estructura industrial, la independencia nacional. La reacción se hizo anticomunista, siendo simplemente antidemocrática. Pugnaron por restablecer no un Estado fuerte, sino autoritario, capaz de regimentar las reivindicaciones de las masas, cuya tendencia a independizarse organizativamente era muy fuerte; contra el Código de Trabajo clamaron por la disciplina de la fuerza laboral y nunca entendieron ni participaron en el juego electoral, un entrevero de pasiones propicio a la anarquía.

El régimen del doctor Arévalo que se proclamaba partidario del "socialismo espiritual", porque había sido formado en las más conservadoras tradiciones del idealismo alemán, tuvo que resistir y derrotar, uno a uno, 28 complots y golpes contra su gobierno, todos ellos con participación militar.

En el proceso político que se "desató" con el derrumbe de la dictadura fue inevitable que el liderazgo pasara a manos de una nueva generación ciudadana, de jóvenes profesionales, maestros, estudiantes universitarios y oficiales del Ejército. El rechazo casi emocional del pasado facilitó la crítica ideológica de la oligarquía.

Y la carga antioligárquica favoreció la plena participación popular en la medida en que el poder oligárquico se aposentó sobre una ciudadanía inerte. Con la democratización del sistema político se crearon por primera vez en el país condiciones favorables para la organización popular. Tal vez habría que formular la observación de manera diversa. El crecimiento de la organización sindical, campesina y estudiantil fue la condición para la paulatina democratización de la vida política del país.

Así, el desplazamiento de los terratenientes del gobierno y la movilización popular en aumento crearon una situación de poder que aunque no autoriza a considerarla como un recambio a fondo del sistema de dominación política, una alteración en las bases mismas del poder, fue de hecho una ampliación de tales bases, y como al fin y al cabo el poder también es percepción subjetiva de su ejercicio, lo visible fue la presencia de la pequeña burguesía (y de los grupos medios) en la estructura administrativa del gobierno, en los cargos de representación popular, en la dirección de los partidos democráticos, en las instancias de creación y difusión de la cultura. Fueron estos grupos, a los que genérica e imprecisamente llamamos "clases medias", los que dieron, durante el primer período, la tónica general. El "arevalismo" es, ni más ni menos, su expresión política e ideológica. El Frente Popular Libertador, primero, y el Partido Acción Revolucionaria y el Partido de la Revolución Guatemalteca (PRG), después, fueron los receptáculos de aquellas inquietudes e intereses.

El proceso revolucionario guatemalteco, con caídas y hasta antes de llegar a su Gólgota, fue definiendo su rumbo. Para unos, se radicalizó peligrosamente; a juicio de otros, profundizó su cometido y esclareció sus metas. Por eso concitó el odio de clase, afuera y adentro. Esa definición de propósitos, como se indica, estuvo llena de ambigüedades y contradicciones. Primero, fue de manera casi espontánea que lo hizo, bajo el impulso de una genérica repulsa contra ese pasado signado por el inmovilismo político, el trabajo forzado en la hacienda cafetalera, el poder despótico de base agraria, la sofocación cultural, etcétera; después, cuando intentó ser expresión de una voluntad nacional, modernizadora, progresista, liberadora. Y con relación a tales tareas, las diversas clases sociales fueron desarrollando antagonismos y conflictos cuyo final ya vimos en el momento de la crisis que derribó a Arbenz del poder.

A pesar de una fuerte dosis de ingenuidad ideológica inicial y la igualmente prematura tendencia a la corrupción burocrática y al oportunismo, fueron los cuadros y líderes de la pequeña y mediana burguesía los que inspiraron y dirigieron la política renovadora del decenio. O por las limitaciones políticas producto de su vocación al compromiso, en el caso de los grupos medios, o por percibir como amenaza real lo que solamente era un ajuste superestructural de cuentas con el pasado, con los otros, lo cierto es que en ellos se fue revelando paulatinamente el carácter vacilante de su apoyo político. Pero no fue sino en el período final, con Arbenz, que se manifestó la naturaleza contradictoria de tales grupos sociales, producto sin duda de las disímiles condiciones sociales de su existencia material.

Así, pronto se puso a prueba no sólo la consistencia pequeñoburguesa de la crítica antioligárquica, sino su misma vocación democratizadora, la vitalidad de aquella alianza con los sectores populares en la que el timón y la brújula quedaron en manos de los grupos medios. El ejercicio y disfrute del poder político hizo que en los grupos de la pequeña burguesía aflorara su conciencia burguesa, preludio de su condición futura. En perspectiva, hoy podemos decir que esa metamorfosis es algo más que una mera opción ideológica, una cierta y real oportunidad estructural: viene a ser connatural que la burguesía pequeña aspire a ser grande, burguesía a secas, y que la substituya, primero representándola políticamente, y luego, confundiéndose económicamente con ella. Gracias a la "revolución de octubre" a la que combatieron, estos sectores sociales hicieron el tránsito desde el poder hacia el mercado. Suelen escucharse críticas, desde posiciones moralistas, acerca de la "traición" de estos demócratas jacobinos que a la vuelta de los años se volvieron empresarios. Pero éstos son también juicios pequeñoburgueses que olvidan justamente que hoy en día una revolución demoburguesa ya no puede hacerla la burguesía. Lo antioligárquico es proburgués en la conciencia de estas fuerzas sociales y, por ello, su inspiración modernizadora es débil y de corto plazo. Se agotó en esta experiencia aún antes de que Arbenz y el Frente Democrático plantearan su estrategia agraria y nacionalista.

La expresión de este destino, si así pudiera hablarse, la dio el Frente Popular Libertador, el gran partido arevalista y popular del primer momento, cuyo vaciamiento social sucesivo terminó por liquidarlo. El Frente Popular Libertador, la conducta política más pequeñoburguesa de aquel período —el estilo posible del profesionalismo ambicioso, del pequeño propietario y del tecnócrata oportunista—, puede ser puesto como el mejor ejemplo local de una bien conocida experiencia latinoamericana, vale decir, la naturaleza estrictamente burguesa de la alternativa política que abren, a veces con lenguaje socializante, los grupos medios y luego, de su incapacidad para formular y aplicar un proyecto autónomo de clase.

Así, la "revolución de octubre" posibilitó la integración política de los sectores medios a través o con ocasión de la movilización popular. Y ése también fue el inicio de su fortalecimiento económico- social e ideológico-cultural. En ese decurso se escindieron, como consecuencia de esa clásica oscilación entre la burguesía, clase cuyos intereses anticipan los de la pequeña burguesía, y el proletariado y los sectores populares, a los que necesitan transitoriamente como aliados políticos. En el capitalismo dependiente, los grupos medios han sido siempre tránsfugas o enemigos de la revolución. La sabiduría de una estrategia político-proletaria no podría siquiera buscar su neutralidad. Antes que eso, como lo demostró la experiencia guatemalteca, es sólo un sector minoritario, entre jacobino y marxista, el que se afilia a las posiciones más radicales del espectro ideológico.

La política económica de la "revolución de octubre" quedó plenamente definida con ocasión de la campaña electoral que llevó al coronel Jacobo Arbenz al gobierno. Todos sus discursos rebosaron claridad acerca de objetivos muy precisos, casi, diríamos, reflejando una obsesión por alcanzar, aquí y ahora, el desarrollo capitalista independiente. Al tomar posesión, el 15 de marzo de 1951, manifestó:

> [...] ya di a conocer los lineamientos generales del Programa del Gobierno que me propongo realizar con la colaboración de todos los sectores democráticos, *especialmente por lo que se refiere a la política económica*. En ese documento dejé sentado que íbamos a promover el desarrollo económico de Guatemala de acuerdo con tres objetivos fundamentales:
>
> —Primero: convertir a nuestro país de una *nación dependiente* y de economía semicolonial, en un *país económicamente independiente*.
>
> —Segundo: transformar a nuestra nación, de un país atrasado y de *economía predominantemente feudal*, en un país *capitalista moderno*.
>
> —Tercero: hacer que esta transformación se lleve a cabo de tal manera que traiga consigo la mayor elevación posible del nivel de vida de las grandes masas del pueblo[44].

---

[44] Jacobo Arbenz, *Exposición sobre su Programa de Gobierno*, Ciudad de Guatemala, Tipografía Nacional, 1961, p. 3.

Como declaración de intenciones, lo citado no tendría mayor importancia si sólo se tratara de un programa electoral más.

En lo declarativo, aquél era un propósito explícito de buscar el desarrollo capitalista como un acto consciente de voluntad política.

Lo que otorga al Programa una significación diversa es su inmediata aplicación; los hechos posteriores fueron prueba de que intenciones y ejecuciones quedaron soldadas en una política burguesa de desarrollo nacional. Probablemente esa intención política explique la naturaleza social de la alianza de clase que Arbenz buscó siempre como apoyo electoral, primero, y como piso firme para su gestión como gobernante.

En efecto, el "Bloque de la Victoria", como se llamó a aquella alianza electoral, estuvo compuesto por grupos partidarios que parecían reproducir coyunturalmente las recetas del mejor manual de teoría marxista. Estuvo el Partido Integración Nacional (PIN), que agrupó a industriales, comerciantes y a agricultores del occidente del país, una fracción de burguesía regional, nacionalista y modernizadora. En el extremo opuesto, el Partido Guatemalteco del Trabajo (PGT) (comunista), que asumía la representación del proletariado y los sectores más radicales de los grupos medios. En el medio de este abanico, pero no por ello constituyendo el centro ideológico del espectro, y con la mayor presencia electoral, los partidos de la clase media: el Partido Acción Revolucionaria, el Partido de la Revolución Guatemalteca y el Partido Renovación Nacional. El programa arbencista fue, como cuerpo doctrinario, más coherente y avanzado que los de los partidos burgueses que le dieron apoyo. Los trascendió además por el vigor con que se inició su ejecución práctica. Es tuvo por ello más cerca del PGT que del PIN y, en tal medida, aunque continuación del período precedente, el arbencismo prolonga y niega a Arévalo. Apoyado en aquella experiencia, el accionar del arbencismo fue más profundo al defi nir no solamente una política de reformas institu cionales, sino un plan económico de desarrollo capitalista bajo control del Estado.

En efecto, a partir de 1951 la actividad del Estado está colmada por una vigorosa voluntad ejecutora, voluntarismo que revela sobre todo cierta urgencia por poner en marcha los mecanismos del desarrollo capitalista. No hay tiempo para madurar proyectos, pues bien conocidas eran las causas y los efectos de la miseria y el atraso. El presidente Arbenz creyó hasta el final que la batalla se daría, en el terreno económico, un poco a la manera socialdemócrata, según la cual en la economía están todos los gérmenes –esbozados o no–, como problemas de la crisis política. Además, tomar la iniciativa en la economía le permitió ganar tiempo en lo político, lugar donde residían finalmente las debilidades de su proyecto.

Sin duda, la concepción arbencista –si pudiera calificarse así la suma de un empeño personal más las directrices programáticas del período– estaba llena de contradicciones y vacíos, pero tenía, pese a esta incoherencia, más valor político que el que exhibían los partidos de la pequeña burguesía radical. Arbenz no era un oportunista y estaba más cerca del marxismo que aquéllos. Por ello se dedicó intensamente a trabajar y dirigir la política económica.

Fue ésa su dedicación personal, aun antes de ser electo, especialmente en el diseño, primero, y la aplicación posterior de la reforma agraria, así como de las medidas que sin expropiar el control norteamericano de los servicios públicos básicos, pudieran debilitar o romper la dependencia impuesta por el capital extranjero. Como resultado de ese antiimperialismo sin nacionalizaciones, el Estado inició la construcción de servicios paralelos en el transporte terrestre, la electricidad, puertos y muelles, etcétera, para derrotar el monopolio extranjero en el limpio terreno de la competencia de mercado.

Dada la estructura básica del país y su atraso político y cultural, la aplicación de aquellas medidas nacionalistas, y especialmente la política agraria, definieron como núcleo de las contradicciones del momento el problema de la tierra, que es como problema final, el problema de la propiedad. La discusión del proyecto de ley durante todo el primer semestre de 1952 no dejó dudas acerca de la naturaleza de las reformas. La ley fue aprobada el 17 de junio de 1952 y sin retrasos se aplicó puntualmente.

Arbenz esperaba expropiar y entregar toda la tierra afectable al terminar su período en 1957. Es justamente la característica de la política agraria y el vigor de su aplicación lo que califica en última instancia el proceso, y lo que le da a esta revolución, como proyecto, rasgos particulares.

En primer lugar, como revolución burguesa impulsada "desde arriba", la situación de poder, con Arbenz, expresa y se apoya necesariamente en una alianza multiclasista, dirigida por la pequeña y mediana burguesías. La clase obrera, primero, y los campesinos, más tarde, surgen a la vida política en el plano de la política burguesa y condicionados por ella. La política social que benefició a las clases explotadas fue menos resultado de luchas reivindicativas que de concesiones populistas realizadas desde el Estado. La propia organización obrero-campesina sólo se amplió cuando desde arriba surgieron condiciones que la favorecieron directamente. Por eso el itinerario recorrido por la clase obrera (y los otros sectores populares) tiene que ser recalificado para no prolongar las mistificaciones de la época. El movimiento crece y se unifica en la sólida Confederación General de Trabajadores (CGTG) en octubre de 1951; en 1952 se funda la Confederación General Campesina[45]. Sin duda, se trata de dos logros notables del movimiento popular.

Pero la clase obrera guatemalteca era entonces doblemente débil, por su origen social (artesanal y campesino) y por su posición política (base social de los partidos demoburgueses). El PGT no se funda sino en 1949, y su nacimiento forma parte de las bondades de la democratización burguesa. Cuando se legaliza, en 1951, actúa como si constituyera el ala izquierda del *establishment*.

Ciertamente, las clases dominadas maduran en un corto período si a su nivel de organización se suman oportunidades de liderazgo propio y estrategia acertada. Se estaba en ese trance cuando se produjo la intervención extranjera. Así, entre la experiencia populista, con Arévalo, en la que actúan como "masa de maniobra", y su actuación semiautónoma, con Arbenz, en el 61 seno del Frente Democrático Nacional, había transcurrido muy poco tiempo.

¿Cuál fue el papel jugado por la burguesía guatemalteca en el marco de una revolución conscientemente calificada de democrático-burguesa por el arbenismo? Hablamos de "burguesía" por la comodidad de su síntesis conceptual. Pero conviene distinguir, como ya se apuntaba páginas atrás, que la fracción agraria-terrateniente se movió casi desde el inicio de la experiencia democrática, con Arévalo en una oposición cerril. Los "señores de la tierra", conformados por la gran piedad latifundista y las prácticas precapitalistas del colonato, el peonaje amenazado y la mediería, fueron el enemigo principal de la revolución burguesa.

Por eso, con una lucidez sorprendente, el artículo 14 de la Ley de Reforma Agraria establece que ésta "tiene por objeto liquidar la propiedad feudal en el campo y las relaciones de producción que la originan, para desarrollar la forma de explotación y métodos capitalistas de producción en la agricultura

---

[45]La CGTG llegó a tener más de 110.000 afiliados en 400 sindicatos (de fábrica) y la CNC agrupó a 200.000 campesinos. Véase J. A. Cardoza, "Remembranzas obreras a 30 años de la revolución de octubre", en *Alero*, 3ª época, N° 8, septiembre-octubre de 1974, pp. 92-93.

y preparan el camino para la industrialización de Guatemala". Inmediatamente después, el artículo 2 clava un puñal en el corazón de la oligarquía al abolir "todas las formas de servidumbre y esclavitud y por consiguiente, prohibidas las prestaciones personales gratuitas de los campesinos, mozos, colonos y trabajadores agrícolas, el pago en el trabajo del arrendamiento de la tierra, cualquiera que sea la forma en que subsistan"[46]. Las condiciones surgidas en la posguerra en el ámbito internacional y la propia política de la "revolución de octubre" favorecieron el crecimiento industrial, y así, cierta diferenciación social en el interior de la burguesía. La fracción burguesa comercial-industrial mantuvo una posición ambigua, por cuanto sus vínculos sociales, familiares y económicos, y su situación genérica de clase, tironeaban de sus intereses en sentido contradictorio. La política arbencista los asustaba políticamente, pero las nuevas orientaciones económicas expandieron objetivamente las oportunidades de ganancia. Aunque bajo control del Estado, se intentaron crear nuevas oportunidades para la acumulación de capital de esa fracción burguesa. No hubo, es cierto, tiempo ni condiciones para fortalecer los circuitos internos de acumulación capitalista a través del desarrollo industrial, pero se intentaron diversas medidas a través de las bien conocidas leyes de fomento y protección a la industria local, el crédito bancario liberal, la infraestructura de servicios, la ampliación de la demanda interna, etcétera. El embate contra la estructura agraria terrateniente y las relaciones sociales en que se apoyaba tradicionalmente formaron parte de ese repertorio de iniciativas industrializantes. Recostado en la teoría pura, el arbencismo creyó que el mercado interior sólo se forma –o lo hace de manera casi automática– "desclasando" a la formación social precapitalista. Derrotar al feudalismo para que se abra paso el crecimiento de nuevas fuerzas productivas.

Siendo el problema de la tierra –y no el de los salarios campesinos– el central, se suponía un proceso histórico social de transición al capitalismo que se apresuraba con la reforma agraria.

Pero en la situación guatemalteca no era posible –ni lo es aún hoy en día– hacer la distinción *política* de carácter estructural entre terratenientes "feudales" y burgueses, ni establecer en el interior de estos últimos una fracción "nacional". Manejando esta típica ilusión intelectual de izquierda,

---

[46] *Decreto N° 900, Ley de Reforma Agraria*, Ciudad de Guatemala, Tipografía Nacional, 1952, p. 5.

no se advirtió el comportamiento real de la burguesía como clase. Individualmente afectados unos y estimulados otros, apoyaron parcial e inicialmente al gobierno.

Coincidencia táctica en el caso del PIN y oposición al proyecto de largo plazo, como en el caso de la Asociación General de Agricultores (AGA), lo cierto es que no se produjo el apoyo burgués como clase ni como partido. No obstante, Arbenz contó siempre con la colaboración y el apoyo de destacados empresarios burgueses que figuraron hasta el final en su Gabinete[47]. No hubo, ciertamente, ninguna medida que directamente desfavoreciera los intereses de la fracción industrial-burguesa en formación. Pero no puede olvidarse la unidad estructural de la clase, por un lado, ni la carga ideológica y la práctica diaria de las fuerzas sociales que se pusieron en movimiento. Aun antes de las expropiaciones de tierras, la burguesía reaccionó airada –temerosa primero, y violenta después– contra la organización sindical, las huelgas y el voto independiente. Ni la clase en su conjunto ni la eventual fracción industrial vieron en todo aquel proceso una afirmación burguesa del desarrollo nacional.

La burguesía ya no pudo identificarse con la revolución burguesa porque no la reconoció como tal. Era sólo un movimiento que en parte podían dirigir y aprovechar, pero que frente a la pequeña burguesía jacobina, y aún más, enfrentando a los sectores populares que pugnaban por avanzar, se les escapaba irremediablemente de las manos[48]. Pero una revolución que se plantea tareas burguesas en el seno de una sociedad atrasada requiere, primero que nada, de actores y métodos que sean burgueses. La relación entre clase y revolución dejó de ser una unidad que mueve la historia. Hay cierta "asincronía" de

---

[47] El hacendado Nicolás Brol ocupó la cartera de Agricultura; el industrial Roberto Fanjul, la de Economía, y el doctor Julio Roberto Herrera, la de Salud Pública. El último canciller, Guillermo Toriello, pertenece a una de las familias económicamente más poderosas del país, etcétera.

[48] Un último dirigente del PGT de la época arbencista, asesinado en las calles de Ciudad de Guatemala en diciembre de 1974, escribió: "[…] el carácter de la revolución de octubre fue democrático-burgués, por cuanto intentó resolver la contradicción entre los remanentes precapitalistas y el crecimiento del capitalismo.

Pero como el proceso se dio en la época del imperialismo, al profundizarse y acentuarse la dirección política del sector más avanzado de la pequeña burguesía y elevarse el papel de la clase obrera y de los campesinos pobres y medios, tenía que profundizarse junto a las tareas antifeudales, las tareas antiimperialistas, por lo que el carácter de la revolución octubrista en su etapa más progresiva tendió a ser democrático-nacional". Humberto Alvarado Arellano, en *Alero,* 3ª época, Nº 8, 1974, p. 73.

corto plazo entre el contenido de clase de un movimiento revolucionario y la naturaleza de las fuerzas políticas que lo impulsan y dirigen. Sucede que los tiempos de la actuación de las clases se acortan o desaparecen; y cuando una clase social ha resuelto a su favor las tareas históricas, su experiencia nacional facilita la de sus congéneres en otras partes.

Arbenz y los grupos dirigentes del FDN creyeron firmemente en el desarrollo nacional, pero dirigido por el Estado para poder asegurar la independencia de la nación frente a los intereses norteamericanos y para poder enfrentar a los terratenientes, en lo interno. Para realizar esta tarea bifronte, Arbenz particularmente creía poder convencer o interesar a la burguesía, creándole condiciones para su desarrollo como clase a través del Estado, y al proletariado (y los sectores populares) por intermedio de la elevación de su nivel material de vida, de su organización gremial y de su integración política. Ninguno de los documentos hasta ahora conocidos permite suponer que se hubiera trazado una estrategia que fuese más allá del cumplimiento de estos objetivos.

El programa nacional-burgués no contuvo tareas socialistas. Los partidos democráticos de la pequeña burguesía radical eran, en última instancia, inestables y burgueses. De haberse planteado un desborde de objetivos, se habrían transformado casi todos de socialdemócratas a demócratas constitucionalistas, como los cadetes de 1917. Ni aun el programa y los documentos del PGT planteaban el socialismo sino como tarea de larguísimo plazo, responsabilidad para otra generación. "Nosotros los comunistas –afirmaba José Manuel Fortuny, secretario general del PGT– reconocemos que en razón de sus condiciones especiales, el desarrollo de Guatemala deberá realizarse por algún tiempo por la vía capitalista"[49]. Esa concepción de la revolución (democrático) burguesa descansa en un conjunto de supuestos teóricos y homologaciones históricas que conducen a una percepción defectuosa de la singularidad del proceso histórico latinoamericano. No afirmamos que una mala caracterización del proceso haya sido la raíz de la derrota. Pero contribuyó a la confusión de los objetivos y de las alianzas. Una vez más los conceptos primaron sobre los hechos.

---

[49] Informe sobre las actividades del Comité Central al Segundo Congreso del Partido Guatemalteco del Trabajo, diciembre de 1952. La declaración de principios de los Estatutos del Partido indica también lo mismo.

La deformación de la óptica política radica en el reflejo magnificado de otras experiencias, de otros momentos.

Por tratarse de una "revolución desde arriba", las llamadas *tareas democráticas* estaban resueltas[50]. Estaban pendientes, sin embargo, las tareas "burguesas", que no es otra cosa que el desarrollo nacional de las fuerzas productivas, la modernización de la economía, para lo cual el sistema político tiene que facilitar y no entrabar tal desarrollo. Pero la existencia de sobrevivencias serviles y precapitalistas en el agro frenan ese desarrollo. De ahí la necesidad de resolver, en un acto de voluntad política, la contradicción con las clases agrarias. Al desbrozar de malezas feudales el campo, florecería, cargado de potencialidades de demanda, el mercado interior, y surgirían así nuevos y más altos niveles de acumulación de capital. Pero el desarrollo así concebido entra en contradicción hoy en día con los intereses imperialistas, por cuanto el control del mercado interno es condición *sine qua non* para la consolidación nacional de la burguesía nacional. Así las tareas burguesas tenían un contenido antiterrateniente y antiimperialista.

El programa agrario de la revolución guatemalteca fue, sin duda, una reforma burguesa de la estructura agraria, pero realizada con métodos no reformistas. No debe olvidarse que uno de los propósitos de la reforma era movilizar, organizar y hacer participar en la vida política de la nación a las masas campesinas. Así, la racionalidad del reformismo queda rebasado por todos lados, pues el acto parcial se percibe como, y se convierte en un desafío global, y los objetivos limitados se satisfacen a través de métodos imprudentes: la movilización de las masas[51]. La experiencia peniana, años después, sería un ejemplo opuesto de reformas burguesas con represión popular.

---

[50] Las tareas democráticas de la Revolución Rusa, en cambio, eran decisivas. Derribar el absolutismo zarista y romper la estructura burocrática y militar para que funcionara la democracia burguesa era del interés del proletariado. Ésa era una "revolución desde abajo", como por lo demás lo han sido hasta hoy las grandes revoluciones de la historia

[51] La dirigencia revolucionaria se dividió más de una vez al considerar la naturaleza administrativa de la aplicación de la reforma agraria. Se crearon más de mil comités agrarios locales que debían denunciar tierras y participar en el trámite burocrático; pero en la base y en algunos casos no se respetaron los plazos legales y muchas tierras fueron tomadas de hecho, invadidas, lo cual produjo incluso conflictos cruentos entre campesinos. Uno de los principales instigadores de estos métodos provocadores, que repetidas veces optó por ponerlos en práctica, fue el líder obrero Carlos Manuel Pellecer, del Comité Central del PGT. Años después, con las denuncias de Philip Agee, se sabría que Pellecer era "agente de penetración" de la CIA en el movimiento revolucionario guatemalteco. Actualmente Pellecer es miembro del servicio diplomático del gobierno militar de Guatemala.

No puede perderse de vista que en el ánimo de la burguesía guatemalteca en su conjunto, la expropiación de la tierra, por legal que ella fuese, constituye un acto ofensivo a su conciencia de clase propietaria. Si se piensa que hasta junio de 1954 se habían repartido 1.002 haciendas con una extensión de 1,9 millones de hectáreas, y que sólo en el mes de febrero de ese año habían sido expropiadas 100.000 hectáreas, el temor de que se desencadenara un proceso anticapitalista reflejaba un peligro real para tales clases[52]. Las previsiones programáticas no contabilizaron lo que el Censo de 1951 sacó a flote: que el más grande y despreocupado terrateniente, símbolo de la geofagia más absoluta, era precisamente un propietario extranjero. La United Fruit Co. apareció ocupando el primer lugar en el *ranking* terrateniente, al monopolizar tanta tierra como la que, en el extremo opuesto, tenían 153.000 campesinos guatemaltecos. Así, el objetivo antiterrateniente se fundió con el antiimperialista al serle expropiada a la United Fruit Co., 392.950 acres[53]. El gobierno norteamericano, 21 días después de la primera expropiación, reclamó "con preocupación por la manera en que la Ley de Reforma Agraria ha sido aplicada a las propiedades de la United Fruit Co., en Guatemala"[54]. Con ello, los reclamos norteamericanos vigorizaron la perturbada conciencia burguesa.

Esa conciencia además había sido permeada profundamente por el anticomunismo, que fue desde mucho antes –y eso revela su naturaleza antidemocrática– la bandera ideológica de los que combatieron el Código de Trabajo, la seguridad social y el voto de los analfabetos[55]. Debe decirse para

---

[52] Véase Comité Interamericano de Desarrollo Agrícola, *Tenencia de la tierra y desarrollo socioeconómico del sector agrícola de Guatemala*, Washington, Unión Panamericana, 1955. Vale la pena consignar que se trata del total de haciendas afectadas, a las que se les expropió sólo una parte, la tierra inculta. Así y todo, a la caída de Arbenz, más del 60% de las tierras privadas habían sido, de una u otra manera, o expropiadas o sometidas a juicio expropiatorio. Generalmente los análisis dan el dato de tierra "entregada" que no cubriría sino el 7% de la tierra útil del país. En todo caso, para esas fechas se había beneficiado a más de 100.000 campesinos, de los que 30.000 recibieron propiedades del Estado.

[53] En marzo de 1953 se expropiaron 219.159 acres en la región de Tuquisate y en febrero de 1954, 173.790 acres en la región de Izabal. Por ambas, el gobierno pagó 1,1 millones de dólares, de conformidad con el valor fiscal declarado de las tierras.

[54] Texto citado parcialmente por Guillermo Toriello, *Tras la cortina de banano, op. cit.*, p. 79.

[55] Sólo el tremendo atraso del país podría explicar el anecdotario de esta oposición primitiva. Una gremial de médicos se opuso al seguro social, en 1947, por creer que era la socialización de la medicina; un grupo de Damas Grises, dedicadas a obras de caridad, denunció la campaña de alfabetización, emprendida por el doctor Arévalo, como campaña destinada a fomentar la lucha de clases, etcétera, etcétera, etcétera.

comprender la calidad de la lucha social de ese momento que la prédica anticomunista ganó no solamente el ánimo de las clases propietarias sino que alcanzó a confundir a importantes sectores populares. La "revolución de octubre" perdió su primera batalla en el terreno ideológico; se mantuvo a la defensiva al aceptar la pelea en terreno enemigo. La virtud de la prédica anticomunista –por los componentes irracionales que maneja– es que desequilibra políticamente la correlación de fuerzas sociales a favor de una visión maniquea de la sociedad.

Impide cualquier posibilidad de desarrollo de conciencia de clase y con ello divide a las clases verticalmente; ese corte resulta fatal para la orientación revolucionaria porque la divisoria del campo ideológico-político se corre con un amplio margen hacia la derecha[56]. El anticomunismo nacional perturbó aun la conciencia de las filas revolucionarias. Cuando la crisis definió los campos de la revolución-contrarrevolución a la manera anticomunista, la política del "paso atrás" sumó así adeptos a la causa. Fue ésta la táctica que utilizó la ofensiva reaccionaria, para lo cual contó con las vacilaciones en el seno de los partidos revolucionarios y con la permanente disposición de los jefes militares para modificar el proceso. Fue ése el sentido del ultimátum de 17 de junio, presentado como cuestionario por la oficialidad del Ejército, y finalmente ésa fue la tónica que empleó Peurifoy para doblegar la voluntad del presidente Arbenz. El Presidente resistió a todo y no cedió a las tentaciones de un "paso atrás" y del improbable futuro. Prefirió renunciar.

Hemos dicho que la lucha se dio, primero, en el terreno político e ideológico. De hecho, la contradicción mayor se radicó ahí para ratificar lo que ya es bien sabido: que toda clase es siempre política; el último análisis se expresa políticamente, por más que las determinaciones fundamentales radiquen en lo económico. El de Guatemala es un nuevo ejemplo. Las contradicciones que el proceso fue generando se hicieron determinantes cuando el poder que

---

[56] La campaña anticomunista es expresión directa de la lucha de clases; la reacción guatemalteca logró movilizar a algunos sectores populares urbanos, algunos de ellos, próximos al lumpen. Citemos, como ejemplo, la extensa movilización del 12 de julio de 1951 para impedir que en un centro asistencial se contrataran enfermeras graduadas en vez del cuerpo de Hermanas de San Vicente de Paul, que tradicionalmente lo atendían. Esta subversión político-religiosa fue encabezada por las pequeñas propietarias de los mercados de la ciudad. El 23 de marzo de 1952, más de 50.000 personas desfilaron protestando contra la inscripción electoral del PGT y por la creación de la Central Única de Trabajadores. Véase Comisión Permanente del Primer Congreso Anticomunista Latinoamericano, *El libro negro del comunismo en Guatemala,* México, CCIS-AL, 1955, p. 65 y ss.

intenta ser un poder popular se propone alcanzar objetivos para los que no tiene fuerza. O el poder popular es lo suficientemente fuerte, y entonces, al reprimir a la burguesía, puede desatar una ofensiva anticapitalista para defenderse. O el poder popular no es lo suficientemente sólido, y entonces lo que se desencadena es una contrarrevolución, el fascismo. Las revoluciones "desde arriba" parecen olvidar que el éxito de cualquier revolución popular, como lo deduce tempranamente Marx, teniendo a la vista la experiencia de la Comuna de París, es la derrota o la desarticulación del viejo Estado que se va a sustituir.

La virtud de la coyuntura es la transparencia de los procesos que la conforman. Es así como las clases en conflicto se desnudarán para exhibir, con crudeza, sus apetencias materiales. En la medida en que se trata de una ruptura, el voluntarismo se retira para que actúe la fuerza de las contradicciones sociales. La salida de Arbenz, en esta perspectiva, resulta ahora un hecho menor.

Y en ese momento, tales fuerzas sociales actúan sobredeterminadas, además, por el nivel del desarrollo político alcanzado, por la experiencia organizativa, la tradición de luchas sociales, el peso de la cultura dominante y, muy especialmente, por la forma que adoptan las contradicciones en el exterior. La situación internacional y el papel particular del imperialismo norteamericano contribuyeron a definir el resultado de la crisis.

La Nación:
Problemas teóricos e históricos[57]

1. ¿De qué "Nación" se trata?

En obligada paráfrasis recordemos que cada época ha tenido su propia idea nacional; por ello, el llamado *problema nacional*, ya sea como cuestión teórica o visto como necesidad política, ha ido cambiando con el tiempo. La extrema variabilidad del hecho nacional, como comunidad que es en sí misma garantía de reproducción y cohesión sociales, ha conducido a un laberinto conceptual. No se trata, sin embargo, de un fenómeno natural, de una forma humana de convivencia conforme a la "naturaleza de las cosas", sino de un hecho histórico explicable por formas particulares de desarrollo y producto de ellas. Precisamente su naturaleza histórica coloca al concepto de *nación* en el centro de una interminable polémica de la que, por lo visto, cada generación debe hacerse cargo.

Reconocemos la eventual pertinencia de un hecho nacional por discutirse en los márgenes físicos y temporales del Renacimiento europeo. Pero para delimitar su estatuto teórico, y para los efectos del marco analítico latinoamericano, nuestra discusión tiene una inexcusable orientación eurocéntrica[58]. Si

---

[57] Texto extraído de Norbert Lechner (comp.), *Estado y política en América Latina*, México, Siglo XXI, 1981, pp. 87-132.

[58] No se califica, con esto, el carácter "excepcional" de Europa con relación a otras regiones del planeta. Sólo se alude al hecho de que el capitalismo tal vez no estaba destinado a ser una *invención* europea, aunque lo fue, lo cual no supone que se convierta por ello en una etapa necesaria del desarrollo de la humanidad. Autores como Samir Amin y numerosos africanólogos y especialistas en la cultura musulmana o del extremo Oriente así lo reconocen. Pero la razón por la que no fue un desarrollo asiático o africano no reside en el argumento simplista de que se constituyó primero en Europa, sino en la explicación de por qué esto fue así. Véase Samir Amin, *Clases y naciones en el materialismo histórico*, Barcelona, El Viejo Topo, 1979, p. 11 (un estudio sistemático sobre el papel de las naciones y las clases en el desarrollo desigual de las sociedades).

bien la nación como forma de existencia comunal aparece en el largo período precapitalista, sólo en la sociedad burguesa encuentra su forma más acabada: el Estado nacional.

El concepto antiguo de *nación* era equivalente al de *etnia*, en el sentido de que una comunidad era, sin más, la nación. Por lo general, esta concepción se presentó en la realidad histórica asociada con elementos culturales y lingüísticos que se refuerzan mutuamente. Hoy en día éstos son sin duda elementos constitutivos de la nación. Pero ella es algo más que la sumatoria de los mismos. Los rasgos nacionales surgen antes de que aparezca la nación, de la misma manera que las relaciones capitalistas pueden ser anteriores a la consolidación del sistema como tal. El concepto moderno de *nación*, que más adelante discutiremos, tiene en cuenta el aspecto relevante de que en su formación original la nación moderna se asocia o aparece junto a otros fenómenos cohesivos, que integran primero que nada las múltiples particularidades nacionales. Lo nuevo en la nación burguesa es que al vincular a través del comercio y la industria –y no por el poder tradicional de un mandatario divino– regiones antes dispersas, o vinculadas irregularmente, cohesiona nacionalidades y les da una base territorial, así como una lengua común. La tendencia unitaria la da la economía y no el emperador[59], y en el seno de esa diferencia es posible entender cómo el capital, la gran industria, destruye particularismos, uniforma nacionalidades y generaliza las mismas relaciones entre las clases de la sociedad.

Si la nación no es cualquier forma de comunidad territorializada, la búsqueda de su especificidad no puede hallarse en la Antigüedad ni en el período feudal, cualesquiera que sean sus particularidades sobresalientes. El concepto moderno de *nación* es el de una comunidad política cuya unidad se encuentra en la existencia dinámica de un mercado interior.

Si pudiera sintetizarse el conjunto de factores constitutivos, habría que apuntar no obstante a la existencia, como *conditio sine qua non,* de una clase dominante que se encuentra obligada a organizarse en un plano universal. La universalidad de la burguesía adquiere una forma nacional para dar históricamente a sus intereses una forma general. Es aquí donde aparece necesariamente el Estado como expresión política de esa generalidad y, con ello, la referencia dialéctica de la nación y del Estado como una realidad burguesa.

---

[59] La frase es de Lindsay; véase A.D. Lindsay, *The Modern Democratic State,* Londres, Oxford University Press, 1943, p. 61.

Se trata, obviamente, de un razonamiento que no hace sino reflejar concentradamente los movimientos significativos de la historia en que esto se produce. La dispersión feudal produjo la nación burguesa cuando en la alta Edad Media se desarrollaron el comercio, las ciudades, los aparatos institucionales de poder expansivo, en suma, la llamada *civilización burguesa*. La nación se presenta pues como resultado de la *particular* historia europea, en la medida en que es en la cuna del feudalismo europeo-occidental donde surgen las revoluciones burguesas y, con ellas, el Estado centralizado y la economía capitalista. Existe hoy en día un suficiente fondo historiográfico como para reconocer que la nación no es sino una forma particular de comunidad que aparece en el proceso histórico correspondiente al surgimiento de nuevas formas sociales de producción, relaciones sociales que en su pleno desarrollo constituyen el hogar de la sociedad burguesa, en la forma normal de existencia del mercado interior capitalista.

Se trata sin duda de un proceso desigual. La historia universal es la historia de los desarrollos desiguales, en los que aparecen prioritariamente una comunidad étnica nueva, una base territorial común y una forma de comunicación colectiva: el idioma.

Tales elementos suponen un Estado como forma de poder vigoroso y expansivo. La forma nacional de la comunidad, posterior a la existencia del Estado, sólo aparece cuando sobre la base de estos elementos comunes de larga data nuevas relaciones sociales se forman al aparecer la propiedad privada, la producción y la circulación de mercancías, la creación de un mercado interno defendido políticamente, nuevas clases sociales y, con ello, nuevas formas de explotación y dominio político. Si el XVIII es el siglo de los Estados en Europa, el XIX es el siglo de las naciones[60], de las grandes formaciones nacionales, dominantes, imperialistas, como colectividades en que la plena conciencia de la solidaridad que las une conforma una ideología movilizadora de carácter transclasista.

No cabe duda de que los caminos para la conformación nacional fueron diversos, y diferentes, también, los resultados. La historia ha demostrado abundantemente que bajo diferentes condiciones, a partir de una raíz común,

---

[60] Un buen resumen de cómo los Estados se convirtieron en naciones es tatales se encuentra en Jean-Rene Suratteau, *La idea nacional: de la opresión a la liberación de los pueblos*, Madrid, Cuadernos para el Diálogo, 1975, y Boyd G. Shafer, *Le nationalisme: mythe et réalite*, París, s.e., 1964.

pueden desarrollarse otras naciones, del mismo modo que, al mezclarse, diversas nacionalidades pueden formar una sola nación[61]. Nuevamente el elemento unificador, decisivo, está representado por el conjunto de intereses materiales que sirven de piso para que emerjan el sentimiento y la conciencia nacionales. Así, ellos no son innatos sino resultado de un proceso superior de desarrollo común, pero discontinuo.

Es precisamente este proceso histórico, que obedece a las leyes del desarrollo desigual, el que permite distinguir etapas o fases en la formación de la nación moderna. La falta de distinción de este proceso puede facilitar los análisis que conducen a la peor de las conclusiones eurocéntricas: la noción de nación incompleta, parcial o deformada. Tratándose de una categoría histórica, ella se especifica en condiciones particulares para cada experiencia conocida, sin repetirse y, probablemente, sin completarse.

La "incompletitud" se refiere más bien a las dificultades del desarrollo capitalista o a las que atañen al funcionamiento de la integración política.

En este proceso hay que recodar que la Revolución Industrial y las relaciones capitalistas de producción e intercambio sólo comienzan una vez; constituyen una articulación particular y un nivel superior de desarrollo con relación a las etapas precedentes que inauguran, por así decir, una nueva etapa en el de sarrollo de la humanidad. Y es por ello que constituyen un punto de partida irrepetible por lo inédito, pero que facilita en el futuro el cambio de muchas otras sociedades.

Tal como ha sido señalado creativamente por Marx, la legalidad intrínseca al nuevo modo de producción es su pretensión de universalidad, por el hecho de ser en la historia el primer modo de producción –el capitalista– que vincula todos los territorios del mundo en una trama económica y política, y por establecer con ellos relaciones de producción y explotación de carácter expansivo y permanente.

La historia deviene universal cuando ese carácter expansivo se revela en última instancia como un mercado mundial[62]. Es su naturaleza universal lo que, a su vez, facilita la generalización de sus formas políticas, la generalización de la forma nacional-estatal, la transfiguración del Estado-nación como

---

[61] S. Kaltajchian, "El concepto de nación", en *Historia y sociedad,* N°8, 1975, p. 25.
[62] Karl Marx y Friedrich Engels, *La ideología alemana,* Montevideo, Pueblos Unidos, 1963, pp. 45, 62 y ss.

experiencia exitosa por parte de pueblos atrasados, cuando existen algunas condiciones para que el traslado tenga alguna viabilidad histórica.

El error de cierta historiografía marxista consiste en haber elevado a la categoría de experiencia clásica lo que es esencialmente una *excepción:* la Revolución Industrial y la correspondiente forma política que ella desarrolló en Inglaterra no constituyen una experiencia europea; de allí no puede derivarse un modelo explicativo.

En el análisis histórico no podemos quedarnos con las excepciones ni con los modelos. Una vez "realizados" la nación y el Estado-nacional, el punto de partida se altera para los que vienen detrás. Son las ventajas del atraso, como decía Trotsky para referirse a la incorporación del progreso en condiciones no endógenas. Resueltas por primera vez las tareas burguesas, ellas tienden a generalizarse conforme a las historias particulares de cada sociedad, aun antes de que su burguesía acabe de formarse nacionalmente.

Hemos asistido a numerosos procesos nacionales desde la época en que la nación burguesa se afirmó por vez primera en Europa occidental, es decir en que se produjo la integración de grandes conjuntos socioculturales en el seno de un mercado que sólo pudo desarrollarse con ayuda del poder del Estado. Fue el *Príncipe* aliado de una burguesía conquistadora el que realizó la síntesis nacional, que es síntesis de clases, de objetivos y de ideologías para resultar en una identidad nueva y movilizadora. En esta experiencia, la unidad/integración nacional se realiza gracias a la centralización de un nuevo tipo de poder: el que representa el Estado burgués. El proceso nacionalitario europeo tampoco fue inmediato y eficaz: se prolongó en el tiempo durante siglos, e incluso en todo el siglo XIX se prolongó en un dilatado esfuerzo por hacer coincidir las fronteras nacionales con los límites políticos de la nación.

La segunda ola de mundialización del Estado-nacional corresponde al período de independencia de las colonias lusitano-españolas en este continente. El poder colonial peninsular entró en crisis, y al fragmentarse permitió la organización estatal-nacional de una laxa realidad económico-social que se fue formando a lo largo de 300 años de dominio extranjero. En América Latina el proceso nacionalitario es coetáneo con fenómenos similares que se producen en algunas regiones de Europa, aunque la aurora burguesa despunta más rápida y firmemente en esta última que en aquélla y, por lo tanto, las formas nacionales de nuestra experiencia tienen características diversas que convendrá señalar en su oportunidad. Sin embargo el hecho nacio nal que precede y facilita la emergencia del proyecto nacional-estatal en América Latina tiene su origen e inspiración en la historia europea.

Contemporáneamente, la última ola de mundialización de los Estados-naciones se produce a raíz de una nueva descomposición del orden colonial en la posguerra; ella plantea de manera nueva el problema de la idea nacional para numerosas sociedades asiáticas y africanas, algunas de las cuales cuentan con una honda tradición civilizatoria. En este caso el problema es distinto al de América Latina: ¿qué es lo nacional en un contexto societal donde la cultura local se ha visto subordinada y alterada en sus componentes originales? La colonización europea, llena de brutalidad, rompió los límites espaciales de las viejas comunidades e intentó redefinir las identidades tradicionales de base tribal. Pero la ausencia de desarrollo capitalista dejó a medio hacer –en el mejor de los casos– la unidad estructural que no puede ser creada por el poder (imperial) sino por la economía de mercado. La nación como fuerza ideológica, como proyecto y como realidad define hoy en día conflictualmente tareas específicas para las clases o, mejor dicho, para la sociedad de clases que irremisiblemente se va conformando.

En cualesquiera de tales experiencias –latinoamericanas, africanas o asiáticas– se combinan de manera original situaciones históricas particulares, unas producto de una tradición a veces con hondas raíces en el pasado pre-capitalista, y otras derivadas de la organización económica y política que impone el capital. En su variabilidad concreta y en sus actuales desarrollos, la nación va definiendo límites y contenidos que la alejan de su parentesco originario. Asistimos a una exacerbada afirmación nacional aun en situaciones socioeconómicas de dudosa viabilidad. También la unidad e integración de antiguas nacionalidades adopta la pretensión del Estado-nacional. La misma experiencia latinoamericana resulta diversa y también aquí el *Príncipe* es de naturaleza proteiforme y sus espacios no son siempre los mismos.

Los contenidos de esta forma de organización societal son diversos, pero los requisitos constitutivos, siempre elusivos, tienden a alejarse de la experiencia europea. ¿Puede estar ausente en las experiencias posteriores el origen europeo de la nación burguesa?

De aquí surge la explicación eurocéntrica de la teoría o su rechazo emocional. Pero aunque sea necesario replantear la cuestión desde una perspectiva local, los problemas de la constitución de los Estados nacionales sólo pueden ser entendidos como procesos de expansión del capitalismo en sus diversos momentos: la constitución del mercado mundial competitivo, la época del imperialismo y de los monopolios, el surgimiento de un sector socialista de la economía y su reintegración a un mercado universal; y, en la actualidad, el paso a la transnacionalidad del capital imperialista y la crisis misma del sistema. La diversidad de experiencias y los tiempos históricos no cronológicos exigen un tratamiento particular del fenómeno universal de la nación moderna.

2. Elementos y niveles del fenómeno nacional

1. En la etapa de consolidación de los grandes Estados-nacionales, en el siglo XIX, su *viabilidad* económica y política como condición constitutiva estuvo asociada necesariamente con la existencia de grandes espacios territoriales dotados de cierta densidad poblacional. El "espacio" geodemográfico fue objeto de procesos unificadores en los que la integración política por la fuerza, en la búsqueda de un "tamaño", fue una constante inevitable[63]. Todo este proceso implica una fuerza político-militar integradora pero también intereses socioeconómicos en los que siempre aparece predominando un grupo nacional, una socionacionalidad que se afirma por intermedio de una voluntad dominante de clase[64]. En la aurora capitalista, las "naciones históricas" exigen una clase dirigente capaz de dar expresión nacional a sus intereses.

---

[63] En el trabajo de Solomón Bloom se realiza un análisis de las condiciones de la autodeterminación nacional en Marx no vinculadas precisamente con el tamaño para juzgar el problema nacional. La obra de Bloom fue publicada con el título *El mundo de las naciones: el problema nacional en Marx*, Buenos Aires, Siglo XXI, 1975, especialmente el capítulo 38; y también en Eric Hobsbawm, "Some Reflection on 'The Break-up' of Britain", en *New Left Review*, N° 105, 1977, pp. 4-7 y ss.

[64] El concepto de "naciones sin historia" se convirtió en una dicotomía equívoca. "Naciones ahistóricas" fueron, en el sentido hegeliano del término, aquellos pueblos condenados a permanecer fuera del devenir histórico, es decir de una racionalidad universal que sólo encarna en momentos y situaciones determinadas. Marx y Engels, testigos activos de un proceso de constitución de grandes Estados territoriales, y de la inútil –pero transitoria– reivindicación nacional de muchos pueblos oprimidos, hablaron de los pueblos sin historia como la imposibilidad del hecho nacional para algunos grupos que pugnaban por darle sentido estatal a su ser nacional oprimido. Necesitaban una "clase" dirigente. La viabilidad del Estado nacional en aquella época correspondía a necesidades precisas del desarrollo del capital. La amplia discusión de esta visión particular de la historia encontró en el trabajo de Otto Bauer, clásico y definitivo, una formulación teórica que avala sus propuestas de estrategia política. En Bauer, la "nación sin historia" es sólo una situación particular de pueblos que no

El problema teórico, político y emocional reside en la exclusión de numerosos grupos nacionales de su *condición estatal* y la conformación de una sociedad cuyas clases sociales –antagónicas de nueva manera– empezaron a tener una *condición estatal* en el interior de espacios unificados. De hecho, el Estado burgués del siglo xix surge como una realidad multinacional, en cuyo interior –tarde o temprano– se inserta el conflicto de clases. Las cuestiones nacional y social, diversas en su origen, se confunden en algún momento de los movimientos nacionales y de la lucha de clases.

Tal fue el *problema nacional* al que se enfrentaron Marx y Engels y al que el movimiento obrero de fines de siglo encaró con notable fuerza teórica y diversidad política. El problema golpeó más la conciencia militante en aquellas sociedades donde el capital no se desarrolló rápida o adecuadamente y el Estado-nacional no lo fue con su pleno carácter burgués. Formaciones multinacionales con Estados absolutistas de carácter despótico –los grandes imperios decadentes de Turquía, Rusia, Austria-Hungría, por ejemplo– se vieron desgarradas por luchas nacionales internas exacerbadas por los conflictos de clase.

El horizonte político en el que desarrolló su intensa vida intelectual la primera generación posterior a Marx y Engels estuvo marcado precisamente por dos conjuntos de fenómenos: el auge del movimiento obrero europeo, por un lado, y la consolidación tardía de algunos Estados nacionales, por el otro. Hasta antes del rompimiento de la II Internacional, pero especialmente después de 1905 –año de la derrota de la primera Revolución Rusa– se desarrolló una intensa discusión teórica en el seno del movimiento obrero socialdemócrata. El problema nacional fue concebido de una manera particular, como el destino de las nacionalidades y su derecho a la *autodeterminación*, es decir, como un asunto de estrategia política que necesitaba un respaldo teórico previo.

Las luchas obreras contra el capital se superponen o confunden con las luchas de las nacionalidades oprimidas, produciéndose una abundante literatura en la que no estuvo presente una teoría general de la nación.

---

han podido conocer una historia y un desarrollo cultural propios y cuya clase dirigente no permite avanzar en la dirección de una moderna afirmación nacional. Véase Otto Bauer, *La cuestión de las nacionalidades y la socialdemocracia*, México, Siglo XXI, 1979, pp. 214-236. De los numerosos trabajos publicados en Cuadernos de Pasado y Presente, véase el Nº 88, 1980, especialmente el apartado IV y, por supuesto, Karl Marx y Friedrich Engels, *La ideología alemana, op. cit.*

Tal comprobación no impide que en la actualidad pueda reconstituirse el análisis marxiano de la nación correspondiente a esa época y ver que se trata de una *démarche* calificada por diversas tesis sobre el problema nacional, a la manera de versiones personales, de tomas de posición en el marco de enconadas luchas políticas y teóricas que se confunden; un auténtico proceso histórico de producción teórico-práctico de conocimiento[65]. Un balance *ad hoc* de aquella discusión permitiría destacar tres dimensiones clave para nuestro interés:

a) En primer lugar, la prevalencia de la clase social sobre cualquier otra categoría analítica; en la búsqueda de la especificidad de la nación moderna, la existencia de una clase dirigente es condición constitutiva. La dimensión nacional califica la dominación burguesa y su afirmación como clase. En su versión clásica, el marxismo subrayó la distinción entre la burguesía como una clase nacional y el proletariado como una clase internacional[66]. Las relaciones clase-nación se definen entonces por la naturaleza de las funciones que las clases antagónicas desempeñan en el proceso productivo y los intereses que generan a partir de esa posición. El desarrollo de las fuerzas productivas hace variar esas situaciones e introduce especificidades nacionales en la lucha de clases. En sociedades dependientes, aquella relación se ha alterado hasta identificar al proletariado y a las clases populares como las únicas clases nacionales portadoras de un proyecto de independencia nacional. En esta versión la burguesía asociada con el capital extranjero define sus intereses en términos no nacionales; y cuando esta interpretación se maneja ideológica-

---

[65] La bibliografía que reproduce y analiza esta discusión está disponible en su mayor parte en castellano en la colección Cuadernos de Pasado y Presente (México, Siglo XXI), especialmente R. Luxemburg, *El desarrollo industrial en Polonia y otros escritos sobre la cuestión colonial,* Nº 71; K. Kautsky y otros, *La II Internacional y el problema nacional y colonial,* 2 tomos, Nº 73 y 74; R. Luxemburg, *La cuestión nacional y la autonomía,* Nº 81, y Borojov, *Nacionalismo y lucha de clases,* Nº 83. Un lúcido análisis de este itinerario polémico aparece en G. Haupt, M. Lowy y C. Weill, *Les marxistes et la question national (1848-1914),* París, Maspero, 1974 (en español, Georges Haupt y Claudie Weill, "Marx y Engels frente al problema de las naciones", en K. Marx, F. Engels, *La cuestión nacional y la formación de los Estados,* Cuadernos de Pasado y Presente, Nº 69, México, Siglo XXI, 1980), y en otros trabajos.

[66] En la experiencia europeo-occidental el proletariado se define interna cionalmente. Encerrado en su experiencia local, necesita trascender ese limitado horizonte de la explotación de la fábrica para entender su propia condición de clase. Es internacionalista para definirse nacionalmente. En el caso de la burguesía, el proceso es el inverso. Véase Karl Marx y Friedrich Engels, *La ideología alemana, op. cit.,* p. 71.

mente, hay quienes afirman que la burguesía no es una clase nacional[67]; pero ¿qué es entonces, si sigue siendo una clase dirigente?

b) En segundo lugar, no es posible abordar el problema de la nación de una manera autónoma y sin referencia inmediata al problema del Estado. Obviamente, son categorías distintas que no pueden equipararse ni confundirse; pero en la sociedad burguesa el Estado tiene un referente nacional, adquiere una dimensión o una cualidad nacional. En un primer momento, la nación acota el poder del Estado, no como un problema de jurisdicción administrativa (que también lo tuvo), sino como una forma de existencia colectiva que implica una identidad (referida a una dialéctica de lo propio y lo ajeno). De manera similar, no se puede entender lo nacional sino con referencia a lo estatal: el Estado unifica (o termina de hacerlo) a la nación. Pero las coincidencias no siempre son completas en el tiempo ni en el espacio, y en su expansión el capitalismo pugna por resolverlas. Obviamente esto escapa al problema de la multi o mononacionalidad del Estado y alude en propiedad a que el Estado capitalista es siempre un Estado nacional, un espacio económico y político unificado[68].

c) En tercer lugar, en la perspectiva histórica de la nación siempre se plantea un problema de integración social que en último análisis aparece como la posibilidad plena de participación política, de implicación en los asuntos de la comunidad. La solidaridad nacional implica un mínimo de identidad y esto sólo se logra con la democracia. Las luchas nacionales contuvieron una

---

[67] El problema remite a cuestiones político-estratégicas. Por una parte, al problema de la existencia de una "burguesía nacional" para fundar el desenlace de una probable revolución democrático-burguesa. La experiencia de América Latina enseña que las tareas burguesas se cumplen en un ciclo que sólo parcialmente cuenta con el apoyo o dirección de la burguesía. No corresponde a otra clase embarcarse en objetivos que le resultan ajenos; el proletariado en América Latina sólo puede pugnar por una revolución socialista. Por otra parte, esta esencia del internacionalismo proletario, fundamental en la estrategia del movimiento obrero en los orígenes del capitalismo, ha sido puesta en crisis por los Estados socialistas en sus relaciones entre sí y en las que guardan con las clases de las sociedades dependientes.

[68] Este tema también fue una constante en la estrategia política del movimiento obrero en el momento de la consolidación del Estado nacional burgués. ¿Puede o no el Estado abarcar a la nación? La existencia de varias nacionalidades atadas por un mismo Estado es una forma de disociación tan importante como la que aparece en las "naciones ahistóricas". En la experiencia histórica de las sociedades nacionales dependientes el problema es otro. La presencia estatal es la realidad que importa; la unidad nacional y la homogeneidad del espacio económico acotado nacionalmente son tareas políticas y no sólo del desarrollo económico. En los países capitalistas dominantes –centrales– la coincidencia es necesariamente mayor.

reivindicación política que no se agota en la igualdad en abstracto de todas las nacionalidades, sino en la integración de todos, como ciudadanos, en el marco de instituciones políticas comunes.

El Estado-nacional no deja de ser tal si la democracia burguesa no se desarrolla plenamente en su interior, pero expresa mejor la "voluntad popular" si las clases sociales o los grupos nacionales que cobija alcanzan un grado mayor de integración social. Desde sus orígenes como movimiento social, la clase obrera se interesó por el aspecto cultural y democrático de la cuestión nacional.

Las luchas por la democracia política se asocian hoy con la reivindicación de la cultura nacional, fundiéndose en un movimiento general de la sociedad por su transformación.

2. Es de origen más reciente el conjunto de preocupaciones que se interrogan por la apariencia transhistórica de la nación.

En verdad, algunos elementos constitutivos, como la comunidad de lengua, cultura y tradición, aparecen como "esencias" inmutables, como constantes constitutivas de diversas formas de existencia colectiva. La nación sería un invariante que "corta" varios modos de producción[69]. Lo pertinente, como señala Poulantzas, es interrogarse acerca de por qué y cómo estos elementos funcionan de manera diferente al constituirse este nudo focal que es la nación moderna, es decir, qué hace posible que el territorio, la historia común, la lengua, se articulen de manera particular en el Estado nacional[70]. En las líneas siguientes desarrollaremos un conjunto de ideas que suponen un intento de respuesta a la búsqueda de la especificidad de la nación moderna, o sea aquella que tiene un Estado que la constituye o de la cual depende, porque ambos, Estado y nación, se forman en procesos históricos que tienen una base común hasta llegar a convertirse en una nueva forma de existencia social transclasista, con formas de conciencia e identificación comunes en una sociedad escindida en clases antagónicas.

---

[69] En este sentido se expresan algunos marxólogos, por ejemplo Regis Debray, en una entrevista con el corresponsal de la *New Left Review*. En esta óptica, la nación es una forma natural de organización; lo que interesa para nuestro análisis es la naturaleza histórica de la nación burguesa. Si la categoría teórica no tiene un referente histórico, explica mucho y con ello no explica nada; por lo demás, constituye una típica proyección de un concepto moderno. Véase Regis Debray, "Marxism and the National Question", en *New Left Review*, N° 105, septiembre-octubre de 1977, p. 27.

[70] Nicos Poulantzas, *Estado, poder y socialismo*, Madrid, Siglo XXI, 1979, p. 114.

Se trata entonces de un desarrollo de la historia universal, que generó tanto la explicación occidental o céntrica de la nación como las nuevas versiones contrarias a aquella reducción. Preocupado por las relaciones de lo particular y lo universal en la historia de la humanidad, y en una interpretación no restrictiva del marxismo, Samir Amin afirma que casi nunca "las regiones más avanzadas en un momento determinado por el nivel de sus fuerzas productivas y el tipo de sus relaciones de producción son las que pasan más rápida o completamente a una etapa más avanzada"[71]. Se trata de un intento explicativo que distingue etapas necesarias en la historia, calificadas por la existencia de momentos en que la ley general del desarrollo desigual se manifiesta con mayor fuerza. Amin opone el concepto de *nación* al de *etnia*, y aunque ambos tienen en común la comunidad lingüística, la distinción entre ellos se funda en la existencia o inexistencia de una centralización estatal del sobreproducto.

Como consecuencia, en la historia el hecho nacional sólo aparece en las sociedades *acabadas:* en particular en las formas más completas de las sociedades tributarias (China, Egipto), y no en las inacabadas (como las sociedades feudales europeas) o bien en las capitalistas (las naciones europeas del capitalismo central). En los modos inacabados, incompletos, por su carácter difuso, la realidad social étnica no alcanza a tener una expresión nacional: por eso en la periferia del capitalismo contemporáneo el hecho nacional es sólo un proyecto[72]. La deformación occidental o céntrica del concepto común de nación se explicaría entonces por el hecho de que en Europa se produce el surgimiento coetáneo del capitalismo y de la nación, lo que para nosotros sería la nación moderna o nación *latu sensu.*

Si se aplicase una óptica como la que propone Amin al examen de algunas experiencias históricas de lo que hoy es Latinoamérica, sin duda encontraríamos que los complejos civilizatorios del incario (Perú) o del período maya clásico (Mesoamérica) o del azteca también podrían calificarse como sociedades *acabadas*, con una base étnico-lingüística, logradas y fundadas sobre la existencia de una centralización, al nivel del Estado, del sobreproducto (tributo). De este modo, hubo una nación maya, azteca o inca allí donde luego se formó la nación hispanoamericana, con menos fundamentos teóricos para tal calificación.

---

[71] Samir Amin, *Clases y naciones en el materialismo histórico*, *op. cit.*, pp. 9-11.
[72] *Ibid.*, p. 22.

Con similar obsesión por desentrañar un sentido universal del devenir de la humanidad, pero traicionado por las numerosas imprecisiones de su obra, Malek se pregunta si existe un *hecho nacional oriental*. La nación es un preconcepto, una hipótesis. Ciertas civilizaciones antiguas, cuya vitalidad disminuida se transmite hasta nuestros días, presentaban antes en el período de transición del feudalismo al capitalismo algunas de las características que definen a las modernas naciones europeas[73]: en un primer estadio esta comprobación permitiría extender el concepto de *nación* a formaciones sociales no europeas de la Antigüedad (Egipto, China y Persia especialmente). Habría que reestructurar el concepto europeo clásico de *nación* para distinguir diversos niveles: junto al nivel capitalista de formación nacional (Europa y los Estados Unidos), en opinión de Malek cabría diferenciar un nivel precapitalista, antiguo, de la formación nacional. En el proceso nacionalitario debería distinguirse entonces entre naciones de tipo continuo y recurrente (las tan citadas tres grandes civilizaciones de la Antigüedad) y naciones discontinuas (la mayoría de los países del África negra y de América Latina), así como "hacer un lugar" para diferenciar a aquellas naciones que se constituyeron en una época intermedia entre la Antigüedad y la era capitalista de las que se constituyeron en esta última pero sin pasar por el feudalismo (los Estados Unidos, Canadá, Australia).

La nación es definida como un modo de mantenimiento social[74] que también hace su aparición en el período del capitalismo ascendente. Ésta sería *la nación-Estado de tipo europeo* en una tipología que comprendería *Estados nuevos con vocación nacional*, que no cuentan con una tradición histórica, con continuidad reconocida y percibida como tal en el tiempo y en el espacio[75]; son conjuntos sin mayor grado de cohesión nacional que como Estados tienen urgencia por dotarse de las características de una nación (por ejemplo, los países recientemente independizados del África desértica, como Bechuanalandia, Basutolandia, Chad, etc.). En seguida, los *nuevos Estados nacionales con vocación unitaria*, dotados de una tradición histórica específica, pero que

---

[73] A. A. Malek, "Sociología del desarrollo nacional: problemas de conceptualización", en *La dialéctica social*, México, Siglo XXI, 1975, pp. 127-129.

[74] "[…] unidad de territorio, de población, de actividad económica, de evolución histórica, de lengua y de cultura, de identidad colectiva" (*ibid.*, p. 47). Esta descripción se asemeja a la del eclecticismo estaliniano.

[75] *Ibid.*, p. 112.

en el periodo anterior vieron interrumpida la continuidad de su existencia nacional y étnica por un corte profundo (desmembramientos coloniales, cuyo ejemplo lo constituyen la mayor parte de los países del África negra sangrados por la trata, como Ghana, Mali, Senegal, Camerún, etcétera)[76]. Luego, siguiendo con su tipología, seguirían las *naciones y Estados-nacionales de origen europeo superpuestos sobre un telón de fondo extranjero* que se rompe y/o destruye a medias, pero que tiene hondas raíces etnoculturales. Ejemplos de ello serían aquellos países de América Latina en que la colonización eliminó"las antiguas naciones y sus civilizaciones [...] y dispuso, además, del tiempo necesario para la constitución de ver daderas naciones [...]"[77]. Finalmente, habla de las *naciones renacientes*, que corresponden a sociedades que contaron con culturas nacionales milenarias, luego entraron en períodos de decadencia y/o dependencia, pero que al recuperar nuevamente una dimensión potencial de Estado soberano inician procesos de renacimiento nacional a través de revoluciones sociales, tales como los casos de China, Egipto, Irán, Vietnam e incluso México.

3. La calidad nacional de un agrupamiento humano, el fenómeno nacional, se asocia con el período histórico en el que se lo formula. La historicidad del concepto ha conducido a que en su definición se diferencie lo que es esencial de lo que es común al concepto de *nación*, y en ese vericueto lógico se termina por confundir ambos aspectos, precisamente porque lo que es genérico a cuanta experiencia se analiza es lo que todas ellas tienen en común. El procedimiento estaliniano[78], repudiado menos por razones científicas que partidarias, es justamente un paradigma de esa identificación apriorística: la definición de los *siete criterios* cuya utilización traiciona a moros y cristianos resulta un inventario discreto, fácil de aprehender y, por ello, de utilizar. El

---

[76] Acerca de los problemas de la formación nacional en sociedades asiáticas o africanas, los trabajos de Jean Chesneaux y Maxime Rodinson son importantes. Por ejemplo, de Jean Chesneaux, "Le processus de formation des Nations en Afrique et en Asie", en *La Pensée,* N° 119, 1965, p. 71 y ss., y el ensayo "La nation vietnamienne" en el N° 73 de esa misma revista, 1957, pp. 60-64, y de Maxime Rodinson, entre otros, su excelente trabajo *Sobre la cuestión nacional*, Barcelona, Anagrama, 1975.

[77] A.A. Malek, "Sociología del desarrollo nacional: problemas de conceptualización", *op. cit.*, p. 112.

[78] Véase VV.AA., *El marxismo y la cuestión nacional*, Barcelona, Anagrama, 1977, p. 33 y ss. Stalin elaboró una definición comprensiva de la nación, estableciendo siete condiciones constitutivas cuya formulación no es ahistórica pero sí de naturaleza histórico-empírica, y en la que el arquetipo eurocéntrico se disuelve en una definición operacional.

problema –como sucede siempre con una definición empirista– es que no señala límites temporales ni espaciales, porque al final de cuentas es abstracta, como una entidad intemporal y sin referencia tópica a la existencia y a la lucha de clases.

Son varias, a nuestro juicio, las nociones que en la literatura contemporánea se asocian con la categoría de *nación*; a veces el rasgo es asimilado al todo, suplantándolo, o en la simplificación del sinónimo, el sentido común confunde categorías distintas. Por ejemplo, el uso reiterado de *sociedad* como equivalente a *nación*, o el caso de la sinonimia castrense en que *patria*, *república* y *país* se confunden en una imprecisa concepción de nación. Resumiendo, son *tres* por lo menos los niveles o grados de significación en que se concreta usualmente el hecho nacional: a) cuando se lo confunde con *nacionalidad*, como conjunto de rasgos culturales e históricos que, por lo general, se unifican a partir de una base étnica o lingüística común. En este caso es sinónimo de *nacionalitario*, neologismo de origen francés que alude a la existencia de uno o varios de esos rasgos que por lo general están presentes en una agrupación social que precede a la nación. b) Como fuerza integradora que facilita o conduce a una identificación común; la nación es sinónimo de *conciencia colectiva*, y de hecho, funciona con extraordinaria fuerza orgánica o, mejor dicho, como cualidad orgánica en virtud de la cual se mantiene la cohesión interna y se aseguran formas de integración/participación. Es la idea de un sujeto colectivo y soberano que además otorga un sentido de pertenencia transclasista y una capacidad de autoidentificación defensiva, por rechazo o como fuerza de dominación expansiva, justificadora de los poderes de una clase. c) Finalmente, la noción de *nación* tiene un referente espacial. Nación es sinónimo de *comunidad territorializada*, espacio interior concebido como límite de carácter político-administrativo. No se trata simplemente de la geografía, sino de la delimitación de un "interior" donde se desarrollan y reproducen las diversas instancias de la vida comunal por referencia a una dimensión externa. *Nacional* es en este sentido lo opuesto a *lo externo*, que es extranjero.

Algunas veces las anteriores dimensiones del hecho nacional o referentes constitutivos del mismo son utilizadas en forma parcial, según los usos o conveniencias del contexto explicativo.

En todo caso, en la conformación de la nación siempre aparecen elementos materiales y culturales, o una dimensión temporal y espacial, que cobran relevancia en la historia particular de cada sociedad o en las transformaciones de los diversos períodos de la historia. Esos elementos no son variables de un modelo estructural, sino dimensiones analíticas que concurren desigualmente a la conformación de un agrupamiento colectivo cuya naturaleza es radicalmente distinta de cuantas formas de comunidad pudieran darse en el pasado. Lo que hemos llamado la *nación moderna* corresponde a un momento del desarrollo social en el que los elementos materiales e ideales de lo nacionalitario aparecen desarrollándose hasta conformar un nuevo tipo de comunidad, la cual aparece asociada, antes o después, pero inexorablemente, a nuevas formas de dominación política, de vida económica, de experiencia cultural. Pero lo que la caracteriza en su forma original, aceptados los elementos comunes básicos (los llamados *componentes nacionalitarios*, como la etnia, el idioma, el territorio, etc.), es la peculiar formación de las clases, la naturaleza de las mismas, de sus relaciones de cooperación y conflicto. La sociedad nacional corresponde a una compleja relación de fuerza entre clases sociales: la realidad nacional-estatal.

La nación moderna es entonces un agrupamiento colectivo cuya especificidad está dada, en primer lugar, por la naturaleza de la cohesión social interna, de un vigor sin paralelo en la historia, y que no es producto de la fuerza sino de una forma de poder integrador de clase. Es el desarrollo de las fuerzas productivas, el vehículo de una articulación económica y el poder del Estado (de una naturaleza peculiar) de su correspondiente integración social, a través de relaciones sociales que realizan al mismo tiempo la unidad contradictoria de las clases en el seno de la comunidad.

En otras palabras, la forma nacional de la comunidad implica una sociedad en la que la relación de fuerzas entre clases sociales asegura no sólo la cohesión sino su reproducción y su continuidad.

La calidad nacional viene a ser la ocasión para que se consolide la sociedad; a medida que ello se logra, se garantiza la reproducción social de la misma por la existencia de relaciones entre clases. Es aquí donde aparece el papel de la burguesía como fuerza social dominante que, en su momento europeo, busca el control, la dirección y el desarrollo de la sociedad. Parece tautológico afirmar que la burguesía del capitalismo original es una burguesía nacional.

Después, en el capitalismo implantado, puede no serlo.

Planteado así el problema, resultan comprensibles dos aclaraciones que refutan por anticipado la interpretación voluntarista, sociologista, que se interroga acerca de cuál es la clase que realiza la nación; y la casi irrefrenable tendencia economicista, que encuentra en el mercado (interno) nacional la causa primera de la existencia de la nación.

En el primer caso, no es posible atribuir a una voluntad de clase esa cualidad nacional, un resultado buscado y logrado, una intención teleológica que se realiza. En el problema clase/ nación, lo pertinente no es buscar la determinación de una sobre la otra, sino las relaciones que se establecen entre las clases para la determinación nacional. Las distintas modalidades que el desarrollo nacional adopta son resultado de las diversas formas y conflictos que las clases establecen en el marco del desarrollo capitalista.

El momento burgués es el momento europeo, es la experiencia clásica de un tipo particular de relaciones de clase, de un proceso histórico en el que el agente decisivo es, sin duda, la fuerza revolucionaria de la burguesía emergente. Junto a ella, y desde el Estado, un bloque de clases conforma la *nación*.

Pero tampoco en los fundamentos económicos, en la generalización del intercambio mercantil y en la defensa cerrada de la circulación del capital estriba la explicación primera de la existencia de la nación y del Estado-nacional. No hay duda de que en su génesis revistió importancia la supresión de los particularismos locales, de los privilegios feudales y la formación de un mercado interior, que se constituye como un espacio económico crecientemente homogéneo para asegurar la libre circulación de los hombres, de las mercancías y del capital. La lógica economicista subraya el carácter interior y determinante del mercado, el *locus belli* donde reina la mercancía. Pero la nación moderna, que supone una relación de necesidad con el mercado interior, no agota su explicación en la existencia del mismo. Ella no la explica en su momento constitutivo ni en su funcionamiento contemporáneo, donde la internalización del capital supone un mercado igualmente internacionalizado.

No obstante, lo pertinente de ambas aclaraciones, el concepto de *nación moderna*, necesita ser completado, *en primer lugar*, con la idea de *comunidad económica*, que no es exactamente sinónimo de *comunidad de vida económica,* sino que debe ser entendida como la comunidad de relaciones económicas contradictorias, entre clases antagónicas, una de las cuales explota y domina a la(s) otra(s). La nación es burguesa en la medida en que expresa una contradicción propia del funcionamiento del capital; pero afirmar que la nación moderna es la nación burguesa, no resuelve el problema teórico fundamental de la especificidad de la nación, que sólo ve señalada así su última *ratio*.

En segundo lugar, existen hechos a veces tan importantes como los señalados, experiencias comunes que constituyen lo que de manera a veces imprecisa se llama *tradición común*, y que en la historia de los pueblos cuenta de manera decisiva para producir diversos grados de identidad, situaciones que engendran un sentimiento de *coopertenencia* al mismo conjunto. Tal como establece Terray, para que se evolucione del instinto nacional –de la intuición colectiva– a la conciencia nacional es necesario que ese "conjunto" emprenda luchas y resistencias y pase por experiencias donde simultáneamente forje su unidad y su identidad[79]. *El destino compartido* es una contradicción cohesiva porque integra lo que es constitutivamente antagónico. Ni el proceso mismo ni sus resultados podrían explicarse únicamente sobre la base de las virtudes del mercado. La llamada "comunidad de destino" –expresión tan cara a los austromarxistas, al nacionalismo pequeñoburgués y al idealismo iusnaturalista– no es más que la historia trabajando en el largo plazo para producir semejanzas y diferencias que modifican, más o menos profundamente, lo que aparece como natural y es percibido como dado previamente.

Es sobre esta base, y sólo así, como se explica la fuerza ideológica y material que tiene la tradición histórica común, un mecanismo simplificador que manipulado le confiere una fuerza extraordinaria, activa y presente en la forma de conciencia colectiva.

Ella parece cobrar a veces, por factores externos o por una oportuna manipulación interna, la expresión de una voluntad nacional, la de un sujeto histórico colectivo que se alza por encima de toda otra forma de comunidad para representar una identidad superior. En este tránsito, la comunidad de destino, que tanto se enfatiza, constituye sin duda un factor relativo que actúa tanto como antecedente de la comunidad nacional, como su resultado cualitativamente superior. Pero es el Estado, *el poder,* el que termina por afirmar lo que constituye finalmente la tradición común y la cultura nacional. Ambos componentes, que completan la base material de la nación, tienen una apariencia de naturalidad, de sedimentación histórica, cuando son un producto necesario de la acción unificadora de lo extraeconómico.

El papel de lo político como lo no-natural, que se produce como voluntad consciente, como la representación ideológico-cultural, adquiere en el capitalismo y en la conformación de la nación moderna un sentido nuevo.

---

[79] Emmanuel Terray, "La idea de nación y las transformaciones del capitalismo", en VV.AA., *El marxismo y la cuestión nacional, op. cit.*, p. 156.

Existe un *tercer elemento* fundado en el sentido que otorgan la tradición histórica y la vida económica comunes: es el proceso de representación ideológica que se expresa en la elaboración cultural de todo aquel conjunto de experiencias nacionales. En sus formas más desarrolladas, la comunidad cultural puede ser contenida en una forma nacional[80] y es por lo general la valorización de aquello que constituye, a juicio de la clase dominante, un conjunto de valores fundantes. Se trata, sin duda, de un factor integrador importante en la constitución de la nación moderna, que se origina en, y reproduce a su vez, la di visión en clases de la sociedad, articulándolas de manera diversa según la tradición local. La llamada *cultura nacional* es siempre cultura de clase.

Y las clases dominadas van quedando integradas a la "comunidad cultural" nacional a medida que se extiende y se asegura su condición de clases explotadas. Es decir, conforme se vuelve nacional no sólo su participación en el mercado –su posición estructural– sino su condición social y su estatus cultural.

El paradigma del Estado nacional burgués es aquel en el que la integración política y cultural de las clases, pulverizadas en la falsa igualdad de la ciudadanía universal, se encuentra soldada con el cemento ideológico de una poderosa identificación nacional, supraclasista. Es decir, aquel en que la dominación política tie ne una expresión de hegemonía, de dirección cultural e ideológica.

En los diversos niveles mencionados –articulación geográfi ca, vinculación económica, participación política, convivencia histórica, etc.– la integración nacional no es producto de la fuer za sino resultado de cierto nivel de desarrollo de las fuerzas productivas; por las relaciones sociales de producción que el capital requiere y por la fuerza interior que ellas contienen. En última instancia, la integración cultural es un acto de hegemonía política, y en ese ejercicio de dominación de clase el nacionalismo es una ideología al servicio de la burguesía.

---

[80] Es difícil encontrar acuerdo acerca de cuáles son los contenidos nacionales de la cultura, no sólo porque ella, cuando es auténtica, trasciende tales límites para volverse universal, sino porque en un nivel histórico más preciso lo nacional puede ser la revalorización del pasado o la afirmación de un futuro que se construye, como proyecto nacional.

4. Finalmente, las relaciones de la nación con el Estado constituyen un punto clave para la comprensión de la especificidad del carácter burgués, moderno, de ambos. Por razones no sólo analíticas sino también históricas, es preciso distinguirlos, por cuanto los elementos constitutivos, a veces comunes, parecieran distanciarse o confundirse en las diversas experiencias particulares. La base común constituida por el territorio, el idioma dominante, la identidad étnica y la tradición histórica, conforman una realidad nacionalitaria constitutiva, en su momento, del fenómeno nacional; pero sólo a través de la fuerza unificadora del poder, de la política y del Estado, adquieren su plena significación. Tales componentes necesitan un ámbito que se define no por sí mismo sino *en términos de poder*.

El Estado se asienta en los elementos nacionalitarios (cimentados por una estructura económica) y se extiende hasta allí donde el poder que expresa puede ser reconocido y respetado –impuesto– como dominación de clase. En estas condiciones, el Estado necesita una dimensión nacional precisa y la nación un poder unificador/ordenador, un sentido nacional en la clase social que lo ejercita.

En el proceso histórico, la cambiante conexión estructural entre el Estado y la nación plantea varios problemas. El más obvio es el que apunta al *prius* lógico, que difiere en las diversas experiencias del capitalismo original o del capitalismo dependiente.

En rápido recuento, Haupt señala para Europa una secuencia ya establecida del tipo Estado-(lengua)-nación (como en Inglaterra, Francia, Alemania, por ejemplo), o la que se produciría en América Latina, del tipo nación-(lengua)-Estado[81]. Hay o hubo situaciones en que la lengua común fue decisiva no en el sentido de *causa* sino de presupuesto, tal como la comunidad étnica lo fue en otras experiencias. En todo caso, la constitución de la nación moderna requiere de un idioma oficial, cuyo uso mercantil, social y político es asegurado por el Estado.

Menos obvio pero igualmente conocido es el problema que se refiere al fraccionamiento nacional bajo Estados diferentes, o simplemente a la carencia de conformación estatal de "minorías" calificadas de nacionales por la fuerza expresiva de su lengua o de su etnia. Visto desde el ángulo opuesto, esto remite a la realidad de los Estados multinacionales en que la disociación Estado-nación se presenta con características conflictivas, y en el mundo

---

[81] G. Haupt, M. Lowy y C. Weill, *Les Marxistes et la question national (1848-1914)*, *op. cit.*, p. 24.

contemporáneo con rasgos disociadores que preludian un reacomodo de situaciones que el capitalismo finalmente no ha podido homogeneizar[82]. En la perspectiva en que nos movemos, no hay Estado sin nación, pero tampoco podemos hablar de naciones sin Estado, salvo que se hable de *nacionalidades* cuyo proyecto estatal ya se ha frustrado o aún está por construirse.

De ser el Estado-nación la forma que desarrolla el capitalismo para asegurar el mejor funcionamiento y reproducción de la sociedad, es él mismo, el desarrollo capitalista, el que introduce profundas variaciones en la constitución nacional del Estado o en la estatalización de la nación. Esa falta de coincidencia puede tener las más variadas causas, tales como el mayor o menor desarrollo previo de los elementos nacionalitarios, o el vigor de las estructuras de mercado cuyo crecimiento desigual favorece o dificulta una mayor integración, o la fuerza de la cultura dominante, mayor cuando ella es *democrático-burguesa*. La tendencia histórica, lograda más o menos plenamente en los primeros grandes Estados burgueses, apunta hacia lo que podría llamarse gráficamente la "coincidencia" de los límites entre Estado y nación.

Esa coincidencia significa que la reproducción social –y no sólo la económica– de la sociedad, las relaciones de fuerza entre las clases, la integración cultural y política, etc., se producen en el interior de un espacio nacional determinado, cohesivo, espacio que define coextensivamente el poder del Estado.

El problema de la disociación relativa sólo apunta a uno de los aspectos de la relación entre el Estado y la nación. El otro interroga acerca de a qué clase de intereses generales sirven las instituciones estatales en la medida en que éstas reclaman aquella representación. Tal generalidad pertenece sin duda a la nación, como colectividad superior. Es ésta una doble relación, más precisamente una coextensividad, en que el Estado aparece como un Estado-para-la-nación en el sentido que O'Donnell otorga a esta formulación[83]: por un lado el Estado volcado al exterior, como la delimitación de una nación frente a otras, en tanto son Estados, y por el otro, en que el Estado volcado al interior realiza su función de custodia, interpretación y logro de los intereses generales de la nación, gracias al respaldo de su voluntad coactiva[84]. No es del caso

---

[82] Se alude, por ejemplo, al nacionalismo bretón en Francia o a las poderosas reivindicaciones nacionales de gallegos, catalanes, vascos, etc., en España.

[83] Guillermo O'Donnell, *Apuntes para una teoría del Estado*, documento CEDES/G.E. CLACSO, Nº 9, Buenos Aires, 1977, p. 39 y ss. (mimeo).

[84] *Ibid.*, p. 40.

repetir los análisis de Bauer, Renner y otros cuando los límites políticos del Estado no coinciden con las fronteras nacionales, ni plantearse la necesidad de reconocer que la nación puede existir sin Estado –problema teórico– sólo para reivindicar luego su derecho a tenerlo, lo que en la perspectiva leninista anterior a 1917 no era sólo el derecho a la autonomía cultural, sino a la posibilidad de *disponer de sí mismos*.

En la experiencia histórica de los nuevos Estados-nacionales de África y Asia, o del Caribe americano, el problema se plantea de manera aún más dramática, porque resulta imposible, en el corto plazo de su coyuntura independiente, o en las condiciones del imperialismo contemporáneo, que el Estado pueda homogeneizar, en el interior de fronteras arbitrarias, componentes nacionales diversos y contradictorios. La unidad nacional es imposible en la medida en que la nación moderna –como establece Poulantzas– es historicidad de un territorio y territorialización de una historia[85], es decir, una realidad superior en que se funden de manera novedosa los elementos materiales y espirituales de toda comunidad. Corresponde ahora examinar el modo como esto ocurre en la experiencia particular de América Latina.

3. Estado y Nación en la historia latinoamericana

1. Al extenderse a otras áreas, ¿tiende el capitalismo a imponer también sus formas políticas? Ninguna respuesta podría dejar de tomar en cuenta que en todo caso son más *reproducibles* estas últimas que la implantación de fuerzas productivas y, más aún, que la creación *ex nihilo* de aquellas relaciones sociales de producción que les correspondan plenamente. Hoy en día podemos reconocer que el desarrollo del capital –también en su expresión periférica– no transcurre como un mero hecho económico, ni es posible reducir o explicar este complejo fenómeno sin recurrir a la comprensión de previas o paralelas transformaciones políticas[86]. Nuestro problema consiste en saber si el hecho político de la independencia (y las luchas político-militares que en al-

---

[85] Nicos Poulantzas, *Estado, poder y socialismo, op. cit.*, p. 112.
[86] Tal es el sentido íntimo que tiene el llamado "ciclo" de las revoluciones burguesas o que tuvieron las sedicentes "tareas democrático-burguesas" en la literatura y la estrategia revolucionaria de la década de los cincuenta.

gunas regiones lo precedieron) constituye el punto de partida para nuevas formas de dominación de clase, y si la expansión del capitalismo en América Latina se realizó a través de nuevas formas políticas, cuyos contenidos de clase no siempre correspondieron a los proyectos nacionales. Lo cierto es que el proceso de constitución del Estado-nacional formó parte de la expansión y dominación capitalista, sistema cuya pretensión de universalidad adquirió una particular dinámica en esta región.

A lo largo del siglo XIX, el desarrollo original del capital necesitó de Estados-nacionales en los que la dimensión del mercado y la cuantía de los recursos naturales y demográficos pudieran asegurar internamente una rápida expansión de las fuerzas productivas.

Fueron –como afirma Hobsbawm– los grandes bloques o ladrillos con los que se construyó el mercado capitalista en su versión desarrollada. No puede dejar de destacarse la importancia que tuvo en este proceso, como uno de sus componentes, la posibilidad de creación de Estados-nacionales en América Latina.

La transformación del capitalismo en sistema mundial reclamó su presencia. La contradicción de un Estado-nacional soberano en el marco de una economía internacional que lo determina sitúa el problema de la sociedad latinoamericana como una sociedad *dependiente*[87], y es esta condición estructural-constitutiva la que especifica las funciones y el desarrollo de la nación, del Estado y de las clases sociales en la historia de la región.

El problema de la autonomía política remite a otro de mayor profundidad: la viabilidad nacional de sociedades descolonizadas, de pueblos que al margen de la historia, en el sentido de ser solamente reflejo de la que se hace en la "madre patria", surgen con pretensiones de tenerla. La generalización de la forma nacional estatal como expresión de una nueva existencia colectiva no contó en la mayor parte de la América luso-hispana con factores coadyuvantes.

Sin duda se produjo una transferencia de formas políticas e intentos de reconstituir el pasado, vertiéndolo en instituciones y prácticas burguesas. El

---

[87] Es éste el verdadero sentido de la noción de dependencia tal como aparece en el trabajo ya clásico de F. H. Cardoso y E. Faletto, *Dependencia y desarrollo en América Latina*, México, Siglo XXI, 1969, noción vulgarizada como "teoría" y luego convertida en "cabeza de turco" de la crisis de la sociología latino-americana.

Príncipe surge aquí condicionado en su voluntad soberana, aunque igualmente con pretensiones de ser el instrumento privilegiado de la unidad y la representación de esa colectividad superior que es la nación. Sus espacios están determinados por la división internacional del trabajo. Pero la vitalidad política de los pueblos "sin historia" no puede [...] consistir solamente en su capacidad de expresar sentimientos nacionales y de constituirse en Estado independiente, sino también, y fundamentalmente, en la necesidad de basar todo el proceso en una acción de *regeneración social capaz de destruir el ordenamiento sobre el cual se asienta la dominación colonial* [...][88]. La vitalidad nacional reconocida y sucesivamente negada para América Latina encierra un conjunto de problemas y sofismas. El primero de ellos consiste en que de la región como conjunto no puede hablarse ni aun en términos de retórica política. América Latina difiere en su origen por las diversas formas como se produjo la conquista, la experiencia colonial luego y las relaciones republicanas posteriormente, todo lo cual hace difícil que sus cualidades genéricas primen sobre su heterogeneidad básica.

A partir de lo anterior, y al analizar las primeras vicisitudes del Estado nacional, aparecen condiciones nacionalitarias básicas que diferencian una Afroamérica, una Indoamérica y una Euroamérica latinas, y, en algunos casos particulares, una amalgama aún más difícil de diluir. Hubo de todo: territorios vacíos que fueron poblados con traslado de recursos humanos y cultura europeos; otros que fueron objeto de ocupación forzosa en espacios, llenos por una cultura indígena a la que se debió vencer, sin absorberla, y, finalmente, las variadas soluciones intermedias, como la que se expresa en el traslado de fuerza de trabajo esclava, que es como la importación de una nacionalidad para implantarla en otra. Esta diversidad de componentes tuvieron su propio *tempo*, siempre vinculado con el largo período de la expansión europea: primero, en el momento de la Conquista, bajo la égida del mercantilismo peninsular; luego, en la etapa posterior, al fin de la relación colonial, con el impulso del capitalismo anglosajón; y luego en la república liberal, con el imperialismo, fundamentalmente el norteamericano.

En el hecho mismo de la repetición histórica que implica esta primera ola de generalización de las formas estatal-nacionales ha sido un *quid pro quo* analítico el asunto de la viabilidad confundido con el del proceso. Nuestro

---

[88] José Aricó, *Marx y América Latina,* Lima, CEDEP, 1980, p. 87. El subrayado es nuestro.

interés no reside en la constitución original del Estado nacional, sino en los vericuetos a través de los cuales, roto el poder colonial, se abren perspectivas para que la sociedad emancipada se convierta en Estado nacional.

Los antecedentes de la condición colonial impusieron límites objetivos, pero las luchas por la independencia y los posteriores esfuerzos de construcción estatal encontraron en aquellos antecedentes una base nacional favorable. Se inicia así un proceso que todavía hoy día exhibe retrasos. La experiencia europea es distinta pero no ajena. La nación tiene formas apropiadas para empezar a constituirse y a funcionar, y el ejemplo occidental sólo ilustra una experiencia original, y por ello irrepetible. Evitemos así el vicio inexcusable de hablar de una malformación nacional, o el pecado de soberbia de insistir en una absoluta originalidad del fenómeno.

2. Originalmente la reivindicación territorial propia de la nación moderna no fue alcanzada por la adquisición por la fuerza de un espacio sin el cual el Estado no existe. En este sentido, la herencia colonial fue una herencia territorial vasta, superior en tamaño a las expectativas/posibilidades del poder. La forma misma de definición y apropiación del *topos* califica la naturaleza de la clase que encabeza el proyecto de Estado-nacional: el territorio se recibe, se hereda y luego se define como nacional. Pero falta su integración real. La materialidad de esa integración física, así como de la económica y la espiritual, son asuntos posteriores que a veces sólo se alcanzan un siglo después. No se realiza, pues, sino lenta y tardíamente. El espacio territorial se organiza de manera diversa según las influencias y necesidades del capital internacional y del grado de desarrollo interior alcanzado y, sobre todo, por la calidad de las fuerzas sociales locales que ejecutan la tarea.

No hay que olvidar que es el poder emergente –el embrión estatal– el que intenta señalar los límites territoriales del mismo.

El Estado surge con espacios que no le es dado precisar sino tardíamente.

Para que surja el Estado hay que "recortar" la nación; por ello, la centralización del poder es anterior a la búsqueda del orden interior. La crisis del orden colonial no es, en esta perspectiva, sino el fin de una geografía político-administrativa a veces absurda, pero siempre arbitraria. El *uti possi detis* quiso consagrar como frontera nacional lo que sólo era una barrera burocrática o política, de sabor medieval. Lo que la Colonia unió lo dispersó la República. La dispersión hispanoamericana fue menos obra de la Independencia que del imperialismo, aunque en la explicación de la historia oficial el "patriotismo" ha pretendido decir la última palabra[89]. La fragmentación del poder (colonial) es paralela a su descentralización.

La dispersión regional sugiere que el Estado-nacional que empieza a formarse tiene una matriz espacial superior a la voluntad expansiva de sus clases dominantes. Este *plus* territorial explica la fragmentación de lo que en algún momento Bolívar y los próceres de la Independencia creyeron podría ser la nación latinoamericana. Obviamente, Brasil queda excluido de esta referencia[90]. La delimitación territorial de la nación constituye parte del proceso original de formación del poder estatal en América Latina.

Pero la dimensión espacial no sólo no se agota en el territorio, sino que aquélla supone también un mínimo institucional, un aparato material dotado de funciones y atributos de organización interior. Y delimitación territorial es lo mismo que jurisdicción institucional, límites al ejercicio de aquellos atributos que, por lo demás, no siempre coincidieron con los límites- frontera del Estado. En otras palabras, en su formación, nación y Estado no podían coincidir, sobre todo porque al espacio *continuo* de la Colonia, la geografía, la economía y la política le señalaron jurisdicciones diversas. En verdad, el desarrollo expansivo del capital internacional, el imperialismo *tout court*, contribuyó de manera concluyente a romper lo dado para definir nuevas dimensiones de lo nacional; y fue entonces el Estado en formación quien se encargó frente a los otros Estados de hacer coincidir la jurisdicción con la frontera.

---

[89] Charles Griffin, *El período nacional en la historia del Nuevo Mundo*, México, Comisión de Historia del Instituto Panamericano de Geografía e Historia, 1962, pp. 68-72. Una interpretación comprensiva aparece en Carlos Bosch García, *Latinoamérica: una interpretación global de la dispersión en el siglo XIX*, México, UNAM-Instituto de Investigaciones Históricas, Serie de Historia General, Nº 10, 1978, especialmente pp. 225-364. Los textos ya clásicos de Halperin Donghi, Hubert Herring y Pierre Chaunu resultan útiles para la interpretación de los procesos nacionales en América Latina. Las explicaciones culturalistas de Germán Arciniegas, Salvador de Madariaga, Carlos Pereyra y otros son excelentes descripciones literarias de fenómenos que no alcanzaron a explicar.

[90] Un ejemplo apropiado, pero de signo opuesto, lo constituye la extraordinaria permanencia unitaria de Brasil, que no sólo no se dispersó interiormente para dar paso a varias naciones de lengua portuguesa, sino que extendió permanentemente, antes o después de ser república, sus fronteras; en el caso brasileño el tamaño del territorio fue inferior a la voluntad expansiva de su burguesía emergente. En otros casos de fracturas interiores, la de la Gran Colombia, la del Perú y Centroamérica, resulta que lo nacional es lo posible; nacional es lo que se conoce y reconoce y se comunica entre sí.

Antes de que se planteara el problema de las relaciones de producción, de la división social del trabajo y de la búsqueda de un espacio económico, es decir, antes de la constitución del mercado capitalista interior, el problema de la territorialidad nacional se resolvía en un movimiento político-militar desde dentro y desde fuera. Desde dentro, al resolverse a favor de los factores cohesivos la centralización del poder y la expansión político-administrativa.

El idioma y la religión común y la larga tradición colonial son factores que estuvieron presentes; estaban ahí, dados, como elementos nacionales a la espera de un Estado "coagulante". Con esto se quiere expresar la necesidad histórica de fuerzas sociales que, como la burguesía, se afirmaran como clase para integrar social y económicamente, desde el Estado, aquellos elementos.

El triunfo de los caudillos, de las montoneras, luego de las guerras civiles, resolvió por la vía de las dictaduras absolutistas el problema de la unidad nacional. La nación tiene entonces una dimensión político-militar. Por ejemplo, la conquista del desierto, desde Buenos Aires, la disminución del espacio mapuche, desde Santiago, o la ocupación de los llanos en Colombia y Venezuela, son formas incipientes de afirmación nacional por la vía de asegurar administrativamente un territorio al que sólo posteriormente se podrá integrar[91]. Las ciudades juegan un papel decisivo en este proceso, y en América Latina ellas definen el primer momento del poder estatal. Es casi como decir que la matriz espacial nacional se realiza en una ciudad y en su extenso *hinterland* rural.

La estructura territorial de la nacionalidad (en el inicio, las unidades administrativas del imperio: virreinatos, capitanías generales, audiencias), también se define por un movimiento *hacia afuera*, en que la constitución de fronteras en el sentido *moderno*, reconocidas internacionalmente por otros Estados, pasó a ser condición legal y atributo definitorio del Estado nacional.

La ruptura del lazo colonial desató profundas fuerzas centrípetas en el laxo *tejido nacionalitario* de más de tres siglos de dominación.

La fuerza secesionista desmembró virreinatos y capitanías y se concentró en ayuntamientos y ciudades, asiento y símbolo de la autoridad, para iniciar desde ahí el despliegue nacional.

---

[91] Expulsar a los antiguos pobladores y ocupar física y económicamente sus tierras es un mecanismo de *nation-building* eficaz. En las sociedades con grandes culturas precolombinas, la ocupación física no es expulsión sino derrota militar de la población aborigen, y el subsiguiente desplome demográfico. La nación empieza a construirse sobre los vencidos, a los que se asimila a través del tributo y el evangelio.

Por todos lados las fronteras fueron objeto de negociación, enfrentamientos bélicos, convenios, conferencias internacionales, etc.[92] procemiento esencial para definir el atributo/relación entre la calidad de lo interior y exterior, que con tribuye, junto a otros elementos, a favorecer la identidad nacional. Preliminar, incompleta, ella empieza por ser "conciencia de lo interior", en una definición todavía estrecha, regional o local de los horizontes nacionales. La estructura territorial de la ambigua "nacionalidad" colonial se fractura y consolida al impulso de importantes guerras nacionales, que es lo mismo que decir que la fuerza del Estado se puso al servicio de esa definición, de una nación que sólo prexistía como posibilidad para que aquél se constituyera.

Tal es la significación de la preconstitución colonial de los Estados nacionales en América Latina.

3. En el proceso de formación del Estado Nacional en América Latina, el significado de la dimensión temporal se encuentra, en primer lugar, en eso que hemos llamado "laxo tejido nacionalitario", formado por más de 300 años de poder colonial luso-hispano que ha combinado ingredientes de la más diversa significación.

España y Portugal tuvieron fuerza y *tiempo* para recrear rasgos nacionales incluso allí donde encontraron la resistencia de otras culturas, a las que vencieron sin destruir. Al igual que en Europa, y no tenía por qué ser distinto aquí, los rasgos nacionales son en última instancia el producto de un prolongado y doloroso proceso de crecimiento cultural. En tal sentido, los procesos culturales que se encuentran en la formación de la nación moderna son el resultado de un prolongado enfrentamiento entre grupos o fuerzas sociales portadoras de formas de vida material y espiritual que se funden para alcanzar una homogeneidad superior.

---

[92] La historia detallada de los problemas mencionados aparece en Gordon Ireland, *Boundaries, Possessions and Conflicts in Central and North America and the Caribbean*, Nueva York, Noble Offset Printers Inc., 1941 y *Boundaries, Possessions and Conflicts in South America*, Nueva York, Noble Offset Printers Inc., 1938 (reimpresos por Octagon Books en 1971). Ireland relata, a manera de anécdota, que en América del Sur, de veintiséis fronteras binacionales sólo seis no han sido definitivamente establecidas; en cambio, en la región de Centroamérica y del Caribe de doce líneas binacionales sólo seis tienen calidad definitiva. Recuerda, en el prefacio de su notable trabajo, que en asuntos de propiedad territorial *"the smaller the issue, the harder the fight"*.

Se asemejan a los procesos resultantes del contacto entre dos o más culturas, que los antropólogos llaman "transculturización" y que para efectos explicativos en la formación de la nación moderna Wolf llama "transculturación interna"[93], es decir, mecanismos de ajustes entre diferentes sectores socioculturales de una sociedad, que implican el establecimiento de *nuevas* relaciones culturalmente sancionadas. Desde ese punto de vista, "algún tipo de transculturación interna debe encontrarse en la base de cada nación moderna"[94]. No es del caso mencionar el itinerario de estos ajustes, que empiezan a ser conocidos a partir de la obra de antropólogos e historiadores, con respecto al fenómeno de la conquista, primero, y de la colonización, después. Pero es evidente que las características de la "nación latinoamericana" no pueden ser las mismas en su variado interior; la historia común es múltiple según cómo se haya producido la consolidación de la estructura social y política en tres siglos de Colonia. Algún fermento distinto se produjo en aquellos espacios donde previamente no existía una sociedad indígena establecida y funcionando, o donde ésta resistió militar e ideológicamente. Donde esto sucedió, elementos de *conquista* como las armas, el evangelio y los tributos se prolongaron en el tiempo, volviéndolo desigual y discontinuo. El mestizaje étnico y cultural, en sí mismo heterogéneo, es sólo una de esas formas ideológicas frecuentemente vistas como el mejor síntoma de la futura unidad nacional.

Después de 300 años de coloniaje, con mayor o menor dosis de violencia, se produjeron resultados de ajuste cultural, de "transculturación interna", de los que resultaron un idioma común y una misma religión, formas *oficiales* (legales) de comunicación social y de concepción del mundo. Lo que fue legitimado por la fuerza adquirió racionalidad por la costumbre. Pero no hay duda de que en regiones como Mesoamérica o el mundo andino, los idiomas aborígenes y las cosmogonías precolombinas, junto a otras expresiones simbólicas y valorativas, se defendieron en simbiosis actualmente difíciles de desentrañar. Y la superposición no fue sólo cultural, sino la de un poder imperial sobre formas locales de organización del poder.

Así, sobre un territorio cuya continuidad física estaba asegurada administrativamente, se construyen elementos nacionalitarios básicos como el de la

---

[93] Eric Wolf, *La formación de la nación: un ensayo de formulación*, Cuadernos del Departamento de Ciencias Sociales, Quito, Pontificia Universidad Católica del Ecuador, s.f., pp. 1 y 2 (mimeo).
[94] *Ibid.*

lengua y las formas ideológicas que desarrolla la religión que en América Latina, más que la profesión y observancia de una doctrina, o una obligación individual de conciencia, fue también y esencialmente un instrumento de control social. La religión católica y su institución, la Iglesia, constituyeron elementos esenciales en la construcción del orden colonial, no sólo como el evangelio que se predica para conquistar almas, sino porque éstas, una vez ganadas para el dogma, producían tributos. Más que sujetos de conciencia, eran fuerza de trabajo.

Y la Iglesia fue, de esa manera, un elemento constitutivo de la nueva comunidad. Ese carácter le dio una función unificadora muy grande, aunque profundamente contradictoria, porque si el elemento religioso fue común y permeó por igual la estructura social, los intereses materiales de la Iglesia no contribuyeron, ni antes ni después de la Independencia, a la consolidación nacional.

Finalmente recordemos que el orden colonial se apoyó en normas (legales) y costumbres que favorecieron la dispersión regional, el desarrollo de una cultura parroquial sobre la base de una estructura económica y social que, salvo excepciones, no podía crear fuerzas materiales y sociales unificadoras. La ausencia de comercio interior –el comercio vincula y unifica espacios y personas– y la presencia de monopolios económicos, por ejemplo, no favorecieron la creación de una estructura económica común.

Cuanto más profunda la división social del trabajo, mayores elementos de *comunalidad* establece, rompiendo así el aislamiento precapitalista de las economías campesinas. Además, la legislación colonial dividió a la población en grupos definidos por su color, por su origen y por sus funciones adscritas. En América, la tendencia medieval a aislar grupos socioculturales en forma de estamentos fue muy fuerte; cuerpos sociales cerrados, con deberes y derechos específicos entre sí y con los del "exterior", separados por culturas y símbolos distintos. Todo esto no favoreció la formación de una conciencia nacional. Cierta *idea nacional* se va formando, a pesar de tales contratiempos, precisamente cuando los monopolios de la Corona, la discriminación y explotación racial y social, los privilegios y la cultura señorial, etc., se ven amenazados en el corazón mismo del poder colonial.

La paradoja es evidente: la toma de conciencia inicial fue menos antiespañola que antiliberal. En las colonias españolas el reformismo Borbón facilitó, a contrapelo, la primera y fatal identidad, una identidad de ruptura, a la defensiva. Probablemente, las formas ideológicas de la nacionalidad sean las más atrasadas porque corresponden a la defensa de la *tradición*: la comunidad de destino está constituida por los elementos coloniales amenazados por varios flancos[95]; las guerras de Independencia expresaron contradictoriamente la crisis del imperio y la defensa cerril de los privilegios que, en su derrumbe, éste amenazaba arrastrar.

En todo caso, las revoluciones por la independencia fueron en su gestación (antecedentes) y en su desarrollo una primigenia toma de conciencia. Una manifestación *toto corde* en defensa de intereses y recursos propios a los que una identidad en formación permite valorizar.

Nuevamente la generalización excesiva puede volver superficial el análisis. Ahí donde se produjo, la guerra de Independencia construyó una legitimidad y creó un sentido heroico del pasado.

Contribuyó de esa manera a que los elementos subjetivos de la nacionalidad en formación cristalizaran como fermentos de identidad colectiva. La nación legitima el Estado en la medida en que la victoria legitima el poder de los vencedores. Pero esas circunstancias no facilitan exactamente la formación del Estado nacional; sólo hicieron inevitable la derrota colonial. Por lo demás, tanto el hecho de la Independencia como su secuencia posterior tuvieron el efecto contradictorio de vigorizar los elementos nacionalitarios existentes y fraccionarlos al mismo tiempo, estimulados por la sempiterna rivalidad intercolonial[96]. Las rivalidades locales y las relaciones hacia afuera del mundo americano no hacían sino expresar también un Estado protonacional.

---

[95] A riesgo de prolongar este examen, recordemos algunos elementos importantes de una estrategia modernizadora que produjo dividendos adversos: los proyectos de Carlos III y la expulsión de los jesuitas, en 1767, la sustitución del ejército imperial por milicias coloniales, el creciente papel de los cabildos que jugó a favor de una participación más democrática de los criollos y mestizos y, ya entrado el siglo XIX, los bien conocidos efectos de la influencia napoleónica, la reforma liberal y la restauración con Fernando VII. La crisis del poder colonial empezó en el centro, como ocurre con todo poder imperial, y no en la periferia.

[96] "El mismo proceso de luchas de independencia revela dos momentos diversos: de 1808 a 1815, la crisis de la dominación colonial permite hablar del carácter continental de la revolución de Independencia; la segunda fase –con el viraje decisivo de Ayacucho– se desarrolla de manera más fragmentaria, y la revolución termina dividida en componentes territoriales y políticos protonacionales". Véase Manfred Kossok, "El contenido burgués de las revoluciones de Independencia en América Latina", en *Historia y Sociedad*, N° 4, 1974, p. 66.

El nacionalismo era americanismo sólo en la conciencia superior de figuras de la calidad de Bolívar y Sucre primero, de Martí después. Encarnaron la más acabada visión histórica del momento, adelantándose a su época[97]. Pero la patria no era América, vasta y vago conjunto difícil de aprehender culturalmente.

La identidad que se reivindica era función directa de los intereses materiales *locales*: comercio, tierra e influencias políticas de ámbito parroquial.

La identidad racial fue también un factor –¡conservador! – movilizador. El orden republicano continuó apoyándose en profundas recriminaciones raciales. Los criollos sabían, y no sólo por intuición de clase, que eran ellos y no otros los pilares y el dique del orden social[98]. La patria era del criollo[99], y allí donde se formó una nación ésta fue una nación criolla. Este sector social funde en su propia visión clasista, con su cultura y sus valores, lo que hemos llamado la *tradición histórica fundante de la nación* en América Latina.

En resumen, la larga experiencia colonial sólo estableció las condiciones *mínimas* para que se generaran con alguna fuerza los aspectos culturales de la nacionalidad, en detrimento de sus componentes materiales, que marcharon en sentido opuesto, y para que, como consecuencia, se favoreciera el contenido de una idea nacional muy preliminar. Los conservadores hicieron uso de estos aspectos y manipularon, junto con la Iglesia, una concepción atrasada y reaccionaria. Los liberales manejaron un proyecto nacional más avanzado, aunque en algunos momentos y países éste se reveló insuficiente y utópico.

La comunidad de pertenencia, apoyada en las dimensiones nacionalitarias ya mencionadas –religión, lengua, mestizaje–, dio respaldo y legitimidad al Estado en gestación. En este sentido, el Estado es posterior a la comunidad nacional, a la génesis y desarrollo de aquellos elementos civilizatorios y culturales. La idea de nación posibilita la formación del Estado. Pero es el ejercicio del poder estatal y su consolidación lo que refuerza las identificaciones

---

[97] En verdad, el nacionalismo americanista fue expresado por numerosos intelectuales liberales, periodistas y tribunos, e incluso, como recuerda Lynch en su notable trabajo, por los jesuitas, "cuyo patriotismo americano iba más allá de los sentimientos personales". John Lynch, *Las revoluciones hispanoamericanas: 1808-1826*, Barcelona, Ariel, 1976, p. 4.

[98] *Ibid*, p. 29, y especialmente el capítulo 1, "Los orígenes de la nacionalidad hispanoamericana", donde Lynch recuerda que por la década de los veinte del siglo XIX había en Hispanoamérica 17 millones de personas, de las cuales 3,2 millones eran blancos y sólo 150.000 españoles.

[99] Tal es el título del erudito trabajo de Severo Martínez, *La patria del criollo*, San José, Educa, 1974, que analiza en profundidad el carácter de la estructura social de la Colonia en la región centroamericana.

colectivas, las integra a la manera oligárquica y contribuye a establecer las bases materiales de esta forma de solidaridad transclasista. Al Estado se le presenta entonces la oportunidad de contribuir a definir de manera más autónoma a la nación y, en ese sentido, su presencia gana importancia. Durante cierto período de tiempo la *realidad estatal* pareció ser la única forma de existencia de la sociedad republicana. Exagerando la comparación, podría decirse que de las facciones en pugna, los conservadores fueron depositarios de aquella *idea nacional* atrasada y precluida, y los liberales de un *proyecto estatal* avanzado, de fachada, construcción normativa sin raíces en la sociedad.

4. En la experiencia europea, la nación capitalista también significó el triunfo político, tarde o temprano, de la burguesía.

Por eso hemos dicho que la burguesía es nacional en el sentido de que la clase se desarrolla afirmando la unidad física y la integración social en el interior de su espacio territorial[100]; para acabar de formarse como clase dominante, debe realizarse la tarea burguesa de la unidad nacional. Por el contrario, el fenómeno nacional latinoamericano no necesitó de una burguesía que lo encabezara; pero aun en sus inicios el hecho nacional no se produce sin una clase dominante; ese rol político fue desempeñado por la llamada, con notoria imprecisión, *oligarquía*, genérica denominación que abarca a sectores sociales que variaron de una a otra experiencia local: comerciantes intermediarios, plantadores de cultivos para la exportación, propietarios de minas y tierras, y hasta una elite ilustrada formada en el exterior. Unos fueron de origen criollo-peninsular, otros más pigmentados por el mestizaje. Pero para todos ellos la primera experiencia *nacional* no fue el mercado sino la política. Se trata de una protoburguesía que se va definiendo desde el poder, cuya experiencia la perfila como clase.

Resulta innecesario indagar acerca de la clase como "agente" histórico de la nación, pues el problema que interesa no es propiamente el proceso paralelo de constitución de la nación y el de la constitución de la clase, sino el de

---

[100] Lo anterior es válido aun en sociedades de tardía formación nacional, como Alemania e Italia. "La burguesía italiana –recuerda Gramsci—, nació y se desarrolló afirmando y realizando el principio de la unidad nacional. Puesto que la unidad nacional representó en la historia italiana, como en la de los demás países, la forma de una organización técnicamente más perfecta que el aparato mercantil de producción y cambio, la burguesía italiana ha sido el instrumento histórico de un progreso general de la sociedad humana". Antonio Gramsci, *Sobre el fascismo*, México, Era, 1979, p. 49.

la articulación de ambos, en el período de consolidación del Estado nacional. En todas partes fueron los criollos los herederos de esta oportunidad. La ruptura de la dependencia colonial los fortaleció como grupo social y las guerras de Independencia, donde las hubo, los legitimó como fuerza política. Pero ello no bastó para poner en movimiento a las fuerzas capaces de cohesionar, de nueva manera, la sociedad independiente. En todo caso, el proyecto nacional tuvo el respaldo de los criollos, aliados con distintos grados de amplitud y solidez, de los intereses foráneos. Dueños de campos, minas y comercio, que compartían por lo general con extranjeros recién llegados con intenciones de quedarse o que simplemente eran agentes de casas situadas en ultramar, estos sectores locales disfrutaban de una riqueza que proporcionaba más poder que dividendos.

La oligarquía latinoamericana se forma sobre todo en la lucha por el poder, por controlarlo, centralizarlo y ponerlo a su servicio. Piensa la Independencia como posibilidad de poder, de dominio exclusivo sobre todo el cuerpo social. Difícilmente podría adjudicarse un sentido nacional a su accionar fragmentario, difuso y contradictorio.

No es totalmente exacta la versión, sugerida en numerosos trabajos de la historiografía latinoamericana, que afirma que los sectores de la clase dominante afiliados a la ideología conservadora, anclados en la tradición colonial (riqueza territorial, régimen de manos muertas, Iglesia articulada al Estado, estancos y alcabalas, cultura señorial, etc.), boicotearon sistemáticamente –de hecho o con actos de voluntad política– la construcción del Estado nacional; y que las fuerzas sociales favorables a la cohesión nacional, como los liberales, tuvieron un alto grado de congruencia entre su condición social y económica y su misión político-ideológica.

Los contenidos de clase tuvieron una variada textura en función de su significación como instrumentos constructores de la nacionalidad[101], y de ello dependió su capacidad *política* para organizar y aprovechar el desarrollo de las economías mercantiles, de exportación.

Las fuerzas sociales que favorecieron el proyecto nacional sólo tuvieron del mismo una definición ideológica. Difícilmente hubo una clase, un par-

---

[101] En sus dos trabajos, Ricaurte Soler ha brindado una importante contribución a este tema. Véase *Clase y nación en Hispanoamérica*, San José, EDUCA, 1976, y *Formas ideológicas de la nación panameña*, 1977, de la misma editorial.

tido o una personalidad señeros. América Latina en general, y algunas de sus sociedades más afortunadas en particular, han experimentado un largo proceso en que el Estado y la nación, adelantándose o retrasándose, han demorado su constitución como Estado nacional burgués: el problema agrario no resuelto, la penetración del capital extranjero para controlar el corazón del sistema económico, una deformación cultural por imitación de lo extranjero, la escasa integración geográfica y social, todo ello debilitó permanentemente la tarea nacional burguesa de las fracciones dominantes.

Para la construcción paulatina de la nación fue condición necesaria la afirmación de un poder central, mientras que la articulación estable y vigorosa al mercado mundial fue la condición suficiente. Pese a todo, la realización nacional de estas sociedades sometidas al dominio del capital imperialista no contó con posibilidades para la plena decantación burguesa de las fracciones dominantes, y cuando ello sucedió, el capital extranjero ya estaba dentro del mercado interno, internacionalizando sus mecanismos de control. Hubo experiencias nacionales en que fue el Estado y no la clase el factor importante para conferir sentido nacional a los proyectos de desarrollo; otras en que el capital extranjero era más efectivo para la integración económica y social de los grupos sociales. Por ello en América Latina *lo nacional* tiene un sentido diverso, y no puede existir un proyecto nacional sin autonomía política ni integración popular, porque ése es, precisamente, el déficit histórico que ocasiona el control/penetración del capital imperialista en nuestras sociedades.

En resumen, la formación del Estado nacional se planteó tanto como una coyuntura para ordenar la economía (economía de exportación), como para reordenar el poder interior; en suma, un modo relativamente distinto de organizar el orden interno de la sociedad. Este proceso corrió suertes diversas, dependiendo de cómo las fuerzas sociales, hasta fines del siglo XIX, lograron definir el control del proceso productivo y del poder institucional que, antes o después de ese control, asegurara su continuidad.

Para entender mejor el proceso mismo de formación del Estado nacional es necesario recordar lo que ya numerosas investigaciones han puesto de relieve como puntos de partida que resultan esenciales en esa comprensión: por una parte, dicho proceso se realiza en el marco de una economía internacional, en el momento de la expansión de la Revolución Industrial europea, y por la otra, se produce en el marco de una estructura interna profundamente desigual y heterogénea, como resultado de un capitalismo implantado desde el exterior. En el primer caso, los elementos esenciales de la producción y reproducción capitalista que se dan en la sociedad periférica pasan necesariamente por los mecanismos del mercado mundial. Como la relación entre Estados disimula una vinculación entre (intereses de) clases, habría que señalar que en sus aspectos económicos, políticos y sociales la dependencia de las clases nacionales con respecto a las clases dominantes de los países centrales se produce en la forma de una articulación política interna que re produce tal dependencia[102]. Es ahí donde se produce la primera particularidad nacional de la clase dominante, cuya condición de tal expresa primero su articulación extranjera. Y aquí es necesario hacer referencia al segundo elemento: la estructura heterogénea y desigual que funciona no sólo en el ámbito económico sino también en el social, manifestado por formas muy particulares de articulación entre el capitalismo, como modo de producción/circulación, y formas económicas precapitalistas, de difícil calificación. La heterogeneidad estructural determina que se forme y funcione una estructura única de clases, pero no una estructura nacional de clases. Esta incongruencia obedece al hecho de que en su funcionamiento, las clases se articulan entre sí a través de relaciones desiguales de explotación y dominio. No hay grupos o fuerzas sociales marginados; pero sus formas de relación no hacen de ellas una clase nacional.

Por definición, el Estado-nacional burgués postula una universidad que sólo es reflejo de su base material, donde el intercambio de equivalentes, el reino de la mercancía y del valor, producen la creencia bien fundada en un interés general, del cual la nación es depositaria. La nación de ese Estado reclama una representación genérica, impersonal, que en la medida en que es lo suficientemente abstracta constituye la base de una ideología de dominación de clase. En nombre de los intereses nacionales, la dominación de clase se vuelve hegemonía de clase. A su vez, el Estado de esa nación reclama soberanía, no sólo como forma de organización del capital nacional en el seno del mercado mundial, sino como estructura distinta y diferenciable frente a otros Estados. Se es soberano en relación con ellos. La soberanía nacional es una

---

[102] Tilman Evers, *El Estado en la periferia capitalista*, México, Siglo XXI, 1979, pp. 77-80, y Samir Amin, *Clases y naciones en el materialismo histórico, op. cit.*, p. 20. Este tema y otros de vital importancia se encuentran también ampliamente desarrollados en el excelente conjunto de ensayos de Norbert Lechner, *La crisis del Estado en América Latina*, Caracas, El Cid, 1977, especialmente p. 113 y ss.

función que el Estado reclama y que en la periferia resulta "trunca" por ese doble condicionamiento; entonces el Estado nacional no sería soberano hacia afuera, y hacia dentro no sería nacional[103]. Tanto el trabajo de Evers como los de Lechner y otros señalan el desfase entre la esfera económica y la política, en la medida en que la función organizadora del Estado puede mantenerse nacional en lo político pero internacional en lo económico. La nación y sus formas materiales e ideológicas –que el Estado y las clases dominantes recogen– no coinciden en la medida en que el poder agota un espacio permanentemente menor: si bien la economía nacional es un contrasentido, no ocurre lo mismo con la ideología nacional, que la burguesía dirige y en cuyo nombre se beneficia.

De igual manera, la unidad nacional sólo es la centralización del aparato estatal[104]. Como fuerza histórica, la nación actualmente es distinta; la burguesía primario-exportadora (la oligarquía *latu sensu*) ha sido sustituida por una burguesía de base industrial y urbana, profundamente penetrada por el capital internacional. No obstante el cambio, y probablemente como su resultado inevitable, subsiste el desfase entre la nación como conjunto de fuerzas sociales históricas y la nación como conjunto objetivo, en los términos en que lo plantea Terray[105]; las condiciones materiales del fenómeno nacional no corresponden a las fuerzas capaces de concretarlo.

La idea nacional de la oligarquía era profundamente restrictiva; era una instancia cultural y simbólica que no podía ser común en razón de la estructura discontinua y heterogénea de la sociedad.

La "pertenencia colectiva" que se proclama como un destino compartido carece de la percepción necesaria por parte de las masas dominadas[106], está constitutivamente imposibilitada por su falta real de integración física, social

---

[103] Tal es la conclusión de Tilman Evers, *El Estado en la periferia capitalista, op. cit.*, pp. 86-89, al desarrollar el problema de la incongruencia entre las esferas políticas y económicas en el capitalismo periférico. Esta conclusión, ya adelantada en los trabajos de Lechner, tiene el mérito de replantear todo el problema de las relaciones Estado-sociedad y de la naturaleza de las clases dominantes en América Latina.

[104] Norbert Lechner, *La crisis del Estado en América Latina, op. cit.*, p. 44.

[105] Emmanuel Terray, "La idea de nación y las transformaciones del capitalismo", *op. cit.*, p. 157.

[106] El éxito histórico de un credo nacional –afirma Bagú– se mide por la aceptación que tiene sobre el conjunto de la existencia nacional, incluyendo las clases dominadas. Los nacionalismos argentino y chileno fueron, en tal sentido, más poderosos. Véase Sergio Bagú, "Tres oligarquías, tres nacionalismos", en *Cuadernos Políticos*, N° 3, 1975, p. 16.

y cultural, especialmente en lo que respecta a los campesinos. El Estado-nación oligárquico no alcanzó a definir en su interior un manifiesto antagonismo de clases: el conflicto depurado, implícito en un proceso de producción y circulación capitalista, en el que el trabajo es también una mercancía que integra orgánicamente a los actores sociales de ese antagonismo. Frente a la oligarquía está el *pueblo de la nación*, unido en una vaga identificación colectiva, sin organización ni organicidad, tras una comunión de sentimientos que expresa apenas una forma elemental de conciencia. Entre el proceso de evolución del "pueblo" a la "clase" se inserta precisamente la larga experiencia populista de algunos países de industrialización temprana en la región.

5. Actualmente la economía latinoamericana ha cambiado. Varios países han alcanzado un grado relativamente importante de crecimiento industrial y la estructura de clases se ha modificado sustantivamente. Las relaciones entre la nación y el Estado se han alterado aun más por el carácter crecientemente internacionalizado que asume la dimensión económica nacional.

La consolidación de las cúspides monopólicas de la burguesía latinoamericana ya no requiere de una dimensión nacional para lograrlo. Ella se realiza en el seno del Estado, que ellas controlan cada vez más. Luego, su campo de identificación ha variado. Se produce así un antagonismo de clases en el que el ámbito nacional sólo define el conflicto y su naturaleza por el lado de las clases dominadas. La contradicción de clase gana también una dimensión internacional. Se ha dicho que la nación es una forma de conciencia social, pero la hegemonía de la clase dominante que requiere una dimensión nacional —como referencia, como escenario para alcanzarla— no puede lograr sino de una manera incompleta esa conciencia. De ahí que la crisis de hegemonía que afecta irremediablemente a la burguesía latinoamericana en su conjunto implique una forma ideológica de existencia nacional igualmente incompleta. Y es desde el control del Estado, cada vez más distante de la nación, donde ese recorte encuentra su complemento perdido. Restaría hacer sobre el particular algunas consideraciones finales.

a) Durante algún tiempo, sin que tuviera conciencia de ello, el apotegma de Kautsky nutrió el conocimiento y hasta el sentido común en su referencia a la constitución de la nación en la fase del capital imperialista. En su desarrollo —decía Kautsky— el capital financiero corresponde a una etapa superior del Estado nacional *dominante*, cuyo carácter *dificulta* o impide —según las circunstancias locales– la constitución o desarrollo del Estado nacional *dependiente*. En la terminología de la época se utilizaba el adjetivo aún más equívoco de *neocolonial* para referirse a formas transitorias de dependencia estatal, o sea aquellas en que la formalidad de la independencia política de una sociedad está mediatizada por la realidad objetiva del control económico por parte del capital financiero de alguna metrópoli dominante.

A la luz de la experiencia histórica hay un conjunto de hechos que resultan discutibles. En la periferia, el capital extranjero estimula fuerzas sociales y condiciones materiales internas que contribuyen a definir (de manera incompleta) lo nacional- estatal.

En este sentido, en la periferia lo nacional como ámbito de reproducción del capital es un momento de existencia del capital internacional. La creación y defensa de un espacio políticamente acotado constituyó, en su momento original, la forma de organización de los intereses de la burguesía. Esto fue cierto también en el caso de América Latina, pero con contenido y dirección diferentes.

El capital es nacional por su origen, pero internacional por su naturaleza. Nuestro problema reside entonces en las *formas de recepción* del capital y en la articulación de un sistema productivo local al movimiento internacional del mercado. No puede negarse que sin esta articulación no hubiese sido posible la potencialización del Estado y la nación.

¿Dificulta o favorece ese proceso el imperialismo? La predicción kautskiana no tuvo en cuenta la diferencia básica entre sociedad colonial y sociedad dependiente. La tendencia del ca pital imperialista a lo largo del siglo XIX a someter o anexio narse de manera sistemática regiones agro-mineras del planeta creó un submundo colonial en África y Asia. Por el contrario, en América Latina definió la *calidad* dependiente de Estados nacionales en proceso de constitución. La dominación del capi tal internacional es más transparente cuando además es política y se asocia con un escaso desarrollo de las fuerzas productivas. La "cantidad" de dependencias importa menos que la *calidad* de las fuerzas de clase que hacen viable la supervivencia del Estadonacional. Por eso el control económico externo en sociedades donde las clases dominantes llegaron a controlar de manera importante el sector productivo y constituyeron un orden político relativamente integrado es distinto en cuanto a su hecho nacional. En aquellas sociedades la presencia imperialista adoptó generalmente una dimensión político-militar, aunque existiese, tarde o temprano, un proyecto económico; en éstas la penetración económico-financiera disimula las limitaciones a la soberanía estatal.

El problema no se plantea ya como un simple derecho a la autodeterminación, pues el control económico se realiza a través de formas de relaciones de clase que reproducen la dependencia, compatibles con el mantenimiento de diversas formas de independencia política. El capital financiero, antes, y el transnacional, en la actualidad, no precisan abatir esa formalidad. La necesitan aún en el caso de situaciones límite como las que se han producido antes y ahora en algunas sociedades de la región. Así, en la región del Caribe el imperialismo norteamericano desarrolló tempranamente un tipo de expansión económica y un control geopolítico que se aproxima sin duda a una condición colonial[107]. En la experiencia de Panamá, Haití, Honduras, Santo Domingo y Nicaragua, sobre todo, pero en buena medida en muchas otras sociedades de la región, la presencia imperialista contribuyó a reconstituir las instituciones estatales o a darles la dimensión territorial y estable de que carecían. La "conquista" económica fue posterior a la injerencia política. Razones geoestratégicas explican que la existencia del Estado-nacional dependiente sea más decisiva en el control *político* insolente que con la inversión económica privilegiada[108]. Este Estado tiene su expresión institucional en el desarrollo y modernización de su dimensión represiva; la clase dominante es una burocracia de apoyo de un poder constantemente referido al exterior; la identidad nacional se define contradictoriamente cuando es capaz de expresarse en el nivel de la cultura o de la política. Por lo general, negativamente, en el "malinchismo", que es el reconocimiento ciego a lo extranjero; en otros casos, como xenofobia, que sólo en condiciones de lucha y conflicto puede llegar a convertirse en conciencia antiimperialista. La afirmación nacional no proviene de la cultura burguesa, que no existe sino como folklore o como literatura costumbrista.

---

[107] Aun en el límite, la burguesía de la nación imperialista (Inglaterra primero, los Estados Unidos después) no necesitó para su consolidación expansiva el control total de la periferia, la anexión colonial. Tal vez habría que decir que el capital inglés no se propuso lo que el norteamericano ya no pudo. ¿Cómo explicar al Uruguay y 100 años después a Panamá si no es en el juego posible de los intereses imperiales?

[108] "Y los grupos dominantes locales, *nolens volens*, asistieron complacientes a la organización de la fuerza pública (ejército y policía), de las aduanas, del sistema fiscal y financiero, la comunicación interior" y otros elementos constitutivos del aparato público del Estado. Véase Edelberto Torres Rivas, "Poder nacional y sociedad dependiente", en *La inversión extranjera en Centroamérica*, San José, EDUCA, 1974, p. 270.

En estas formas atrasadas de Estados nacionales, en constante proceso de completitud, la violencia de la presencia imperialista genera condiciones de rechazo/identifi cación en que lo nacional se define en tanto rechazo de lo burgués; la lucha de clases se polariza en términos de lo propio y lo extranjero para hacer coincidir formas elementales de conciencia de clase con expresiones agudas de conciencia nacional. La clase obrera, los intelectuales radicales, las alianzas con sectores campesinos y, en general, el bloque popular adquieren un sentido nuevo, se erigen en la fuerza histórica portadora de una nueva idea nacional.

Es como si los gérmenes de la nación se separaran cada vez más de los fermentos del Estado y éste, a través del apoyo político y militar del exterior, se volcara contra aquélla para impedir la consolidación de fuerzas integradoras, capaces de facilitar una identidad general. La experiencia de Nicaragua vuelve transparente cómo la forma estatal se mantuvo en su mínimo institucional represivo; esta subvención del Estado por parte del imperialismo no puede impedir que en su consolidación incompleta se desarrollen fuerzas sociales, no burguesas, de carácter nacional-popular, cuya misión de consolidar el Estado nacional sólo puede hacerse fuera de los límites del sistema. Los problemas de la liberación nacional, que es lucha antiimperialista, se combinan así con los de la liberación social, que es lucha anticapitalista. Como lo demuestra la experiencia de dos países —Cuba y Nicaragua—, la verdadera constitución del Estado nacional pasa obligadamente por la destrucción del orden capitalista.

b) En la actualidad algunas sociedades de la región se han convertido en economías industriales relativamente importantes. El desarrollo de fuerzas productivas bajo el impulso de la activa colaboración del capital internacional termina por crear un mercado interno. Ni aun así esta plataforma de lanzamiento es suficiente para completar el proceso definitorio de la unificación burguesa, pues se trata de fuerzas productivas que escapan por distintos modos al control de la clase. Nuevamente ella, la burguesía, intenta reencontrarse en el Estado, referirse al poder desde el cual, o con cuya ayuda, se defiende. En la etapa de "internacionalización" del mercado interno, éste no constituye un mercado nacional. Pero tampoco se constituye de manera distinta, así como tampoco la burguesía interior termina siendo una burguesía dirigente.

No obstante, el imperialismo no disuelve a la nación, ni cuando surge, en el siglo XIX, ni cuando declina; su carácter internacional alude a una situación nueva, de creciente control del sistema económico en que se modifican las relaciones entre las clases y entre éstas, el Estado y la nación[109]. Pero la internacionalización sólo expresa una nueva forma de articulación dependiente, que no reemplaza a la nación ni se mueve para constituir un super-Estado por encima de los Estados nacionales dependientes. Por lo demás, la internacionalización del capital no constituye una verdadera fusión transnacional de capitales; y la actual crisis económica ha puesto en evidencia, nuevamente, que la competencia intercapitalista es, en esencia, una rivalidad hondamente nacional, de capitales que tienen una sociedad huésped pero que responden a una nacionalidad particular, a un *topos* identificable. La internacionalización del mercado interno y la presencia del capital transnacional hacen variar la naturaleza dependiente de la sociedad nacional. El cambio cualitativo se expresa en última instancia por las formas que adoptan las relaciones entre las clases y el Estado en el interior, y las contradicciones/alianzas que se producen externamente. La presencia externa se internaliza en las nuevas alianzas de clase y en los apoyos políticos del Estado. De hecho, la estructura industrial en la periferia supuso siempre alianzas solidarias, formas de colaboración activa con el capital extranjero de ciertas fracciones de la clase dominante.

Lo que la experiencia brasileña, mexicana, venezolana y de otras sociedades demuestra es que en la periferia el crecimiento del capital expande y fortalece al Estado, que avanza amenazadoramente sobre la nación en tanto expresión esta última de los intereses generales y superiores de la sociedad.

Es un falso problema entonces hablar del Estado *versus* gigantes multinacionales. El aparato estatal aumenta de tamaño y crece en funciones, pero esta institucionalidad material sólo cristaliza intereses y poderes de clase. Los intereses burgueses se fortalecen tanto con la internacionalización del mercado como con la hipertrofia del Estado; pero del festín sólo participan los invitados: el capital extranjero, el sector internacionalizado de la gran burguesía local, las diversas categorías sociales de los aparatos del Estado y la alta buro-

---

[109] Jean-Pierre Delilez, "Las relaciones de la crisis del Estado y de la internacionalización", en *La crisis del Estado*, edición a cargo de Nicos Poulantzas, Libros de Confrontación, Barcelona, Fontanella, 1977, p. 184; véase también el trabajo ya citado de Samir Amin, *Clases y naciones en el materialismo histórico, op. cit.*, especialmente el cap. VI, "Centro y periferia en el sistema capitalista: la cuestión nacional hoy", pp. 106-120.

cracia del sector privado. Muchos son los llamados pero pocos los escogidos; y en esa exclusión es el Estado, en tanto expresión de esos intereses, el que surge como el *partner* de un diálogo transnacional que sólo paulatinamente se convierte en un *ménage-à-trois*.

Todo este proceso, hay que decirlo una y otra vez, no convierte a la burguesía en una burguesía debilitada por su concubinato con el extranjero. Antes bien, el surgimiento de la empresa pública y del control estatal de importantes recursos productivos, la concentración de mandos y decisiones en un poder ejecutivo cada vez más macizo, la generalización del carácter represivo de la vida política, hacen de su Estado un moderno Moloch. La burguesía transnacional es más fuerte precisamente porque sus intereses se asocian en la dirección en que se mueven los del gran capital externo.

Pero aun en estas condiciones el Estado nacional, moderno y burgués, no termina de conformarse plenamente. La transnacionalización introduce una "cuña" entre la nación y el Estado en un proceso de distanciamiento en el que las relaciones de clase, las contradicciones orgánicas entre la burguesía y el proletariado, pasan por la relación con el Estado, dotado ahora de modernas técnicas represivas. La nación dependiente es cada vez menos la matriz de la reproducción burguesa, pero el Estado parece cada vez más burgués, asumiendo la internacionalización de funciones públicas en demérito de una nación cuya diástole resulta difícil[110]. Y no se conforma plenamente porque las fuerzas que facilitan la integración internacional obstaculizan la integración interna.

En su concepción burguesa, el fundamento de la nación descansa en la existencia de instituciones políticas comunes, voluntariamente aceptadas; en una cultura política integradora y en una extendida ciudadanía real, con fundamentos no sólo en la normatividad sino en el mercado. Cuando la política se extiende al ámbito nacional y las clases subalternas obtienen la oportunidad de participar en forma activa, el Estado nacional moderno descansa entonces en una ciudadanía cuyos derechos son un signo de igualdad nacio-

---

[110] Esta caracterización alude obviamente a los Estados nacionales más desarrollados de América Latina. El desarrollo desigual de la región determina diversas calidades de dependencia; unos intentan ganar más espacio soberano, aprovechando las contradicciones del gran capital internacional; otros Estados nacionales abandonan poco a poco sus prerrogativas autónomas en materia de defensa. Por el lado de la doctrina de la seguridad interna/continental se filtran poderosos reportes de control y dependencia.

nal[111]. Y este componente falta en la experiencia histórica de las naciones de América Latina. Los traspiés de la democracia burguesa en la región, su permanente dificultad para actuarla como manera de convivencia política, vuelve incompleto el carácter nacional, democrático y participatorio de esta forma superior de comunidad que es el Estado nacional, sobre todo en su versión burguesa contemporánea.

No es posible dejar de mencionar brevemente, en relación con lo anterior, la falta de integración nacional que afecta a varias sociedades latinoamericanas con poblaciones indígenas donde importantes grupos etno-culturales son objeto visible o encubierto de discriminación social y racial, y más aún, donde el llamado *"problema" indígena* se plantea como una limitación substantiva para la unidad nacional. La condición indígena es parte de su condición campesina, lo cual encierra una doble contradicción: si esta última remite a un problema económico, el de la tierra, la primera alude a un problema de identidad no nacional. El sentido de identidad que da un lenguaje propio, una memoria histórica que aunque difusa y llena de rupturas se mantiene viva, y la sobrevivencia de ciertas formas culturales, plantea a nuestro juicio el "problema" indígena en su verdadera dimensión. La frustración histórica del Estado nacional en por lo menos cinco países latinoamericanos radica en la persistencia de relaciones de sabor colonial con la población indígena; el poder burgués se ha revelado incompetente para resolver esta tarea fundamental[112].

---

[111] Una erudita información sobre el proceso de extensión de la ciudadanía a las clases bajas de Europa occidental y de la correspondiente destrucción de barreras y desigualdades se encuentra en el trabajo de R. Bendix, *Estado nacional y ciudadanía*, Buenos Aires, Amorrortu, 1974, p. 105 y ss. El concepto de *nation building* alude, por su parte, a los esfuerzos igualmente importantes por construir una comunidad humana más tolerante, pluralista y capaz de brindar bienestar a la ciudadanía, oportunidades culturales e igualdad política. Véase Stein Rokken y S.N. Eisenstadt, *Building States and Nations*, tomo 1, Thousand Oaks, Sage Publications Inc., 1973, p. 17.

[112] Existe una numerosa bibliografía sobre el tema, no del indigenismo, sino del problema indígena vinculado con el tema del problema nacional, y además de la exacerbación del "nacionalismo" indígena como parte de una toma de conciencia pequeñoburguesa. No es posible detallar el estado de esta polémica. La inició Mariátegui en sus *Siete ensayos de interpretación de la realidad peruana* (hay numerosas ediciones), y la continuó, 17 años después, Ignacio Torres Giraldo en *La cuestión indígena en Colombia* (la última edición fue publicada en Bogotá, La Rosca, 1975). Una visión contemporánea que retoma el tema se encuentra en *Indigenismo, clases sociales y problema nacional*, Lima, Celats, 1978, especialmente los trabajos de Degregori y Valderrama, y en *El pensamiento político indio en América Latina e indianidad y descolonización en América Latina*, México, Nueva Imagen, 1979 (ambos bajo la dirección de Guillermo Bonfil Batalla).

c) En todo lo que hemos dicho subyace la hipótesis fundamental de que el concepto de nación, y la realidad a la que se refiere, varían como parte de un proceso histórico en cuyo centro se encuentra el desarrollo capitalista *tout court*. El concepto, referido históricamente, debe tomar en cuenta, por ejemplo, que después de la segunda mitad del siglo XIX la noción de soberanía nacional se va modificando, tal como debe hacerse actualmente frente a los procesos objetivos de internacionalización de las economías nacionales y de la operatividad del gran capital transnacional.

Frente a esta variabilidad, la tentación de una definición que recoja lo fundamental de las diversas experiencias universales es casi inevitable[113]. Hoy en día el problema de la nación en los marcos del capitalismo dependiente no puede ser planteado como un asunto de unidad nacional en abstracto o como un problema de cultura autóctona, o de una identidad sobre la base de un pasado (indígena colonial, o republicano) que deviene retórica e ideología.

La cuestión nacional es la tarea de construir un Estado nacional independiente y democrático; es, por lo tanto, en una visión que no ignora las dimensiones étnica, cultural o psicológica, un *problema de poder*, de un proyecto de clase, que sólo adquiere sentido en el marco de las actuales luchas sociales de América Latina. La experiencia nicaragüense es un ejemplo vivo y transparente de lo que significa recuperar la posibilidad histórica de construir una identidad nacional, vinculado profundamente con las luchas populares y con la toma del poder. La historia nicaragüense es la crónica de una imposibilidad: el fracaso del proyecto liberal bajo la conducción de José Santos Zelaya (1892-1911), la intervención norteamericana en complicidad con el Partido Conservador (1911-1931); la entrega del país a la familia Somoza y a la Guardia Nacional durante 43 años (1936-1979) en que aquélla y ésta prolongaron la intervención extranjera y destruyeron todo intento de consolidación de un Estado nacional moderno e independiente. La gesta de Sandino (1927-1933) reivindica lo nacional-popular frente al imperialismo, y en esos mismos términos el Frente Sandinista logra, en su programa y en su práctica,

---

Los trabajos de este último y las contribuciones de Héctor Díaz Polanco son importantes. Véanse del último sus trabajos publicados en *Indigenismo, modernización y marginalidad: una remisión crítica*, México, Juan Pablos, 1979, y en *Nueva Antropología*, No. 9, 1978.

[113] Un intento multidisciplinario se encuentra en Stein Rokken y S.N. Eisenstadt, *Building States and Nations*, *op. cit.*, especialmente capítulos II y IV, así como los trabajos contenidos en el vol. II de esa obra.

representar la única opción popular y nacional, enfrentando lo extranjero de aquella sociedad: la Guardia Nacional y la dictadura somocista, es decir, un Estado reducido a su expresión armada.

Por fin fuerzas sociales capaces de pensar y actuar en términos de la Nación enfrentan exitosos el desafío de construirla como un Estado-nacional popular, democrático e independiente.

Ocho claves para comprender la crisis en Centroamérica*

1. La ruptura histórica

El carácter de las luchas sociales que hoy en día califican la situación centroamericana[114] como una situación de profunda crisis política, es resultado de un largo proceso de desequilibrios y problemas creados por el crecimiento económico, y nunca satisfechos, pero especialmente de reivindicaciones permanentemente pospuestas, de derechos reiteradamente violados, en suma, de luchas sociales y políticas pacíficas y legales, pero legalizadas y reprimidas por el Estado. Esto es particularmente agudo en la década de los setenta. Es éste un período distinto en la acumulación de problemas, caracterizado porque la burguesía centroamericana renuncia una y otra vez a la búsqueda del consenso nacional y opta definitivamente por un tipo de dictadura militar en que las formalidades legales se mantienen en nombre de la democracia para dar paso a formas extremas de terrorismo de Estado.

La noción de crisis como acumulación de problemas sólo es cierta a medias, porque explica parcialmente la situación. Nuestra clase dominante ha demostrado desde hace mucho tiempo una incapacidad estructural para resolver adecuadamente los efectos sociales y políticos que produce el tipo de crecimiento económico. Por lo menos, los problemas que genera el estilo de desarrollo impuesto por los intereses de la burguesía local y los del gran capi-

---

* Texto extraído de Edelberto Torres Rivas, *Crisis del poder en Centroamérica*, San José, EDUCA, 1981, pp. 71-112.

[114] El análisis que se hace a continuación tiene particular referencia a Nicaragua, El Salvador y Guatemala. La crisis que asfixia a Costa Rica es de carácter económico-fiscal, por lo pronto, aunque pudiera derivar en consecuencias políticas. En Honduras la situación es particularmente distinta al resto de la región; el difícil equilibrio de una reciente democracia electoral, amenazada por todos lados, nos autoriza a dejarla, por de pronto, de lado.

tal internacional. ¿Por qué la crisis, aquí y ahora, y no antes, si se trata de una incapacidad permanente?

Siendo el nivel de la política el sitio donde la crisis se produce y se desarrolla, ella tiene en común la irrupción autónoma de las masas populares en la escena política, acompañada esta presencia popular con medios extremadamente violentos de lucha. Es a través del enfrentamiento armado que las masas populares han estado ganando por fin su condición de sujetos de la historia, con desiguales niveles de profundidad. Es ésta sin duda la culminación de un proceso en que no es posible el regreso al grado de desorganización/reorganización de las antiguas formas políticas de dominación y control. Hoy en día, el "equilibrio" ya no puede restablecerse de la manera tradicional, reprimiendo a las masas.

En Nicaragua, la rápida reconstitución de un nuevo tipo de poder a la caída de la dictadura somocista, señala una experiencia ejemplar.

En El Salvador, la sangrienta experiencia democratacristiana sólo prueba que ya no hay espacios para el gradualismo porque la calidad de los problemas acumulados, más que la impaciencia de las masas, bloquea por sí misma cualquier solución intermedia.

En Guatemala, en cambio, se pone a prueba otra estrategia, pero cada vez más próxima en sus resultados a El Salvador: no hay voluntad reformista para encarar los muy graves problemas sociales ni disposición para el diálogo. El negocio de la política es asumido por la clase dominante como un juego "suma cero", donde la concesión menor es la derrota.

La crisis política surge como un desafío a la continuidad. Por eso hablamos de *ruptura*. La causa necesaria –si pudiera plantearse la complejidad del fenómeno en términos tan lógicos– es la pesada carga de los factores objetivos, las determinaciones de la estructura que se hacen presentes en la conciencia de las masas dominadas. La causa suficiente pasa a ser entonces la irrupción de las clases subalternas, cuya praxis política rompe toda posibilidad de contención, incluida la del terrorismo estatal. El peso de los factores subjetivos, también acumulados en muchos años de derrotas y sacrificios, traduce lo objetivo en una determinación de cambio. La continuidad ya no es posible porque el tiempo de la normalidad se agotó. La crisis aparece como una impaciencia colectiva y es vivida por las clases dominantes como una gran desobediencia popular.

Tal vez es este elemento factual lo que mejor califica este proceso que va cristalizando lentamente desde mediados de la década: una desobediencia generalizada que es, en la otra óptica, una falta de autoridad. Y la autoridad que no se respeta expresa siempre un poder que se debilita, que se desacredita y pierde eficacia. De ahí el recurso de la fuerza física, la utilización de la violencia extrema como método permanente. Centroamérica está tan llena de estos ejemplos que es pueril ilustrar esta obviedad.

Sin duda la situación de crisis no necesariamente genera una situación revolucionaria. Por extremas que sean las manifestaciones de la debilidad burguesa en su capacidad hegemónica, sólo la fuerza de la organización de las clases dominadas puede subvertir –es decir, perturbar primero y desorganizar, después – el orden en el cual ya no confían. La crisis política en la actualidad es sin duda un desafío total porque se produce en el espacio en el que la clase dominante construye y ejecuta la dirección de la sociedad.

Tampoco esto asegura una situación revolucionaria, y menos aún lo irremediable de la victoria.

En la naturaleza crítica que atraviesa la sociedad centroamericana hay un aspecto nuevo que se disimula por la tradición militarista. Pero hoy en día la dictadura militar, por el control que el Ejército realiza sobre la sociedad, es la materialización institucional de la crisis, de sus peores síntomas. No señalamos con esto la ausencia de democracia que acompaña siempre la actuación militar, sino el recurso a la fuerza en la amplitud y profundidad que ha experimentado la sociedad centroamericana en los últimos años. Se trata de un hecho distinto. En Guatemala, donde no hay todavía una guerra civil declarada, la represión oficial es responsable, solamente bajo el actual gobierno de Lucas, de más de 5.000 asesinatos políticos, si allí incluimos la destrucción de aldeas campesinas en Chimaltenango, Quiché y Baja Verapaz.

En El Salvador, los enfrentamientos abiertos entre el Ejército y la guerrilla sólo han causado el 10 por ciento de las 20.000 muertes registradas oficialmente. El resto es represión oficial directa.

En estas condiciones, ya no es posible convertir el antagonismo interno en una modalidad aceptada de participación, para hacer del conflicto social un factor dinámico. Se transforma, por la respuesta oficial, en una subverción total, en una situación límite en que su actividad se convierte en una fuerza de ruptura, de una ruptura crítica: es el fin de las concepciones reformistas, una ruptura con las anteriores formas de organización política de las clases dominadas, una nueva combinación de las formas de lucha, el descubrimiento de nuevos sitios para hacer la política y hasta una madurez provisional para establecer el trabajo unitario. Todo esto es actuar en el presente en una perspectiva de futuro, para hacer de la ruptura histórica un verdadero punto de partida.

2. Las derrotas y los años de desesperanza

A comienzos de la década de los setenta, ni las fuerzas populares ni sus organizaciones de vanguardia, y menos aún los cientificistas sociales de la región, habrían podido predecir la envergadura de la crisis que sacudiría tan profundamente la sociedad centroamericana unos años después. Pero aun asumiendo la capacidad de comprensión de los acontecimientos, ello no otorga la capacidad de controlar su curso posterior. Tampoco la de preverlos.

Y es precisamente lo inesperado, lo no previsto, lo que constituye la originalidad de un proceso revolucionario. A lo largo de esa década, a veces imperceptiblemente, otras veces por intermedio de movimientos sociales de protesta, se fue construyendo una situación caracterizada cada vez más por una pérdida de control de los sectores populares y con ello una creciente deslegitimación del poder. La característica de los últimos años fue la suma de imprevistos, de hechos de un azar que se mueve en una dirección contradictoria, pero asignada por una cadena interminable de fracasos. La experiencia de todos estos años es que la derrota es la pausa engañosa, a menudo inevitable, de la victoria.

Hablamos de derrota si nos atenemos al sentido apropiado del término, que no sólo apunta al vencimiento frente a fuerzas superiores, sino propiamente a una pérdida transitoria de la ruta, del camino emprendido. En efecto, la guerrilla guatemalteca había sido casi totalmente desorganizada entre 1966-1970. Con el golpe de Estado de marzo de 1963, el Ejército como institución asume por vez primera el control del Estado y liquida torpemente la oportunidad histórica de estabilizar el poder contrarrevolucionario a través de un gobierno reformista y prudente, como el que habría intentado el Dr. Juan José Arévalo, indiscutible triunfador de haberse permitido las elecciones.

A su vez, en El Salvador, una amplia coalición de democristianos, socialdemócratas y comunistas, había ganado indiscutiblemente la elección presidencial del 20 de febrero de 1972[115]. Los intereses dominantes de la burguesía cafetalera, juntamente con los del Ejército, en el control del poder desde 1932, forzaron una vez más el fraude. Pero fue éste un ostensible acto de fuerza, de arbitrariedad respaldada por la violencia militar. Fue ésta también la última oportunidad para iniciar una experiencia de gobierno civil, con una moderación asegurada por la hegemonía de la Democracia Cristiana en el seno de la llamada Unión Nacional Opositora (UNO).

El Frente Sandinista de Liberación Nacional, fundado en 1961, había sido derrotado en Pancasán en 1963, y casi liquidado en su expresión urbana, en Managua, en 1969. A partir de ese momento habría de llevar una existencia grupuscular y crepuscular, hasta reorganizarse en 1974. A su vez, en 1971 el Partido Conservador firmó por enésima vez una alianza electoral con Somoza; la transacción entre los corruptos partidos tradicionales permitió que la dinastía viviera uno de los momentos de máximo poder en su larga historia. Solamente los efectos sociales posteriores al terremoto de 1972, la persistencia de los sandinistas y los otros acontecimientos ya conocidos, permitieron que después de 1978 el fin del somozato fuese un hecho previsible.

La experiencia salvadoreña constituye un hito importante en el escenario centroamericano ya surcado por la violencia y la paulatina consolidación de la dictadura militar. En efecto, la alianza electoral derrotada que encabezaba el ingeniero Duarte (hoy en día jefe del gobierno salvadoreño) constituyó una prueba decisiva en la capacidad autorregenerativa de un sistema que, por lo demás, no daba señales de debilitamiento. Fue ésa la oportunidad de que un conjunto de fuerzas moderadas, con un programa reformista kennediano y con amplio respaldo popular, pudiera iniciar el camino de la democratización de la estructura política y constituyera, además, un ejemplo exitoso de lo que diversas fuerzas intentaban como un proyecto de "reconstitución democrática con desarrollo". Al lado de las derrotas del movimiento popular, imposibles de detallar aquí, aparecieron diversas fuerzas políticas que justamente en esa época pugnaban por un proyecto similar. Era ésta una

---

[115] Juan Hernández Pico y otros, *El Salvador: año político 1971-72*, San Salvador, Publicaciones de la UCA, 1973. Es éste un extraordinario documento político, por su análisis y por la documentación, sobre los acontecimientos que giraron en torno del fraude electoral más siniestro de la historia de ese país.

opción que intentaba alimentarse de los errores o fracasos de la izquierda revolucionaria y de los excesos del poder conservador.

El gobierno de Figueres (1970-1974) en Costa Rica representaba justamente la materialización de esta opción tercerista; pero las fuerzas sociales que representaban ese modelo de "reconstitución democrática con desarrollo" eran débiles en Guatemala y Nicaragua y sufrieron un nuevo revés en El Salvador, en el seno de un proceso de gradual endurecimiento político, caracterizado por la existencia de un aparato de Estado militarizado. A mediados de la tantas veces mencionada década, esa "tercera" fuerza se había descompuesto irremisiblemente, alimentando parte de sus componentes la insurgencia armada.

Honduras presentaba un cuadro relativamente distinto, ante un movimiento campesino de nuevo tipo que actuaba y se imponía a principios de la década con acciones violentas, y de hecho, apropiándose de tierras que en buena ley tampoco eran de propiedad privada. En este país los precaristas eran los terratenientes.

Un intento estabilizador se frustró en 1972 cuando un gobierno civil bipartidista, encabezado por el anciano abogado Ramón Cruz, fue derribado por el golpe del coronel Oswaldo López Arellano.

Los militares, prestigiados después de la "guerra" con El Salvador (1969), pudieron moverse en un espacio reformista de cortísimo plazo, agotando una credibilidad que apenas los llevó a realizar un inicio de reforma agraria. Sin embargo, las fuerzas populares no fueron objeto de persecución, como ya pasaba en los países vecinos.

Debe reconocerse, en el conjunto de la región, y con la excepción de Costa Rica, que las fuerzas políticas moderadas no tuvieren ninguna oportunidad real para ser reconocidas como alternativa frente a gobiernos autoritarios y abiertamente respaldados por Estados Unidos. Pero también tales fuerzas no buscaron eficazmente su victoria y se paralizaron más por el miedo a la revolución que por la represión militar. Al fin y al cabo, estas fuerzas políticas –el arevalismo, el Partido Revolucionario, la Democracia Cristiana en Guatemala; la Democracia Cristiana (DC) salvadoreña y sus antiguos aliados de 1972; las fracciones conservadoras antisomocistas, los grupos social-cristianos y liberales, en Nicaragua– siempre vieron en los sectores populares una "fuerza auxiliar" para sus luchas. Siempre temieron el comportamiento autónomo y radical de la clase obrera, por ejemplo, y terminaron casi siempre en transacciones con la fracción más reaccionaria de la burguesía, con los jefes del ejército y con el imperialismo. En todo caso, fue ésta una etapa de destrucción política de los problemáticos procesos de crear una alternativa democrática; esta opción implicó siempre la integración parcial de sectores populares, lo cual reiteradamente se reveló difícil o imposible.

La década de los setenta fue particularmente importante en conflictos sociales. No es posible reseñarlos uno a uno. Pero en estos años en que se gestaba la crisis en el interior de la sociedad, si bien el signo de la adversidad marcaba el accionar de las clases dominadas, no hubo conformismo ni componenda. Por ejemplo, las huelgas de Aceros S.A. en 1967, y de la Asociación Nacional de Educadores Salvadoreños (ANDES), en 1965 y 1972, se convirtieron en huelgas generales, brutalmente reprimidas. La ciudad de San Salvador fue, hasta cierto momento, el sitio calificado del conflicto, el respiradero de las masas urbanas y de las desplazadas del campo. En Guatemala, después de 1974 se experimenta un ascenso en las luchas sociales y en la organización sindical.

La Marcha de los Mineros, desde Ixtahuacán a la ciudad capital, movilizó más de 300.000 personas en 1977; la huelga general con ocasión del aumento del precio del transporte urbano marcó el momento más importante en la capacidad de movilización de masas, en agosto de 1978. En Nicaragua, a partir de 1973 se suceden exitosos movimientos reivindicativos de los obreros de la construcción, de los hospitales y de sectores fabriles. En todos estos conflictos, el movimiento estudiantil estuvo activo. A unos y a otros, la represión militar los golpeó duramente.

A partir de 1975-1978 los factores que caracterizan la crisis centroamericana —como adelante se indica— estaban ya presentes, con una potencialidad que rivaliza con su carácter imprevisible.

Los acontecimientos que van teniendo lugar constituyen una secuencia de hechos "imprevistos", pero largamente gestados.

Después de 1978, en general, ya no era cierto, como creían los romanos, que Dios estaba siempre del lado de los grandes batallones.

Lo que no debe confundir el análisis es el carácter superficialmente coetáneo de las diversas crisis *nacionales*. La visión regional que intentamos no contradice en nada el carácter esencialmente nacional de cada conflicto y las formas particulares de constituirse. En los tres países, los orígenes tienen larga data. En Guatemala, a partir de la experiencia nacional-revolucionaria arbencista, en 1954; en El Salvador, después de la matanza campesina de 1932 y los 45 años de gobiernos militares; en Nicaragua, desde 1937, cuando la intervención militar norteamericana se prolonga en la dictadura dinástica y plebeya de los Somoza. Esta coetaneidad es esencialmente diversa y con tiempos de crisis distintos.

Sólo la torpeza que acompaña a la mala fe puede proponer como explicación para fundar una estrategia, la llamada "teoría del dominó". Pero no hay duda que una victoria alimenta a otra.

Lo que *las* crisis tienen en común es que la dinámica social ya no está determinada por enfrentamientos entre fracciones del capital, sino por enfrentamientos entre clases opuestas, en un nivel cualitativamente distinto.

3. El escenario de la crisis

Las peculiaridades de la sociedad centroamericana son resultado del proceso histórico de constitución de su sociedad burguesa, de su Estado, y en particular de sus clases, lo que señala el marco general del proceso que se busca analizar. Siendo esto una obviedad necesaria como punto de partida, no lo es aquella que definiría la explicación de la crisis centroamericana como resultado de problemas económicos insolubles que luego no hacen sino traducirse en la superficie de la estructura política. La noción de capitalismo *degradado*, probablemente útil para otro momento del análisis, no tiene en este caso ninguna utilidad. Constituiría una grosera simplificación de un proceso en el que el desarrollo capitalista tiene lugar en particulares condiciones históricas, atribuir a lo político-estatal la condición de un reflejo más o menos sofisticado de lo que en última instancia determina el movimiento de lo económico.

La suma de confusiones que esto supone tiende a presentarse como una figura de siamés: la crisis como proceso de "maduración" por efecto de descomposición/acumulación de problemas, y a su lado, como la inevitable revuelta de los pobres, la "revancha de los que ansían pan", la subversión de los humildes que el sistema ha producido abundantemente.

Conviene hacer algunas precisiones factuales y proponer algunas hipótesis para caracterizar el escenario en el que el conflicto crítico se produce. Lo primero es que a partir de la posguerra, pero esencialmente en las dos décadas de los sesenta-setenta, la región centroamericana conoce el período de crecimiento y diferenciación económica más importante de su historia; hubo crisis y hubo estancamiento, pero en una visión de mediano plazo el crecimiento ha sido importante y, sobre todo, superior al de épocas anteriores, al punto de que, de no haber ocurrido estos importantes cambios económicos y sociales, esta profundización del capitalismo, no habrían sucedido algunos de los hechos que probablemente concurren a la explicación. La crisis propiamente económica de que se habla frecuentemente hoy en día en Centroamérica tiene una triple explicación: es consecuencia del desarrollo de los últimos años y no de su estancamiento, tiene en parte origen externo y ha sido agudizada por efectos de los conflictos políticos más recientes.

En la posguerra, el sistema económico pareció desdoblarse por efecto de la dependencia externa para dar paso, sobre el viejo modelo agrario exportador, a uno que impulsaba el desarrollo "hacia adentro", estimulado por el proyecto de mercado común.

Se desarrolló con apoyo del Estado un importante esfuerzo por la industrialización sustitutiva y al mismo tiempo por la diversificación agrícola, procesos independientes entre sí por las políticas del Estado, en la asignación de los recursos y por el destino final del producto. Un rasgo particular de este doble mecanismo de acumulación de capital es que se realiza no por clases sociales distintas, y por ello en conflicto, sino por grupos económicos familiares locales y por el capital extranjero, todos dependiendo de la demanda externa, y hoy en día sujetados por el capital financiero internacional.

La sociedad centroamericana continuó siendo una sociedad agraria. Hubo un importante crecimiento diversificado con nuevos productos (algodón, carne, azúcar), crecimiento que se basó en renovados procesos de concentración de la tierra, en el cultivo extensivo y en la ocupación de las mejores tierras. En el interior, el sector agrario se movió con altos niveles de productividad para los géneros de exportación, pero con bajísimos para la producción de alimentos de mercado interno. Una economía que produce divisas pero no alimentos, en una etapa en que la frontera agrícola prácticamente se ha agotado y la población por lo menos se ha duplicado al mismo tiempo. Así, el sector primario contribuye contradictoriamente al funcionamiento del sistema, pues se revela incapaz históricamente para generar empleo y niveles de ingreso, que han colocado al 40 por ciento de la población en el umbral de la pobreza absoluta.

La agricultura de mercado interno, históricamente deficitaria, profundizó su crisis en un contexto radicalmente nuevo: la destrucción parcial de las economías tradicionales de autoconsumo por efectos tan disímiles como la utilización de fertilizantes o la penetración del capital financiero; este resultado, sumado a la creciente monetarización de los intercambios agrícolas en todos los niveles, ha hecho aún más vulnerable el consumo de la población rural. No es de ninguna manera desestimable el hecho de que las economías centroamericanas no hayan conocido en la posguerra procesos inflacionarios sino hasta después del segundo momento de la crisis internacional (1974-1975); fenómeno nuevo y desconocido en sociedades que tuvieron una sólida estabilidad monetaria y que ahora se explica en parte por el desarrollo de relaciones sociales capitalistas en todo el ámbito societal.

Este conjunto de elementos ha tenido un efecto profundamente favorable para la acumulación de capital en parte por la vía de la plusvalía absoluta, y en parte por aumentos en la productividad que no corresponden a la remuneración del valor de la fuerza de trabajo; en otras palabras, las diferencias sociales no han hecho sino aumentar con el crecimiento económico. Los mecanismos de acumulación en el sector de la industrialización (sustitutiva) crearon un nuevo foco de concentración de la riqueza; un recurso tan escaso como el capital se puso definitivamente en pocas manos y se le dotó de un excesivo proteccionismo por parte del Estado, lo que explica en parte las debilidades hoy en día manifiestas pero inherentes al proyecto de integración económica regional. Por cierto, ese inmoderado proteccionismo industrial no perjudicó a la agricultura de exportación, sino indirectamente al sector artesanal (rural y urbano), a los productores de alimentos básicos y a los sectores cuya capacidad de organización y defensa de su nivel de salarios era muy baja.

En el centro de este conjunto de caminos aparece siempre el Estado. Todos conducen a él cuando de la burguesía se trata: la concentración del capital bancario y el acceso al crédito público, las tasas de interés, la regulación manipulada de aranceles, la política de exoneración fiscal, los impuestos y la represión al movimiento sindical, todo ello constituye un permanente subsidio al capital a expensas del trabajo, en condiciones que van más allá de lo normal en otras sociedades latinoamericanas. Este tipo de capitalismo político hace del Estado y de los favores públicos un rasgo particularmente crítico hoy en día, y de la burguesía, una *clase* reducida en su importancia social, altamente concentrada funcionalmente, es decir, dueña monopólica del total de las fuerzas productivas por las ventajas que le depara el control absoluto del poder político.

El dilema entre crecimiento y distribución, en este contexto, resulta hipócrita; no tanto porque la disyuntiva constituya un rasgo inherente al crecimiento capitalista sino porque la distribución de la riqueza es en cualquier instancia un problema político, que depende de la capacidad de organización y lucha de la clase obrera, de su conducción independiente para defender el salario y sus otras reivindicaciones corporativas, todas ellas implacablemente reprimidas en cualquier momento que se examine en los últimos 25 años.

Favores y represión tienen necesariamente por pivote al Estado, sin que sus políticas abandonen nunca una bizarra inspiración neoliberal; no es un liberalismo clásico, ya que se trata de un poder activamente intervencionista a favor del capital extranjero y nacional. Ello explica la formación de clases dominantes protegidas en redondo: de la competencia sectorial, de las contradicciones agricultura/industria, de la puja salarial. El proceso de integración económica centroamericana se realiza sin ampliar socialmente el mercado (sin mejorar el ingreso de las grandes mayorías); se busca el financiamiento externo para soslayar las reformas tributarias, etcétera.

Dado el estilo de crecimiento que se ha impulsado, se puede decir que las diferencias sociales aumentaron de calidad y en cantidad, y que en consecuencia la polarización social se ha hecho no sólo mayor, sino más visible y consciente. Pero no que el "modelo" se haya agotado, por más que el carácter "aditivo" del mismo parece señalar ya límites para el mercado interno y no pueda impedir la inestabilidad creciente del mercado regional.

Las causas internacionales de la crisis no pueden ser de ninguna manera desestimadas. El imperialismo es responsable de algunas de las contradicciones básicas. Los conflictos políticos completan un escenario económico definitivamente favorable para el desarrollo de la crisis que estamos considerando.

4. La crisis interburguesa

Tal como lo permitió comprobar la revolución de 1848 en Francia, y luego numerosas experiencias internacionales, los dominados pueden sacar provecho de las crisis provocadas por la misma burguesía.

"El nombre al cual está ligado el comienzo de la revolución –dice Marx– jamás estará inscrito en sus banderas el día de la victoria [...] las revoluciones deben recibir su billete de entrada en la escena oficial de las mismas clases dirigentes"[116]. El movimiento revolucionario centroamericano nace en el seno de una crisis interburguesa, gestada en distintos momentos y con una cadencia impuesta por la naturaleza de las contradicciones que debe resolver; en todo caso, en la década de los setenta, el movimiento revolucionario se desarrolla enfrentado no a un poder reaccionario unido y sólido, sino en una situación largamente alimentada por una crisis de hegemonía, en que a las contradicciones que plantea el ascenso de masas, se superponen los conflictos internos en el seno de las clases dominantes.

La crisis interburguesa no tiene un origen común ni se expresa de igual manera en cada uno de los países de la región; no obstante, en todos estos fenómenos subyace una forma específica de perpetuarse o resolverse, es decir, de combinarse las contradicciones propias de la dominación oligárquica y las que además plantea la sociedad burguesa, en trance de constitución. Lo oligárquico alude más que a la forma del Estado y al desarrollo de sus aparatos materiales, al estilo de la conducción política-ideológica de las clases agrarias, basadas en la exclusión "natural" de los dominados y en una identificación sin mediaciones entre los intereses dominantes (los cafetaleros por excelencia) y los más generales, atribuidos a la nación. Una nación construyéndose como una identidad particular alimentada por una cultura excluyente.

Es ésta la forma incompleta como se resolvieron los conflictos de la oligarquía, ahora superpuestos a la crisis de constitución de un régimen burgués moderno.

La burguesía no constituye en ningún lugar una clase homogénea, y menos aún en sus escasos momentos de expansión, como los que atravesó Centroamérica después de los cincuenta: su diferenciación interna es constitutiva y resultado de la forma desigual, combinada e inarmónica del desarrollo capitalista[117], y se acelera aún más en sociedades de base agraria cuando las re-

---

[116] F. Claudin, "La superación del Estado burgués", en *Teoría socialista del Estado*, Madrid, Mañana S.A., 1977, p. 132.

[117] Las diferencias que se generan en el interior de la burguesía se originan en las distintas funciones que realiza el capital comercial, industrial, financiero, etc., y aun en el desarrollo contradictorio de sus ramas o sectores, las diversas formas de asociación con el capital extranjero y las rivalidades por el crédito y la formación del sector financiero.

laciones de producción capitalistas se generalizan por efectos exógenos. La crisis interburguesa es el resultado de la manera como se van modificando en el interior de la clase dominante las relaciones entre las diversas fracciones entre sí y en su vinculación con el Estado y, obviamente, con el capital internacional. La modernización burguesa y las opciones para alcanzar otros niveles de acumulación no se dan para todos por igual y dependen de las nuevas relaciones con el mercado externo y del control del poder. La disputa por este control ha sido una permanente fuente de conflictos entre grupos y partidos de derecha.

El avance del capital en la agricultura después de 1950, provocado por la demanda externa, arrinconó al latifundio y produjo un burgués agrario capitalizado y abierto a las nuevas opciones del mercado; el proyecto de integración económica centroamericana —como se dijo, un programa de sustitución forzada de importaciones de bienes de consumo inmediato— creó otra instancia de diferenciación. Pero fueron las condiciones políticas para ampliar las bases de la acumulación y reproducción ampliada, todas ellas articuladas a factores externos, las que provocaron reacomodos de los intereses económicos, que se expresaron como tensiones y pugnas referidas o reflejadas en el Estado, como el sitio donde ellas se resuelven, y no en el mercado, donde se originan. La competencia interburguesa se traduce en crisis institucional.

En Guatemala, la política y la movilización nacional-revolucionaria de las masas, hasta 1954, provocó una transitoria unidad burguesa, producto del temor; inmediatamente después se desataron agrios conflictos en la cúspide que, como en otros países, se expresaron por lo general a través de conspiraciones militares, golpes de cuartel, rupturas en el interior del Ejército. Fue a través del *putch* militar que las fracciones burguesas disputaron y resolvieron sus diferencias. Hoy en día el conflicto se ha trasladado también al Ejército.

En El Salvador, las pugnas aparecieron tardíamente, por tratarse de una gran burguesía, pequeña en tamaño y bajo la hegemonía indiscutible de los cafetaleros; pero ellas se manifestaron en 1960 con las disputas que provocaron la caída del gobierno del coronel Lemus, luego, en 1976, con ocasión de la política agraria de la dictadura militar del general Molina, y finalmente, en 1979, se manifestaron con el ascenso y las victorias del movimiento popular.

Pero fue en Nicaragua donde las fracciones burguesas rijosas mantuvieron una constante ruptura, que se hizo definitiva después de 1975. La competencia económica interburguesa ya conocida (el grupo Somoza, el del Banco de América, más próximo al Partido Conservador, y el del Banco de

Nicaragua, al Partido Libe ral) correspondió también a los partidos políticos en conflicto. La crisis internacional de 1974-1975 sacó a flote en toda la región la diferenciación económica de clases que se había venido produciendo desde la posguerra. El movimiento popular creció al enfrentar a una burguesía golpeada por la recesión internacional, confundiéndose así la crisis general del sistema con la crisis particular, nacional, de cada una de esas burguesías.

Convendría no exagerar, en abstracto, la naturaleza de la crisis interburguesa; ella se mantiene como una contradicción no antagónica y puede resolverse de diversas maneras en función de la real amenaza popular. Así, la insurrección armada en Nicaragua resolvió de manera revolucionaria las diferencias interburguesas al impedir el intento de compromiso que hubiera significado el éxito de la mediación, medida que buscaron desesperadamente el imperialismo y algunos grupos empresariales. En Guatemala, la movilización de los dominados se ha producido en un prolongado período contrarrevolucionario, que ha fortalecido el eje burguesía/ejército. Aquí todavía hay una salida reaccionaria a la crisis interburguesa. En El Salvador, en la mitad de ambas experiencias, el papel determinante de la sublevación popular sólo alcanzó a activar la crisis interburguesa y a provocar una importante escisión en octubre de 1979, pero hasta ahora, y sobre todo después de enero de 1980, ha sido una solución reformista casi frustrada.

Más que un espejo que refleja lo que sucede en sus proximidades, el Estado es el escenario del conflicto donde la clase disfraza su condición de actor de la historia para disimularla como fuerza institucional, anónima, que sólo el juego político puede develar. Por ello, las diferencias interburguesas provocan sismos institucionales. Sabemos bien que el Estado no es el Estado-de-la-burguesía, pero tampoco es el Estado-de-todos. La burguesía procede así porque es en el Estado donde puede alcanzar su unidad de clase, cuando lo pone a su servicio, y porque en sociedades atrasadas el margen de autonomía relativa es sustancialmente menor; de tal modo que el Estado se constituye en el terreno en el que las fuerzas sociales *dominantes* terminan de constituirse, de la misma manera como también lo hacen las *dominadas*, pero en una referencia exactamente opuesta: en el partido, en el movimiento político.

Es obvio que la crisis interburguesa no ha facilitado la constitución de organismos de participación democrática, aunque no debe atribuirse a esta sola causa su ausencia más o menos acusada en la vida política de las sociedades centroamericanas. Pero no hay duda de que la dictadura es también una forma política de resolver las contradicciones del crecimiento capitalista en el interior mismo de la burguesía, por la recomposición interna que se opera en su seno y, de ahí, por la dificultad para mantener el viejo sistema de alianzas[118]. La crisis interburguesa en la región tiene aún dos características sobresalientes más:

1. La falta de una organización política propia y la ausencia de líderes burgueses que encabecen movimientos policlasistas de alguna envergadura. Nos referimos a la articulación orgánica de intereses políticos propios de una clase que se va definiendo en el ejercicio del poder. Es cierto que la crisis política que se vive es también la crisis de todas las formas de organización partidaria en general, pero esto es más cierto para las fuerzas de izquierda.

Partidos de derecha en crisis no hay porque no han existido. La burguesía no necesitó de este canal de mediación-participación seguramente porque su representación en el Estado es directa y total y porque sólo el juego democrático liberal requiere de partidos.

Pero hay excepciones: en Guatemala, la extrema derecha logró consolidar el Movimiento de Liberación Nacional (MLN), el "partido de la violencia organizada", como lo calificó su líder Sandoval Alarcón; y en Nicaragua, la "aristocracia" comercial, transformada después en una elite comercial y financiera, logró mantener un minúsculo pero respetado Partido Conservador. El más característico de ellos es el Partido de Liberación Nacional de Costa Rica, verdadera expresión social-demócrata de una sociedad donde la clase obrera no forma, ni mucho menos, la mayoría de la población. Los demás son partidos policlasistas con cuadros de clase media, transitorios, electorales, con programas ambiguos y que no asumen la autoidentificación política con la burguesía.

2. La ausencia de un discurso ideológico dominante, de naturaleza burguesa y capaz de fundar su dirección hegemónica. De hecho, la burguesía centroamericana no sólo no ha formado su gran partido político ni ha tenido

---

[118] En la posguerra se produce la ruptura de la alianza tradicional con los campesinos, aliados naturales del poder burgués. Se trata de una burguesía agraria que va perdiendo el apoyo de su aliado tácito, y siempre bajo su control hegemónico.
Recuérdese la revuelta campesina en El Salvador de 1932, la revancha antiagrarista en Guatemala después de 1955 y las invasiones masivas campesinas, en Honduras, en toda la década de los sesenta.

un líder nacional indiscutido, sino que su orfandad ha llegado al punto de haber hecho suya la más pobre de las defensas ideológicas: la del anticomunismo, como argumento para gobernar y pretexto para reprimir. La indigencia de esta ideología es que define de manera negativa la defensa del *statu quo*, sin constituir una alternativa doctrinaria y mucho menos proponer una forma ideológica e intelectual de afirmación burguesa.

Finalmente, la importancia de la crisis interburguesa varió sensiblemente en la década de los setenta, cuando el Ejército aparece como el pivote de una estructura autoritaria que parece sellar momentáneamente las diferencias internas. En todo caso, su naturaleza no se agota como expresión de un conflicto interno, sino en el hecho más importante de que la crisis interburguesa califica y condiciona las relaciones con las clases dominadas. En efecto, a la débil unidad de la burguesía contrarrevolucionaria corresponde un abierto conflicto con las clases dominadas. La crisis política en Centroamérica no es expresión de contradicciones secundarias, no resueltas en el interior de la clase dominante, sino una abierta lucha de clases que pone en cuestión las bases mismas de la dominación burguesa.

5. El carácter de la presencia popular

Sin duda, en América Latina se vive un nuevo período de ascenso en las luchas populares. Después de 1975, la movilización obrera y campesina se expresa no sólo en una mejor definición de sus intereses sino también en un radicalismo de nuevo tipo que hace del movimiento popular un movimiento autónomo. Centroamérica no solamente no es ajena a esta renovación profunda de los conflictos sociales, sino que allí la presencia popular tiene, desde sus mismos orígenes, algunos rasgos particulares que explican el papel que hoy en día juega en la crisis.

Durante mucho tiempo, los sectores sociales dominados sólo muy ocasionalmente pusieron a prueba su capacidad de enfrentar directamente el poder burgués. Los movimientos de protesta social se quedaron en el límite de la amenaza. Otros, los procesos políticos de crisis, en la posguerra, fueron grandes movimientos sociales contra dictaduras, que tuvieron un liderazgo no popular y adoptaron la forma pacífica de una huelga cívica generalizada. Así terminaron o se jaquearon las dictaduras de Ubico Hernández Martínez, Carías, Somoza; y de esa manera se desarrollaron los grandes movimientos cívicos, como los de marzo-abril de 1962 en Guatemala; la huelga general contra el coronel José María Lemus, en El Salvador, en 1960, y la ofensiva violenta de los conservadores, en enero de 1967, encabezada por Agüero y Pedro Joaquín Chamorro, en Nicaragua.

Hubo momentos en que la protesta popular dejó su carácter espontáneo y amorfo y el movimiento tendió a volver más homogénea la conducta política de la clase. En la década de los setenta, esto empezó cada vez más a ser posible. La "masa", como sujeto social, es sólo una manera de articulación de diversos intereses sociales, y en su interior pueden alcanzar especificidad los intereses grupales. Lo característico de la nueva etapa que estamos analizando es que la masa popular empezó a tener perfiles más precisos, a pesar de tratarse en muchos casos de grupos sociales heterogéneos, sometidos a prácticas muy tradicionales y, por tanto, con tendencia a la desorganización, a la corporativización de la protesta o a la virulencia de corto plazo.

Es bien sabido que las clases populares están sujetas a una doble acción: la de las clases que las dominan y explotan y la de su propia historia. Por lo general, la influencia exterior a ellas ha sido más decisiva y durante un largo período han tendido a expresar una voluntad equívoca, a mitad de camino, facilitando victorias que no eran las propias. Pero en su conjunto, las clases populares definen hoy su actuación en una perspectiva de realizar su propia historia: se juegan a ser agentes de su propio destino.

Es éste el sentido más íntimo de la crisis: las formas de participación, el sentido final de la protesta, la respuesta violenta a la violencia y, tal vez lo más importante, la congruencia creciente entre posiciones de clase y prácticas de clase, con el proletariado urbano y agrícola en el centro del conflicto. Esto es más cierto para Guatemala y El Salvador y fue menos evidente, sin duda, en Nicaragua.

El movimiento obrero, y en general las luchas populares en la inmediata posguerra, han tendido a confundirse en la expresión de un descontento genérico, en el que se desdibuja el objetivo inicial y el perfil del enemigo. Todo esto estaba asociado con la ausencia de una amplia tradición orgánica, al peso específico del artesanado, del campesino tradicional y de una cultura desmovilizadora que reservaba la política sólo para las clases propietarias.

Sin embargo, ya en esa época, y con mayor verdad en los últimos 15 años, podemos subrayar las siguientes características del movimiento popular en Centroamérica:

1. El movimiento obrero y campesino, cuando se organiza, lo intenta de una manera autónoma, independiente del control estatal (Ministerios de Trabajo) o del apoyo patronal; salvo fugaces experiencias de direcciones sindicales al servicio de la burguesía, y por ello mismo, sin la permanencia necesaria para producir la capitulación o la componenda de largo plazo, la conducta obrera ha estado marcada por una condición de oposición al orden político, y con ello por un carácter semilegal, concitando la intolerancia de la burguesía y la más o menos inevitable represión policial.

¿Por qué no pudo la burguesía centroamericana, a través de sus múltiples posibilidades cooptadoras –Iglesia, agencias del imperialismo, corrupción–, establecer, aunque fuese parcialmente, un control sobre la organización obrera y campesina? Sea una debilidad estatal o un mérito de la clase, lo cierto es que la política burguesa tuvo siempre dificultades –o ni siquiera lo intentó– para organizar el dominio ideológico y organizativo de la clase obrera. ¿Se trata de una burguesía que no tuvo su *tiempo* para consolidarse por intermedio de una alianza populista o que lo intenta a través del control autoritario de todo devaneo reivindicativo?

El carácter independiente de la organización de la clase trabajadora y la consiguiente invalidez burguesa para controlarla produjo, entre otros, dos resultados: la legalización del conflicto social y la represión violenta, por un lado, y la reivindicación de la democracia política, por otro, que se convirtió así en una demanda obrera de primera importancia. Ambos antecedentes deben ser recordados a la hora de examinar la crisis actual.

2. Probablemente por lo ya señalado, el movimiento sindical fue muchas veces "ilegal", pero sólo en la medida en que el orden político no pudo volverlo legal y asimilarlo; la reivindicación popular surge en la oposición y tiende a crecer clandestina. Ninguna práctica reformista puede prosperar si no se resuelven y absorben de manera normal y prevista los conflictos sociales más elementales.

Aun antes de la actual crisis, lo que es popular es sospechoso y atrae como procedimiento de control, la represión.

3. La imposibilidad de un pacto social, como los que reiteradamente se experimentaron en las sociedades de América del Sur, tiene en la experiencia centroamericana una característica que podría calificarse como *contrapopu-*

lismo, producto sin duda de esa transacción no resuelta entre el carácter "oligárquico" de la dominación política y el mundo recién formado de relaciones capitalistas. Lo cierto es que la protesta social, localizada geográficamente o reducida a sus límites organizativos iniciales, tendió paulatinamente a rebasar los márgenes impuestos por su origen corporativo para ganar rápidamente una dimensión política.

En la década de los setenta con más frecuencia, pero aun antes, la más modesta demanda gremial tendía a ser planteada con intolerancia y a formar parte de una amenaza al orden vigente.

La rápida descomposición de un conflicto gremial, por la ausencia de mediaciones burguesas –partidos de masas, sindicalismo amarillo, ideologías populistas, etc.—, lo hacía alcanzar pronto una dimensión estrictamente política y nacional. Lo corporativo particular era abandonado más o menos velozmente, tal vez más por la intolerancia burguesa y la respuesta represiva que por conciencia de clase; lo cierto es que se fue formando a los sectores populares en una experiencia nacional-popular de nuevo tipo.

De nuevo tipo porque es práctica revolucionaria.

No hemos querido poner ejemplos, pero podrían citarse muchos acerca de la politización inmediata de la demanda estudiantil, de un conflicto de empresa, de una manifestación callejera.

Hubo épocas en que todas ellas, reprimidas, convertían la reivindicación gremial, corporativa y particular, en protesta nacional y universal en el sentido que afectaba al poder del Estado: la renuncia de un jefe de policía, del ministro del Interior, del propio presidente de la república. En resumen, el retraso orgánico-ideológico (que fue terminando en esa década) pareció compensarse con una combatividad sin límites salariales o de reivindicación alimenticia.

Cualidad contradictoria de una situación de atraso que produce enfrentamientos frontales con el sistema; los fracasos no hicieron sino estimular la resistencia, y de esta desigualdad salió fortalecida la experiencia de clase, y no lo contrario. De la derrota y no de la domesticación surgió el actual movimiento revolucionario de Centroamérica, esa voluntad colectiva-popular que hoy ha puesto en jaque mate a la burguesía centroamericana.

El proceso revolucionario actual, después de 1975, contiene nuevas características que se desarrollan a partir de las puntualizaciones precedentes. Hay rupturas que significan el triunfo de los factores subjetivos; y hay continuidades en una tradición sostenida que no hace sino reforzar tales factores. La suma de todo esto es una presencia popular de nuevo tipo que se expresa en nuevas formas de organización de la protesta, nuevos actores históricos, nuevos elementos ideológicos-políticos, etcétera.

Es significativo, en *primer lugar*, que los estudiantes universitarios y de secundaria paulatinamente han dejado de ser los sujetos elementales de la protesta política. Su papel en las luchas democráticas ha sido fundamental, pero su condición de actores sustitutivos de otras clases ha perdido importancia relativa, si con ello se alude a su condición estamental. De las escuelas y universidades han salido numerosos militantes y cuadros políticos de primera importancia, justamente porque han perdido su condición estudiantil.

Es importante señalar, en *segundo lugar*, el fracaso de los partidos políticos de izquierda para organizar y dirigir las luchas populares.

Esto es particularmente relevante para los más viejos de ellos, los partidos comunistas. Representantes únicos de la clase obrera y del campesinado durante años, llenos de experiencia en el trabajo clandestino y ferozmente golpeados como víctimas permanentes de la represión estatal, los partidos comunistas nunca lograron convertir su cualidad ideológica en una praxis de vanguardia.

Quizá su error fundamental radique en que, con diversos grados de profundidad, le han reconocido a la burguesía un papel dirigente en la revolución demoburguesa, error histórico que condujo a más de una importante derrota. La tragedia de estos partidos ha sido, paradójicamente, que conocieron primero a la oligarquía terrateniente antes que a la burguesía y exageraron el papel revolucionario de ésta. La concepción etapista del desarrollo social y de la revolución los llevó a olvidar el entrelazamiento de aquéllos, y con ello, a buscar hegemonías y alianzas distintas para cada período, imputadas a la teoría pero negadas por la realidad.

En la búsqueda de alianzas, precluidas por la historia, no previeron el arribo de la nueva crisis revolucionaria que plantea nuevas alineaciones de clase; con ello, quedaron desarmados política y militarmente.

Tampoco es posible hacer un recuento de la distinta experiencia nacional de los diversos partidos comunistas. El Partido Guatemalteco del Trabajo (PGT), después de 1960, aceptó la lucha armada como la forma fundamental de la lucha de clases, y se sumó a ella con todas las improvisaciones del foquismo de ese período. El PGT salió de esa experiencia casi liquidado. El Partido Comunista de El Salvador, muy vinculado siempre con las masas urbanas, se ha incorporado a la Coordinadora Revolucionaria de Masas y después orgánicamente al Frente Farabundo Martí para la Liberación Nacional (FMLN) y a la Dirección Revolucionaria Unificada (DRU). Los dos partidos socialistas de Nicaragua, débiles orgánica y políticamente, ligaron su antisomocismo en 1974 a la dirección burguesa de Unión Demócrata de Liberación (UDEL) (dirigida por P. J. Chamorro), y uno de ellos permanece hoy en día haciendo una oposición obrerista, que más que reaccionaria es profundamente atrasada.

No obstante lo anterior, a los partidos comunistas centroamericanos hay que otorgarles una calidad endogenética inestimable.

De su seno han salido –en Guatemala y El Salvador especialmente– casi todas las organizaciones y los cuadros revolucionarios más importantes. Las actuales organizaciones político-militares de esos países (bien conocidas por todos) son como desprendimientos sucesivos de una matriz común; incluso el Frente Sandinista contó con "traslado" de valiosos cuadros de los dos Partidos Socialistas.

¿Cómo se organiza la protesta y la lucha? ¿Desde posiciones de clase (sindicato, partido) o de masa? Esto es clave para el desarrollo de la conciencia de clase, de una situación que supere el nivel meramente "instintivo" de la protesta. Ya no queda duda de que el enfrentamiento se ha ido produciendo sin la mediación del o los partidos, sino activando directamente los movimientos sociales. La sustitución de la forma "partido" por la de "movimiento" exigiría un análisis más detenido. No es una degradación de la estructura orgánica de carácter leninista, sino la dificultad para adaptarla rápidamente a las demandas de la lucha y, con ello, una solución funcional de la estructura política a las urgencias de la lucha militar.

Examinemos rápidamente el carácter de la *nueva* organización y los nuevos sujetos de la acción: se trata de organizaciones que surgen o se recomponen recogiendo autocríticamente dos tipos de experiencias: la inoperancia del partido y la derrota del foco guerrillero. La antinomia de la década de los sesenta fue trágica como división funcional de tareas: el movimiento de masas dirigido por unos y la lucha insurreccional a cargo de otros. El divorcio fue tajante y sangriento. Actualmente las llamadas organizaciones político-militares (para subrayar justamente su unidad dual) se han hecho cargo de esas experiencias, resolviendo en la praxis concreta una original y productiva combinación de la lucha económica con la lucha política y la lucha armada, y por ello estableciendo vínculos nuevos entre el sindicato, la conducción política y la guerrilla.

En este sentido, todas las experiencias son originales: las Fuerzas Armadas Rebeldes (FAR), en Guatemala, con una fuerte influencia en el movimiento sindical; la Organización del Pueblo en Armas (ORPA), implantado exclusivamente en las zonas rurales, especialmente en la región de población campesino-indígena; y el Ejército Guerrillero de los Pobres (EGP), probablemente con mayor experiencia, realizando una exitosa actividad múltiple con la concepción de que la lucha de masas debe conducir a una lucha armada de masas de carácter nacional, aunque siguiendo un poco el "modelo" de construcción de un ejército para derrotar a otro ejército.

En El Salvador la experiencia es relativamente distinta, pero marcada por la misma preocupación de desarrollar con imaginación y audacia todas las formas posibles de enfrentamiento.

En unos casos el grupo guerrillero hace trabajo de masas y "produce" su frente sindical-popular; en otros, penetra el movimiento obrero ya existente y contribuye a reforzarlo; finalmente, hacen trabajo en el campo y se implantan allí sólidamente. Tal es la experiencia del Bloque-Fuerzas Populares de Liberación Farabundo Martí (Bloque-FPL), de las Fuerzas Armadas de la Resistencia Nacional-Frente de Acción Popular Unificada (FARNFAPU), del Ejército Revolucionario del Pueblo (ERP)-Ligas 28 de Febrero y del Partido Comunista-Unión Democrática Nacional (PC-UDN).

La experiencia del Frente Sandinista es igualmente diversa y probablemente más conocida. La larga secuencia de derrota, producto de una concepción estrechamente militar y de otros factores internos, lo dividió en los tres grupos ya conocidos, que pasaron a realizar tareas políticas de acuerdo con una concepción parti cular de la lucha contra la dictadura. A la concepción de la guerra popular prolongada se sumó la necesidad del trabajo político-urbano de masas y luego la estrategia insurreccional que combinara todas esas formas de enfrentamiento. En Nicaragua se pusieron juntas por vez primera en América Latina, y de forma original, la lucha guerrillera en el campo, las formas urbano-insurreccionales, la huelga general, el trabajo campesino, en los barrios, en las fábricas, y además en la conquista de una importante fracción de la mediana burguesía y de los intelectuales, hasta rodear al Frente Sandinista de Liberación Nacional (FSLN) un conjunto de organizaciones políticas, de masas, que le dieron una extraordinaria fuerza a la acción militar que se producía en su interior.

Las organizaciones populares que surgieron más o menos después de 1975 constituyeron una solución de ruptura a la organización y al control tradicionales. El Frente Sandinista se aproxima más a la figura de un ejército popular, pero en la ofensiva final supo *rodearse* de las organizaciones de masas, prácticamente del pueblo entero, de quien recibió apoyo total. De ahí nuestra expresión de que en la lucha contra Somoza el Estado enfrentó a la sociedad. Las que se organizan en Guatemala y El Salvador no constituyen propiamente un partido, pero tampoco son un ejército: son movimientos policlasistas que adoptan una forma transicional de *frente*, con una estructura político-militar en la cúspide y una amplia dispersión de organizaciones de masas en la base, a través de vínculos que no siempre son orgánicos ni ideológicos.

¿Cuál es el principio nacional-popular de estas verdaderas coaliciones inéditas de masas que reclutan en todos los sectores de la sociedad?

Trascender las formas tradicionales de participación implicó un doble movimiento interno (reflejo de las modificaciones socioeconómicas ocurridas en el seno de la sociedad centroamericana), que se expresa en las nuevas formas de organización ya mencionadas y en la presencia activa de los nuevos participantes.

No hay duda de que son los campesinos y los sectores marginales los nuevos sujetos de la praxis política, cuya sola presencia desestabiliza el sistema. La organización campesina independiente, aun sin reivindicar lo más tradicional de sus demandas, la parcela, constituye un inmenso acto de desobediencia civil. Se vive el proceso de participación campesina, aun siendo pacífica, como una honda crisis de autoridad. Sólo conociendo el atraso social y político de Centroamérica esto podría valorarse en su justa dimensión: es el fin de un fatalismo y de la ideología quiliástica, que sólo la violencia revolucionaria puede romper.

Las luchas populares adquieren un rango nuevo después de 1975 porque la violencia resultó ser una forma inmediata de incorporación, porque ella misma constituye una respuesta igualmente inmediata. Así, el conflicto logra una dimensión hasta entonces desconocida. La organización de las masas en el campo adquiere esa dimensión de "derrota de antemano" para la burguesía porque ella, la organización independiente, durante muchos años pareció imposible. La represión y el control no podían ser vencidos por medios tradicionales. Sólo mencionemos que, en El Salvador, la burguesía había organizado las Patrullas Cantonales, la Guardia Nacional, el Ejército, la Policía y Orden, esta última constituida como una organización policíaco-política de los campesinos medios, destinada a controlar desde adentro del sector campesino y a reprimirlos desde afuera. O la institución de los Comisionados Militares en Guatemala, o los Jueces de Mesta, en Nicaragua, que son o fueron formas extremadamente útiles para hacer que los propios campesinos realizaran funciones de inteligencia militar, espionaje y represión abierta entre ellos mismos.

La lucha armada de los campesinos y de los grupos sociales marginales otorga al enfrentamiento una violencia igualmente nueva. La capacidad destructiva de estos últimos, canalizada adecuadamente, se puso a prueba en las Milicias Sandinistas, reclutadas entre los desocupados de la ciudad. Las fuerzas populares salvadoreñas tienen experiencia similar en una sociedad donde los sectores desclasados constituyen desde antaño una respetable mayoría, que ya no sólo es urbana. Su irrupción en la historia de los conflictos sociales no es nueva, pero fue siempre marginal, y cuando aparecen, ya son "anti-*statu quo*". Constituyen una fuerza elemental, poderosa, que se desata sola. Organizarlas para la respuesta violenta resulta una actividad casi connatural a su propia existencia social; la experiencia de Nicaragua, sin embargo, enseña que es sumamente difícil canalizar sus energías para el trabajo constructivo, para la acción política deliberada, para desarrollar en ellos una conciencia socialista.

Nada de lo que se viene analizando podría explicarse, finalmente, sin la proteica contribución de los grupos religiosos. Merecería un análisis aparte y una interpretación más apropiada la forma como los grupos cristianos terminaron por "descubrir" la realidad de miseria y explotación de las masas, para dar al ministerio religioso un carácter popular: amar la realidad es la condición para irla conociendo[119], conocerla es la condición para cambiarla. Son los movimientos cristianos de base, formados por sacerdotes y laicos, bajo las más diversas denominaciones, los que se convierten en protagonistas directos en la lucha popular, fundidos literalmente a las masas. La práctica de los movimientos sacerdotales y laicos radicalizados se traduce en una decodificación del discurso teológico tradicional de la Iglesia jerárquica y en una pro puesta político-ideológica: la teología de la liberación.

---

[119] "Coyuntura actual y vida cristiana", en *Ala*, año 4, Nº 31, agosto de 1980, p. 361.

La crítica al sistema fortalece la fe cristiana en la práctica de solidaridad al prójimo. Pero ahora *prójimo* es el próximo, el explotado. Con ello, el acto de fe es un acto fundamentalmente subversivo en el marco de la cultura tradicional. Subversivo en el sentido de desordenar lo que estaba previsto. Y también en acto directamente político.

Con la unidad de las organizaciones políticas y militares se produce una confluencia de las clases dominadas de la sociedad y aun de las que la *no-explotación* ha marginado; también la *convivencia* de distintas formas de conciencia radical, que en el movimiento popular son varias: el pensamiento marxista clásico, la rebeldía jacobina, la voluntad del demócrata radical, pequeñoburgués; la sensibilidad de los cristianos de izquierda, y sin duda el hondo rencor, preclasista, de los desclasados urbanos, y sobre todo de las etnias indígenas (en Guatemala). Esta suma de fuerzas sociales se perfilan mejor en la lucha misma; hace falta que se superen muchas dificultades reales para que la unidad "coagule" en un frente orgánico poderoso, que no sea la suma de organizaciones, sino una auténtica vanguardia nacional. Las clases nacionales son ahora las clases explotadas por el sistema que en la actualidad, por fin, se hacen presentes, en desorden, para dar sentido político al carácter nacional-popular de la historia que están escribiendo y de la alternativa que proponen.

6. El Estado contrarrevolucionario en crisis

Durante mucho tiempo, el juego de las apariencias confundió los análisis y las estrategias. Las modificaciones en las relaciones de fuerzas entre las clases de la sociedad centroamericana no fueron advertidas, cuando en la década de los sesenta todo apuntaba a la constitución de un *estado de excepción*, es decir, un poder que se enfrenta a una situación de crisis. Como toda forma de relación social, esta modalidad de estado constituye un "híbrido", porque surge para tratar de remediar una forma *particular* de crisis, crisis que hemos intentado —tal vez sin éxito— analizar en los apartados anteriores y que ahora resumimos: dificultades en la hegemonía en el bloque en el poder y en las relaciones del mismo con las masas populares.

El estado de excepción surge como una forma no necesariamente extrema de estabilizar el régimen político en crisis, lo que no supone siempre la posibilidad de absorber la crisis. La recomposición de clases se expresó en el Estado como dictadura militar. El ejército es el único que puede estar en el centro de un proceso en el que las fracciones burguesas no logran un acuerdo estable, pero sobre todo, cuando aparecen en escena los sectores populares fuera de su control. El estado de excepción en Centroamérica constituye una dictadura militar contrarrevolucionaria.

Es la presencia militar y no otra cosa lo que califica el nuevo carácter del Estado; aunque es cierto que la represión constituye uno de los rasgos constitutivos de toda relación de poder, el aparato represivo se re-constituye de manera específica y ocupa el núcleo central del Estado, el "epicentro del poder". En el aparato del Estado, una de sus instituciones desarrolla la capacidad para encabezarlo, ocupando el centro de las decisiones. Se rompe así el equilibrio de poderes –base de la democracia liberal–, pero se unifica e integra a la burguesía al *suprimir* (transitoriamente) las contradicciones burguesas.

A partir de ese momento, el ejército como aparato estatal comienza a actuar como partido, como el partido-de-la-burguesía, y en tanto expresa una relación de fuerzas, reproduce en su interior, a veces veladamente, las divisiones y los conflictos de la sociedad. El Estado sigue siendo burgués, pero su condición de excepción expresa una crisis de representación, la representatividad del Estado como la voluntad general, cuando neutraliza y al mismo tiempo representa intereses opuestos. La función contrarrevolucionaria no necesita del ritual liberal de expresar la voluntad general. El Estado contrarrevolucionario es consecuencia de las dificultades de la burguesía para hacer alianzas; la recomposición interna, ya vista en la crisis interburguesa, conduce a la dificultad de mantener el viejo sistema de alianzas, o de establecer nuevos, lo que a su vez refuerza el carácter represivo del orden político así creado.

La dictadura militar cobró forma, primero, en Guatemala, a raíz del golpe institucional del 30 de marzo de 1963, que impidió la elección del doctor Juan José Arévalo y colocó en el centro del poder a las Fuerzas Armadas como institución. En El Salvador, aunque siempre ha habido militares al frente del gobierno, es a partir del golpe del 25 de enero de 1961 que se produce la "institucionalización" definitiva del Ejército como ejecutor del poder del Estado[120]. En Nicaragua, la estructura dinástico-plebeya de los Somoza aseguró

---

[120] Las proclamas militares que acompañaron ambos golpes parecen escritas con la misma mano. El Ejército, previa deliberación interna, es decir, "democráticamente" toma conciencia de su papel or-

de antemano el control del poder, con apoyo directo de la guardia pretoriana. En los tres casos, la dictadura militar produce efectos similares:

1. Son regímenes que descansan en el ejercicio sistemático de la represión y, después de 1975, en el abierto terror generalizado.

2. Son regímenes que expresan, en consecuencia, un profundo vacío hegemónico, que se produce en el interior del bloque dominante y permea toda la sociedad. Es, en consecuencia, un Estado débil pero artillado.

3. Son regímenes que dejan de apoyarse en las instituciones donde tradicionalmente se produce el consenso y el ritual de la representación clasista. Por ello, la minusvalía de la función parlamentaria, el irrespeto por el fuero judicial, la uniformidad de una prensa de derecha (que es una manera eminente de terminar con la libertad de prensa), no dejan mejor parados los procesos electorales a través de los cuales se produce el intento legitimador.

En suma, una desvalorización total de los elementos propiamente democrático-burgueses del orden actual.

Aquí estamos en presencia de un poder que se viola a sí mismo.

Que no respete su propia legalidad para defenderse de las clases dominadas importa menos que la incumpla cuando se trata de ella misma. Por ejemplo, cuando en 1974 el general Ríos Mont –ganador– fue hecho a un lado por el general Laugerud, en Guatemala; o cuando, en 1978, el general Romero fue reconocido como triunfador, en el fraude que se le hizo al general Claramount, en El Salvador. Son sólo dos ejemplos aislados; la crisis de confianza, total por otras razones, golpea muy directamente el corazón pequeñoburgués de las formalidades democráticas.

Por una u otra razón, el Estado perdió la capacidad de controlar, primero, y desarticular, después, las luchas sociales. La crisis del Estado es ahora una crisis de toda la sociedad y queda planteada cuando las masas aparecen paulatina pero inexorablemente ganando espacio, reconocimiento e influencia, teniendo a la cabeza organismos político-militares de orientación marxista.

Se produce una coincidencia fatal para el orden burgués, las condiciones *objetivas* que la estructura económico-social ha ido formando a lo largo de muchos años, como acumulación de problemas permanentemente pos-

---

denador. Y como única institución que no depende del voto, vale decir, de las veleidades de la plebe, se apodera, llena el aparato del Estado.

puestos, pueden ser expresadas *subjetivamente* por la audacia y firmeza de la organización popular.

Esta coincidencia, en definitiva –la victoria de las condiciones subjetivas–, explica el carácter del enfrentamiento de clases, la ruptura que produce ese *aislamiento* de la dictadura militar.

Pero no explica la naturaleza final de la crisis. Ella tiene que ser buscada en la forma como esa ruptura se produce en el interior del Estado y de la clase dominante. Las contradicciones de clase no se producen fuera del Estado, sino que lo atraviesan en todas dimensiones. La política de terrorismo estatal sólo es la respuesta a esas contradicciones; lo que llamamos la "fuga por adelantado" de la burguesía es otra reacción inevitable[121]. En virtud de esa "fuga", la burguesía centroamericana tiene sus raíces de clase dominante más en el exterior que en el espacio político donde pretende ser clase dirigente. Y además, se comporta sin sentido histórico, sacrificando su existencia de clase a las urgencias del momento.

La contradicción que todo esto supone es que la burguesía, en virtud de su carácter monopólico, de su control concentrado de riqueza, y por su asocio con el capital extranjero, constituye una fuerza política débil, reconcentrada en el Estado. Sólo así tiene sentido el *dictum* de que la burguesía es el sujeto del Estado, porque ahí se perfila mejor; pero también, que la Nación es el espacio del Pueblo, ya que sólo ahí se define lo general, que lo expresa.

La sola defensa desde el Estado, sin alianzas políticas, fue el comportamiento de la burocracia del aparato somocista; las burguesías de los otros países parecen estar crecientemente solas, aunque con el respaldo del imperialismo. En el sector de las clases dominadas sucede lo contrario, y la ofensiva popular constituye justamente un amplio frente que a veces se define como la nación en movimiento. Así fue en Nicaragua, sin duda. A ello tendía el movimiento revolucionario en El Salvador, sobre todo, en la experiencia de la gran huelga general del 24-25 de junio de 1980; hacia allí debería marchar el movimiento revolucionario guatemalteco. Sólo ganando una mayoría cualitativamente importante la victoria será segura.

---

[121] Datos de 1978 indican que los depósitos en bancos suizos de capitales centroamericanos alcanzan los 9.000 millones de francos; sería ésta la tercera cifra en calidad de los recursos ahí guardados. Obviamente, ésta no es una inversión productiva; ella se localiza hoy en día en México, Estados Unidos y en algunos centros financieros. La fuente de esta información, el Banco Nacional Suizo, indica que este dato no incluye los depósitos en otras instituciones ni las inversiones en acciones suizas.

En resumen, están en crisis las instituciones estatales en donde se organiza la dominación de la burguesía (elecciones, parlamento, cooptación popular, pasividad campesina, etc.). Los sectores dominados han puesto a prueba la capacidad burguesa de esa dominación. Y la respuesta ha sido, desde hace años, el terror y la violencia. A ella se ha respondido con iguales métodos.

Si el poder es la capacidad de una clase para satisfacer sus intereses inmediatos e históricos, la burguesía local ha renunciado a su futuro y a la nación. Su fuerza adquiere a veces la convicción del suicida. Sabemos que esto no es posible. Pero la dirección en que se mueven las cosas no asegura su reproducción como clase ni las formas políticas hoy en día vigentes pueden hacerlo en relación con el sistema de relaciones de producción. La reproducción política de la sociedad ya no está asegurada tan plenamente. El Estado, por ello, se convierte abiertamente en un poder contrarrevolucionario, tal como aparece en su cotidiana actividad en Guatemala-El Salvador. Su crisis, así planteada, se convierte entonces en una crisis del sistema mismo[122].

7. ¿Por qué luchan las fuerzas populares?

Aunque la claridad ideológica no constituye un rasgo constitutivo del movimiento político-militar de las masas en Centroamérica, todo este cruento proceso significa una ruptura con el reformismo, que es la acción tras objetivos contenidos o previstos en la acción misma, y una reacción contra el voluntarismo, que es la búsqueda de objetivos que apuntan a la transgresión de la necesidad o a la oportunidad de alcanzarlos. Oportunismos de derecha que posponen indefinida mente la búsqueda de la ruptura, y "gauchismo", que la apresura irresponsablemente. Uno y otro han deparado un curso zigzagueante al proceso reivindicativo, apresurando la derrota. Pero de uno y otro ha sacado experiencias el movimiento popular al moverse cautelosamente en el terreno de las definiciones, cuando ellas son actos de fe, proclamas en abstracto, llamamientos a una razón sin historia.

---

[122] La intervención económica de los Estados Unidos en El Salvador, más importante que la militar, obedece a esta causa.

¿Existe un proyecto revolucionario, capaz de comprender la magnitud de la crisis? El actual movimiento revolucionario es tributario de numerosas acciones reivindicativas que terminaron casi inevitablemente en una crítica de lo existente, en una definición por rechazo. Y junto a ese acto de conciencia, una autoproclamación del socialismo como meta. ¿Qué socialismo? ¿Acaso existe uno y para siempre ya establecido, como modelo inevitable?

Cuando no hay cultura burguesa implantada con raigambre histórica, la lucha por la democracia y la libertad se convierten en un acto de rebeldía. La burguesía puede renunciar a la democracia porque se expresa directamente en y a través del Estado. Las clases populares han debido hacer suyas tales banderas, pero de una manera equívoca. No se debe luchar por la democracia *burguesa*.

Este calificativo no es un rasgo natural de la dominación de aquella clase: es un hecho histórico de la vida de una sociedad.

De hecho, en las experiencias posteriores a 1979, la democracia liberal y representativa fue una victoria *contra* la burguesía, al producirse como una victoria popular, especialmente de la clase obrera. El sufragio universal en ninguna parte fue una donación graciosa sino un objetivo arrancado después de cruentos años de lucha. Por ello, como característica de un régimen político, la democracia constituye un compromiso entre clases.

La primera de las reivindicaciones de las fuerzas populares –de los programas de las organizaciones político-militares, especialmente– es la implantación de un régimen democrático. La dictadura militar contrarrevolucionaria es nuestra "autocracia zarista"; enfrentados a una situación similar a la de los viejos bolcheviques, la primera tarea es destruir esa autocracia y construir en su lugar una estructura política de plena participación. Ésa es una demanda antiburguesa en Centroamérica, dada nuestra singular condición histórica caracterizada por un desarrollo del capitalismo sin una revolución política burguesa.

La demanda de un gobierno popular es consecuencia de la concepción participatoria y libre de la democracia. Es la sustitución de una clase por otra, lo cual en términos muy simples significa la derrota de una de ellas por la otra. Un gobierno popular es el poder para los vencedores. Las consecuencias que esto tiene son previsibles en general, pero dependen de las condiciones particulares que articulan coyunturalmente esa victoria. No debe olvidarse que en la tradición centroamericana una huelga fabril degenera en una huelga nacional, de la misma manera como la demanda corporativa se transforma por la magia de la represión en protesta contra el sistema. Las luchas sociales se convierten en revoluciones y éstas en movimientos de liberación nacional porque el Estado y la burguesía se apoyan cada vez más exclusivamente en el imperialismo norteamericano. De ahí que lo antiimperialista sea, *a contrario sensu*, constitutivo de las luchas populares.

En todo caso, el proyecto revolucionario no es un proyecto acabado, no es algo estatuido (previsto) en un cuerpo programático.

Al contrario de lo que sucedió en la década anterior, en los setenta, el proceso revolucionario se ha desarrollado como una afirmación de la práctica, original y creativo[123]. La revolución nicaragüense ya es un buen ejemplo de una voluntad que en la práctica crea sus propias respuestas programáticas. Obviamente no se parte de cero, pero lo teórico está en función del tipo de sociedad que se intenta destruir y no de lo que se quiere crear. En otras palabras, no existe una racionalidad fundante, una ideología que permita la construcción de un contramodelo de la sociedad.

La revolución nicaragüense, que profundiza su naturaleza con un ritmo que desagrada a las premuras del taxónomo, no ha incurrido en el error de clasificarse *previamente*, entre otras razones porque la crisis del sistema de dominación burguesa, la crisis burguesa propiamente, no se ha resuelto todavía, aunque no quepan dudas acerca del carácter popular de la revolución sandinista y de su fuerza estratégica.

En la etapa actual, y en virtud de las condiciones objetivas, que son las que ha puesto la historia previa y ahora coloca el imperialismo norteamericano (y también el sistema capitalista internacional), la revolución centroamericana no es burguesa ni socialista. Hoy los programas de las organizaciones político-militares, y en general de todo el movimiento popular, tienen una diferencia con los de la década de los sesenta: son más maduros y más realistas; ellos deberían ser comprendidos como la estrategia de una revolución democrático-revolucionaria, como la objetivación del entrelazamiento de una revolución burguesa inconclusa y de una revolución socialista incipiente. No debería confundirse el carácter de la revolución con las formas de

---

[123] Sin embargo, en el conjunto de los procesos revolucionarios de Centroamérica hay, sin duda, cierto retraso ideológico frente a los movimientos sociales. No hay debate ni confrontación teórica, aunque numerosos intelectuales se encuentren estrechamente vinculados con las luchas populares.

lucha por intermedio de las cuales se realiza. Pareciera que de la boca del fusil sólo pudiera proclamarse el socialismo. La lucha armada, la irrupción "salvaje" de las masas, son elementos de un proceso que busca, ahora, la constitución de un poder popular, democrático y revolucionario.

La conquista de la independencia nacional, la liquidación del latifundio, la implantación de la democracia, el desarrollo de las fuerzas productivas, la popularización de la cultura, son objetivos inconclusos de la dominación burguesa en sociedades dependientes, en la época del imperialismo. La burguesía no fracasó propiamente en la realización de estas tareas porque para su existencia como clase, ellas no resultaron decisivas, pero no hay duda de que la ejecución de las mismas sólo puede hacerse en su contra y a pesar de ella. La coalición de fuerzas sociales, donde el proletariado, el campesinado y las capas pequeñoburguesas forman el destacamento principal, asegura esta posibilidad.

Los programas de los movimientos populares plantean de manera más o menos precisa esta primera etapa democrático-revolucionaria. La toma del poder es la condición para el cumplimiento de esta transición. Desde ahí, con la conquista de la hegemonía final que facilita el control del aparato del Estado, y ganando una nueva mayoría, sumando cada vez más fuerzas sociales antes neutralizadas, puede emprenderse el camino del socialismo, de un socialismo con libertad, de una democracia socialista, en la que no se sacrifique ninguno de los valores por los que se luchó, porque eran negados en la vieja sociedad.

Todo proceso revolucionario tiene que afincarse en lo más progresivo de la tradición nacional; las fuerzas populares pueden sacar su fuerza del pasado, pero su carácter está dado por el porvenir.

La figura de Sandino antiimperialista, de Farabundo Martí asesinado por la oligarquía, la reivindicación de nuestro pasado indígena, la re-creación de nuestra historia, todo ello puede darle a la crisis centroamericana una salida original que haga ratificar lo excepcional de cada proceso nacional y lo genérico de toda revolución auténtica. De todas maneras, las enseñanzas son más modestas. El movimiento popular y sus vanguardias lo son cada vez más porque están siendo capaces de desentrañar el carácter histórico de la revolución en proceso –lo democrático-revolucionario–, las vías de su desarrollo –la combinación de diversas formas de lucha de masas con el enfrentamiento armado– y por que han comprendido, tal vez sin conocer a Gramsci, que hay que actuar con gran pesimismo de la inteligencia junto a un férreo optimismo de la voluntad.

8. La dimensión internacional

La comprensión de la crisis centroamericana se completa si hacemos intervenir en el análisis a los actores *externos*, a las llamadas fuerzas internacionales, viejas y nuevas, que se presentan adquiriendo una extraordinaria presencia *interna* y convirtiéndose, en consecuencia, en factores igualmente decisivos en el curso y eventual solución de los conflictos.

Como algunas pocas regiones del planeta, Centroamérica es *objeto* de política exterior, especialmente de Estados Unidos, que ha actuado desde el siglo pasado, pero particularmente después de la guerra hispanoamericana de 1898, con una influencia total.

Las crisis internas que han vivido las sociedades centroamericanas, tarde o temprano, se han resuelto reflejando de alguna manera la voluntad del gran vecino.

La crisis de Nicaragua puso de manifiesto una nueva realidad, que no tiene raíces estrictamente nacionales sino que se explican por los cambios en la correlación de fuerzas producidas a nivel mundial. La crisis nicaragüense tuvo una dimensión internacional y fue en el plano de las relaciones de fuerzas entre intereses internacionales que se contribuyó a resolver el fin de la dictadura de Somoza. No es que el conflicto interno, que encabezaba el Frente Sandinista, se hubiese internacionalizado. Es que con ocasión de las luchas populares contra el desacreditado gobierno somocista se materializó por vez primera en la región un conjunto de *influencias*, de orden diverso, que trasladaron al plano externo una parte del conflicto interior.

Esta dimensión internacional de la crisis interna está caracterizada por un conjunto de relaciones e intereses que se manifiestan de diversas maneras —desde la ayuda material en dinero y armas, el reconocimiento diplomático, presiones políticas, apoyo moral y otras formas de solidaridad, o rechazo más de naturaleza propagandística— y que pueden quedar comprendidos en dos conjuntos desiguales: a) la política norteamericana, que dejó de caracterizarse por el *bipartisan approach* y que intenta rodearse del apoyo de los gobiernos de la región, en la óptica panamericana tradicional, y b) la política de otros gobiernos y organizaciones internacionales, que enfrentan con mayor o menor decisión la voluntad norteamericana y que en esa medida actúan como fuerzas opuestas, de contención y rechazo.

Lo que esto demuestra, a partir de la crisis nicaragüense, es la erosión de hegemonía en esta región de los Estados Unidos. No es el fin de una omnipotencia, pero tratándose de la región más segura para la política imperialista, donde contaba con los aliados más confiables, esta pérdida relativa de influencia tiene que ser interpretada como un golpe a los designios seculares de control en esta zona. Esta situación nos interesa por los efectos que pueda tener en el desenlace de la crisis salvadoreña, o en el curso que pueda tener el conflicto cada vez más virulento en Guatemala y, por supuesto, en el destino cada vez más comprometido de la revolución nicaragüense.

Con relación a la crisis centroamericana es necesario distinguir el enfoque especial de la Administración Carter. Interesada en apoyarse en nuevos sectores sociales, menos comprometidos con la violación de los derechos humanos, con la corrupción y la violencia oficial, la política exterior se dio a la búsqueda de una "tercera fuerza", que en el caso de Nicaragua se expresó gráficamente en el rechazo de ambos contendientes: ni sandinismo ni somocismo. ¿Quién, entonces? Una fuerza que evite los riesgos de la penetración soviética o el costo de los viejos y desacreditados aliados. Esa *tercera fuerza* estaba representada en Nicaragua por algunas de las organizaciones que formaron UDEL (frente amplio, dirigido por los conservadores) y por un grupo de "notables", empresarios y líderes de los partidos tradicionales. La ofensiva del sandinismo desbarató toda posibilidad de apoyarse en este sector para resolver la crisis, hizo fracasar, literalmente, los intentos de articular una democracia "viable" (sic) en una zona donde no es confiable el proceso electoral ni la solución reformista.

La Administración Reagan se inclina por volver al *statu quo ante*, es decir, tener una zona segura menos para las inversiones[124] que para los intereses estratégicos de los Estados Unidos. En la óptica oscura de la geopolítica no hay aliados confiables, pero en todo caso lo viejo por conocido es mejor. Con ellos, los políticos corruptos y los militares ensangrentados, es posible res-

---

[124] Es evidente que Centroamérica sólo tiene un valor geopolítico. Las inversiones norteamericanas se calculan en 980 millones de dólares, lo que significa en 1978 el 0,6 por ciento de la inversión directa total de Estados Unidos; el comercio de este país con la región es del orden de 1,8 millones de dólares, que alcanza a ser casi el 1% del comercio exterior. Salvo el petróleo y eventualmente el níquel de Guatemala, no hay riquezas minerales vitales para la economía norteamericana.

taurar el orden interno incluso al precio de continuar o incrementar –donde eso aún sea posible– la violación de los derechos humanos.

La visión que esto implica es simplista: de nuevo, un mundo bipolar en el que la Unión Soviética, a través de Cuba, y ahora por intermedio de Nicaragua, intenta nuevos avances expansivos.

Frente a esta política y los hechos que produce, se mueven hoy en día en el plano internacional fuerzas de otro signo que en Centroamérica particularmente no creen ya en la posibilidad de encontrar esa *tercera fuerza*. Particularmente importante es la influencia de la Internacional Socialista (IS), y con ella, de los gobiernos socialistas y socialdemócratas del mundo, particularmente de Europa occidental. A la IS la mueve la comprensión de un mundo menos simplificado y la preocupación profunda por los desafíos que a la paz y a la distensión puede plantear una política como la del grupo conservador-republicano, que ha pasado a dirigir la cosa pública en Estados Unidos. La Internacional Socialista y algunos gobiernos de América Latina son partidarios de otro tipo de democracia viable para una subregión donde ésta nunca se conoció: la democracia que es capaz de ser conquistada después de derrotar a las fuerzas político-sociales que la han hecho imposible. De ahí el sorprendente apoyo, en nombre del derecho a la libre determinación, a las fuerzas populares de Centroamérica.

Esa libre determinación a escoger el régimen que los pueblos quieren y pueden darse no los lleva a satanizar el movimiento guerrillero, sino a estimular las fuerzas democráticas que actúan en el interior del movimiento popular.

Es ésta una presentación muy simplista de cómo los actores externos se mueven con relación a un conflicto nacional pero que no resulta ajeno. Se ha producido sin duda una internacionalización del interés por el destino de la democracia. Y Centroamérica es, coyunturalmente, el sitio donde ese destino se juega. Para Estados Unidos es importante porque la credibilidad perdida puede empezar a recuperarse en el interior de su propio traspatio. Para algunos gobiernos latinoamericanos y otras fuerzas internacionales es importante porque aquí puede triunfar o fracasar una concepción distinta de la política de las grandes potencias y porque defendiendo la libre determinación y la democracia afuera, la aseguran un poco más, adentro.

Ambas tendencias se mueven en apoyo de fuerzas internas y a partir de la existencia de las mismas. La dimensión internacional ha demostrado ser importante en la crisis de la sociedad centroamericana, pero son las fuerzas sociales en pugna las que, sin duda, tienen la última palabra.

Los desafíos del desarrollo democrático en Centroamérica*

Introducción

Algunas precisiones

Habida cuenta de las imprecisiones en que se ha caído al analizar el tema de la democracia y sus implicaciones, habrá que ir haciendo aclaraciones oportunas al referirnos a los diversos aspectos del *desarrollo democrático* en Centroamérica. Hablamos de *desarrollo democrático* como un proceso histórico de constitución de ciudadanías políticas activas, de la ampliación sucesiva de la participación pública, de la profundización en el uso de los derechos que la Constitución y las leyes establecen y regulan. La ciudadanía se va construyendo con relación a las instituciones políticas y las oportunidades de ejercitar los derechos correspondientes, hasta configurar una democracia política.

El *desarrollo democrático* conduce a sociedades donde, en términos operativos, el ciudadano tiene libre oportunidad de organizarse en función de los diversos intereses que la vida en sociedad produce, de informarse y de opinar, de participar de forma activa o testimonial en el debate público, verbalmente o por escrito, criticar, concertar e influir en las decisiones públicas, todo ello en condiciones de libertad y seguridad que el Estado tiene la obligación de mantener para todos, ejercitando sus derechos sin más limitaciones que las que establecen la ley y los derechos de los otros. La suma de los derechos sociales y políticos que todo ello supone conforma los derechos del ciudadano en una sociedad democrática que se define, primero, como una democracia política.

---

* Texto extraído de Joan Botella y Josep M. Sanahuja (eds.), *Centroamérica después de la crisis*, Barcelona, Institut de Ciències Polítiques i Socials de la Universitat Autònoma de Barcelona, 1998, pp. 153-197.

Descontado el reconocimiento de la Constitución, es en la sociedad civil donde empieza a construirse la ciudadanía, a partir de ese espacio de lo privado donde los individuos van afirmando su identidad, al hacer de sus intereses particulares un *asunto común* que el desarrollo democrático alimenta. Lo que empieza en el mundo de lo privado (la sociedad civil) sólo culmina cuando se constituye el sujeto social, cuando al expresar sus intereses (demandas, organización, conflictos) su identidad se vuelve política.

La ciudadanía es una identidad política a la que hay que dotar de contenidos políticos[125]. El Estado democrático (y el sistema político) crea un espacio instrumental para que se realicen los intereses colectivos. Por ello decimos que no basta la democracia política: se requiere estructurar institucionalmente una democracia social, donde se atan la libertad política con la justicia social, derechos políticos y derechos sociales. En síntesis, recordando a T. H. Marshall decimos que la ciudadanía es la pertenencia plena a la comunidad.

Es importante la distinción teórica, por las implicaciones prácticas que puede tener, entre democracia en general y una modalidad que requiere adjetivar el sustantivo: la democracia política.

Si el principio fundacional de la democracia es la ciudadanía, que hemos precisado líneas arriba y que supone el derecho a ser tratado como igual con relación a las diversas opciones colectivas, democracia política es la que extiende la aplicación del principio de ciudadanía a las instituciones públicas[126]. La democracia social constituiría un nivel superior, donde las bases sociales y económicas de la ciudadanía están plenamente establecidas.

La idea de desarrollo democrático no es lo mismo que la vieja tesis del desarrollo político, que prefiguraba un determinado tipo de democracia, un modelo extraído de la sociedad norteamericana o de las democracias liberales europeas. Y la utilizamos sin ninguna finalidad teleológica, sin ánimo de sustituir la noción de *transición*, que en nuestro caso es *transición desde sociedades autoritarias*.

---

[125] Toda identidad política requiere la visibilidad de los actos de su identificación, es decir, de la realización de actos constitutivos. Lo social puede ser variable y contradictorio; es lo político lo que conduce a la identificación plena, con relación al ambiente político. Véase Ernesto Laclau (ed.), *The Making of Political Identities*, Lanzan, Verso, 1994, p. 3 y ss.

[126] G. O'Donnell, Ph. Schmitter, L. Whitehead, *Transiciones desde un gobierno autoritario*, 4 tomos, Buenos Aires, Paidós, 1988, donde la noción de *ciudadanía* aparece en diversas partes, especialmente en el t. II. El tema también es analizado creativamente en E. Jelin, "La construcción de la ciudadanía: entre la solidaridad y la responsabilidad", en *La consolidación democrática en América Latina, III Foro Internacional Fundación Olof Palme*, Barcelona, Hacer, 1994, pp. 211-214.

La noción de *transición*, literalmente, alude al comienzo de un proceso específico, determinado, que intermedia entre un arranque y un punto de llegada. En este caso es el intervalo histórico entre el fin de un régimen político (autoritario) y el comienzo de otro (democrático)[127], y en el medio, un desarrollo de acontecimientos que dan contenido a lo que hemos llamado *desarrollo democrático. La conclusión es que en este trabajo nos proponemos examinar algunas de las vicisitudes del cambio político, el desarrollo democrático que viene ocurriendo en Centroamérica dirigido a construir una democracia política.*

La transición como teoría

O'Donnell y Schmitter, en el IV tomo de su investigación sobre las transiciones[128], plantean la dificultad del análisis teórico en situaciones de rápido cambio, cuando los parámetros de la acción política se encuentran en transformación permanente, tal como ocurre en los períodos de la transición "desde la dominación autoritaria" centroamericana.

La teoría apropiada, ciertamente, no existe. De hecho, no hay teoría para experiencias singulares, sólo generalizaciones *ad hoc.*

Pero se dispone de una importante literatura que contiene elementos conceptuales, que con algunas iniciativas pueden servir.

Por ejemplo, puede ser útil la distinción teórica que propone Linz entre *restauración e instauración*[129] de la democracia. También tiene utilidad la identificación de los momentos que operacionalmente pueden encontrarse en los procesos de la transición: la *liberalización*, la *democratización* y la *consolidación democrática.*

---

[127] El uso de las categorías *gobierno* y *régimen* se justifica por la necesidad de distinguir entre el resultado de una elección democrática y el producto de un sostenido proceso histórico democrático. En Centroamérica ha habido elecciones que han dado como resultado gobiernos democráticos. Se busca la construcción de regímenes democráticos. Se sugiere utilizarla, para no volver a enredarse en la vieja polémica, nunca superada, entre democracia real y democracia formal.

[128] Se trata del IV tomo de *Transiciones desde un gobierno autoritario, op. cit.* Aquí se plantea el problema de la "metodología de la ciencia normal", inapropiada para abordar situaciones de cambios sociales rápidos. Pero lo que resulta anormal *no es el método*, sino esa elusiva realidad. Las ciencias sociales tienen instrumentos para analizar situaciones de crisis y momentos de estabilidad. Una abundante literatura sobre la crisis, posterior al auge del funcionalismo estructural, da cuenta de situaciones "anormales" que no es posible citar aquí.

[129] Juan J. Linz, *La quiebra de las democracias*, Madrid, Alianza, 1993, p. 157.

En Uruguay y Chile, por ejemplo, se produjo una restauración clásica, porque (casi) los mismos componentes del período preautoritario aparecieron con vigor en el momento de la transición.

Es esa circunstancia –la permanencia de actores, partidos, valores, cultura política, etc.– lo que permitió en ambos países que, resuelta la fase de la liberalización/democratización del régimen, se alcanzara la consolidación democrática.

Por el contrario, en Guatemala, El Salvador o Nicaragua podría estar ocurriendo un fenómeno de instauración de la democracia, porque no solamente no hay sólidas experiencias previas, sino que no existen los líderes ni las tradiciones de un período democrático anterior. En estos casos, se podría decir, con J. Linz, que se trata de democracias *nuevas* porque nuevas generaciones, que no tienen identificación alguna con los partidos y liderazgos anteriores, entran en la vida política. Esos actores nuevos fundarán un nuevo régimen, y no tendrá mucho sentido que reclamen ser una continuación legítima del anterior. La experiencia de Honduras podría estar a caballo entre una restauración y una instauración.

Es el momento de precisar que "la transición desde lo autoritario" necesita definir bien qué se debe entender por un gobierno autoritario. La indeterminación de lo autoritario es fuente de problemas porque no puede aceptarse la sagaz propuesta de calificar así "cualquier sistema de gobierno que rechace la posibilidad de su reemplazo", o de entender, por la negativa, como autoritario lo que no es democrático ni totalitario[130]. Con ánimo de profundizar en una definición apropiada a partir de la historia centroamericana recordemos que "la dictadura militar" fue un proyecto que buscó situarse en el límite de la política (condenaron siempre la política, se proclamaban apolíticos), fue un gobierno de excepción, por lo tanto, ilegítimo, esencialmente provisional (por extenso que fuera temporalmente), arbitrario por su inadecuación al *rifle of law*, que movilizó *prima facie* recursos de fuerza de que disponía abundantemente para ordenar la sociedad. Lo autoritario es por definición incapaz de soportar la oposición, que es la condición democrática.

---

[130] A. Rouquié considera que el territorio del autoritarismo es un popurrí heteróclito pero inevitable y, de manera gruesa, sugiere que se juzgue *autoritario* un sistema político "en el cual el pueblo se ve privado de los medios legales para aceptar o rechazar los hombres destinados a gobernarlo". Véase Alan Rouquié, *La tentación autoritaria*, Buenos Aires, Portátil, 1991, p. 37.

Desde esa perspectiva, hemos calificado la transición centroamericana como una modalidad autoritaria hacia la democracia política. En su expresión formal, la transición se caracteriza porque las reglas del juego político empiezan a definirse, y es esencial para ello que el incremento de la participación, juntamente con la correspondiente movilización social (más o menos vigorosa, lo que no importa), se vuelva posible. Pero sobre todo, la participación competitiva de actores anteriormente excluidos y castigados; y también porque algún rasgo de institucionalización del compromiso de intereses opuestos se va haciendo posible. Es decir, que se reconocen espacios públicos para la conciliación de intereses, y se intentan y se logran.

En el interior de ese proceso, O'Donnell y compañeros definen dos momentos sucesivos: el de la liberalización, que es el proceso de redefinir y ampliar los derechos que protegen al individuo o a grupos políticos, frente los actos arbitrarios o ilegales del Estado. Es la señal "típica de que se ha iniciado una transición… porque los gobernantes autoritarios comienzan a modificar sus propias reglas con vistas a ofrecer mayores garantías para los derechos individuales"[131]. Y el momento de la democratización, que es la emergente posibilidad de una ciudadanía efectiva, como principio rector de la democracia, ciudadanía que se encarna en normas y procedimientos: voto libre, sufragio universal, elecciones periódicas y competitivas, partidos políticos, soberanía legislativa, etc., etcétera.

Así pues, la democratización está referida a aquellos procesos en que las normas y procedimientos de la ciudadanía son, o bien aplicados a instituciones políticas antes regidas por otros principios…o bien ampliadas para incluir a individuos que antes no gozaban de tales derechos [...][132]. La transición debería darse por finalizada, en este plano teórico -formal, cuando las reglas del juego democrático estén siendo acatadas por todos, gobierno y oposición; cuando las instituciones políticas reciban el respaldo de la ciudadanía y ésta pueda expresarse a través de ellas sin el temor de antaño. Es decir, cuando se alcance la institucionalización de la vida política para todos los que quieran participar. A partir de aquí, la democracia empieza a consolidarse[133], lo cual

---

[131] G. O'Donnell, Ph. Schmitter, L. Whitehead, *Transiciones desde un gobierno autoritario,* IV tomo, *op. cit.,* p. 20.

[132] *Ibid.*

[133] Si la fase de transición no aborta, dice L. Whitehead, puede asfaltar el camino para un proceso de consolidación democrática. La señal de tal proceso podría ser que las muchas incertidumbres van

requiere, en las experiencias históricas, variables períodos de tiempo; no queda librada a la indeterminación, pues hay momentos necesarios. Y no sólo es un problema de tiempo, pues cualitativamente el transcurso temporal apoya las prácticas, los hábitos y conductas que se van consolidando con su uso, y que terminan por volverse normales, implícitas en la interacción de todos, o de la mayoría.

La transición autoritaria a la democracia política, como ha estado ocurriendo en Centroamérica, identificó y reunió los momentos de la liberalización con el de la democratización, sin que se perciba alguna prisa para llegar al de la consolidación democrática.

¿No es una verdadera *contradictio in adjecto* hablar de *camino autoritario a la democracia* como una modalidad transicional peculiar? Las razones se encuentran en dos hechos clave, que por lo general se demeritan: uno es que la transición, tal como la venimos definiendo, la iniciaron los militares, y por su iniciativa; otro es que en el momento en que ocurre no había una significativa movilización popular, la protesta política no aparecía organizada, salvo la que expresaba la guerrilla. El resto de este texto abunda en razones de la misma dirección.

Los puntos de partida
La difícil indeterminación del comienzo

Una primera dificultad es poder precisar cuándo se inició la transición y, con ello, el desarrollo democrático en los cuatro países centroamericanos donde ello ha venido ocurriendo en la última década. La dificultad para precisar el inicio de un proceso histórico ha sido señalada reiteradamente en las ciencias sociales, por cuanto se trata de interacciones sociales, múltiples y complejas, que no tienen la calidad que identifica, por ejemplo, el nacimiento biológico, o la precisión de una conducta voluntaria que determina

---

progresivamente disminuyendo, y los nuevos procedimientos y principios empiezan a ser mejor conocidos, comprendidos y ampliamente aceptados. "The Consolidation of Fragile Democracies: A Discussion with Ilustrations", en Robert A. Pastor (ed.), *Democracy in the Americas, Stopping the Pendulum*, New York, Holmes and Meier, 1989, p. 79.

el comienzo de una acción, etc.[134]. Los fenómenos sociales no tienen partida de nacimiento. La crítica va en el sentido de que la democracia es un *constructo histórico*, y así, y sólo así, puede ser comprendida. Al identificar el *cuándo* se facilita señalar el *dónde*, es decir, desde qué lugar de la historia reciente arranca lo que para nuestro interés es el actual desarrollo democrático.

Ha sido frecuente en la literatura sobre los cambios políticos en Centroamérica situar el inicio del actual desarrollo democrático a partir de las convocatorias electorales en Honduras, Guatemala y El Salvador. En Nicaragua, el dato ocurriría a partir del fin de la dictadura somocista. En Costa Rica la referencia es de otro orden. Su régimen democrático se moderniza después de la guerra civil de 1948. Como puede verse, los puntos de partida son diversos. El ciclo democratizador en la región tiene algunas coincidencias, pero son más importantes sus desemejanzas.

En Guatemala y El Salvador la paradoja es más visible, pues los peores momentos de represión política, fraude electoral y negación de los derechos cívicos ocurren en el interior de una modalidad de régimen que bien puede ser considerada como el antecedente maligno del desarrollo democrático posterior.

En ambos países se vivió una experiencia original, una modalidad de autoritarismo militar sin ningún parecido con la vieja experiencia oligárquica del dictador que asalta el poder a través de un golpe de fuerza, del caudillo militar de la república oligárquica que se aferra al gobierno por muchos años. A partir de 1962 en El Salvador, y de 1966 en Guatemala, las Fuerzas Armadas tomaron institucionalmente el control del Estado, en un intento por resolver, de manera *sui generis*, los dos desafíos que para mantener la normalidad todo poder político debe enfrentar en la sociedad contemporánea, es decir, los problemas de la legitimidad y de la sucesión, que las dictaduras militares del pasado nunca lograron resolver.

A lo largo de más de 15 años, las Fuerzas Armadas trataron de organizar un sistema político bajo su control, donde hubo por lo menos nueve elecciones presidenciales y legislativas *periódicas*, participación de partidos políticos, parlamentos con presencia multipartidaria y espacios menores para una opinión pública que no podría sino ser siempre favorable. Las elecciones fue-

---

[134] Charles Tilly, *Big Structures, Large Processes, Huge Comparisons*, Nueva York, The Russell Sage Foundation, 1984, especialmente p. 121 y ss.

ron *semicompetitivas*, en el sentido de que se daba una participación de fuerzas de un pluralismo limitado, y cuyos resultados no podían alterar la composición y la dirección del gobierno. Por lo menos las elecciones presidenciales de 1972 y 1977 en El Salvador, y de 1974 y 1982 en Guatemala, fueron abiertamente fraudulentas.

Las primeras de ellas, en ambos países, fueron ganadas por la democracia cristiana.

Se trata de un caso de nuevo tipo de democracia formal, porque las elecciones presidenciales, en que hubo siempre varios candidatos, las ganó inequívocamente "el candidato militar", un general previamente escogido por la alta oficialidad y al que patrocinaba legalmente un mismo partido (como en El Salvador) o una alianza variable de partidos (como en Guatemala). La "apertura" política que practicaron permitió que en el Parlamento hubiesen diputados de partidos opositores, aunque siempre en minoría o que ganasen el control del poder municipal. De hecho, la alcaldía de las ciudades de Guatemala y El Salvador las ganaron partidos de la oposición, tolerados por su respeto a las reglas de este juego semicompetitivo. La libertad de prensa estaba asegurada para los medios de comunicación amigos, que se autocensuraban.

No era éste un régimen de competencia abierta, pues los resultados se sabían de antemano y la elección presidencial no era sino la ratificación simbólica de una decisión política y administrativa, la del alto mando castrense. Un simbólico pero perverso respeto a la formalidad. El partido-de-los-militares controló siempre el Parlamento y no hubo independencia del poder judicial.

La oposición de izquierda no fue permitida y tampoco la libre organización social. La desmovilización popular se hizo apelando a las peores formas de represión y castigo. Una democracia para la mitad.

Esas *democracias de fachada*, con su institucionalidad *ad hoc*, fueron la respuesta apropiada a la estrategia de contrainsurgencia que los Estados Unidos propusieron a los ejércitos de la región.

Contaron con el apoyo de importantes sectores civiles y de los partidos políticos de derecha. La faz autoritaria no sólo se origina en la dimensión del terrorismo de Estado que practicaron contra la oposición política y los movimientos sociales, sino por su pluralismo limitado y por la manera impredecible, imprecisa en el ejercicio del poder.

Diversas causas empujaron la descomposición de este modelo de democracia recortada, que expresa una modalidad de relación civil- militar con pretensiones democráticas, un verdadero Estado de excepción que logró elegir nueve militares-presidentes. Agotó sus posibilidades de legitimidad cuando el Ejército exacerbó las capacidades represivas del Estado. Basta recordar la espiral de violencia sin límites que desencadenaron a lo largo de toda la década de los setenta en El Salvador, y que se prolongó hasta entrados los ochenta en Guatemala. Recordemos que el tratamiento bélico de las pugnas políticas internas supone la adopción de un objetivo preciso: aniquilar al adversario, y con ello, empujar a la sociedad a la guerra civil. Es ésta una corrupción del orden colectivo porque en la superación de la guerra civil radica el fi n primario del orden social. Fue esto lo que no pudieron hacer los militares al empujar a estas dos sociedades al huracán de la guerra.

El fracaso final del "modelo" ocurrió como una crisis en el interior de las fuerzas armadas. La cúpula militar se dividió y se produjeron sendos golpes de Estado, el 15 de octubre de 1979 en El Salvador y en marzo de 1982/1983 en Guatemala. En aquel país se constituyó de inmediato una Junta Civil-Militar, por lo que algunos analistas consideran que "la transición" a la democracia en El Salvador se inició en el momento en que las Fuerzas Armadas perdieron el control monopólico del poder del Estado que durante 50 años detentaron[135]. Con razones valederas podría decirse que ella más bien se inicia con las elecciones para Asamblea Constituyente, en marzo de 1982, o con la elección de José Napoleón Duarte, como presidente, en marzo de 1984. Finalmente, hay quien cree que solamente puede hablarse de un verdadero arranque del desarrollo democrático con la mayor elección plural en la historia del país que se produce con la participación política, por vez primera, del Frente Farabundo Martí para la Liberación Nacional (FMLN) en marzo de 1994.

En Guatemala la crisis de la democracia-de-fachada se tradujo en dos golpes sucesivos, hasta que los golpistas anunciaron el inicio del retorno controlado del poder a los civiles en 1983. La transición empezaría, entonces, con las elecciones a la Asamblea Constituyente, en junio de 1984, o con la elec-

---

[135] "[…] la transición salvadoreña se inició con el golpe de Estado del 15 de octubre de 1979, fecha que marca el quiebre del régimen político autoritario que había regido en las décadas anteriores […] sin que esté claro cuál será el resultado final de esa transición". Véase R. Córdova Macías, *El Salvador en transición: el proceso de paz, las elecciones generales de 1994 y los retos de la gobernabilidad democrática*, documento de trabajo, San Salvador, Fundaungo, julio de 1994, p. 1.

ción de Vinicio Cerezo Arévalo, en marzo de 1985, momentos en que las fuerzas civiles aparecen formalmente ocupando posiciones de gobierno.

La experiencia hondureña es distinta de lo ocurrido con los dos países antes mencionados, por varias razones. Aquí también los jefes de las Fuerzas Armadas se hicieron con el poder ejecutivo a partir de 1965, pero no a través de elecciones fraudulentas sino de groseros sucesivos golpes de Estado, lo que revela, además, pugnas en el interior de una cúpula militar corrompida por los negocios privados. El país tiene una honda tradición bipartidaria que en el pasado no sirvió para darle estabilidad al sistema político sino para debilitarlo. Las facciones liberales y nacionales (conservadores) mantuvieron un encono permanente por su percepción patrimonial del poder, que nunca se resolvió en las urnas.

El regreso de los partidos, de los civiles, al ejercicio del gobierno se inicia como resultado del pacto suscrito a sus espaldas entre la cúpula militar hondureña y el Departamento de Estado, a finales de 1979. En virtud de este negocio, el gobierno de Estados Unidos se comprometió a modernizar y financiar a las Fuerzas Armadas como pieza de su estrategia antisandinista, y éstas, a dejar el gobierno para ocuparse de sus nuevas funciones "internacionales". La decisión fue rápida al convocar a elecciones y devolver el control del gobierno a los civiles.

A tono con la tradición del constitucionalismo cultural centroamericano, también aquí el proceso se inicia con elecciones a la Asamblea Constituyente, en febrero de 1980 y con la elección presidencial de 1981, que gana el candidato liberal Roberto Suazo Córdova. Desde entonces ha habido cinco procesos electorales que han consolidado el juego bipartidista entre las dos grandes tiendas tradicionales. La transición, que se inicia con el regreso de los partidos históricos, provocó el fortalecimiento del poder militar, porque la colaboración con la política norteamericana, la activa presencia militar en ejercicios comunes, aprovisionamientos técnicos y otros recursos, tuvieron una evidente motivación antinicaragüense.

Y, obviamente, pero por otra razones, no es necesario incluir a Costa Rica en esta etapa del análisis, cuya presencia en la crisis regional no alteró sino tangencialmente el funcionamiento de su vida democrática. Con el presidente Monge (1982-1986), el país fue brevemente refugio para el Frente Norte de las fuerzas irregulares ("la contra") antisandinistas. Después, con el presidente Arias (1986-1990), pieza maestra en los esfuerzos regionales de paz y reconciliación nacional. Pero éstos son temas que están más allá de nuestro foco de interés en este trabajo.

El tortuoso sendero de la democracia sandinista

Las fronteras de la investigación se mueven con la historia, aunque a menudo con retraso, como lo sugieren Goodwin y Skocpol[136], lo cual hace difícil la calificación de acontecimientos que aún están ocurriendo, los que todavía vemos con nuestros propios ojos. Aun así, la experiencia de Nicaragua no puede ser analizada a la luz del análisis de la transición. Ahí se produjo una profunda lucha antidictatorial y la victoria sandinista no fue contra el capitalismo, que apenas funciona, sino contra la dictadura. Los valores democráticos aparecen como el *leit motiv* aglutinador del amplio frente que descompuso la dominación sultanesca neopatrimonial y por ello atrasada, de la dinastía Somoza. Los desarrollos democráticos empiezan, por ello, en el momento preciso en que los sandinistas toman el control del país, en julio de 1979[137]. Valorar esa experiencia democratizadora es difícil –más allá de los contenidos ideológicos que se resisten a partir– primero que todo por el marcado carácter ambiguo que la revolución fue adquiriendo a lo largo del decenio. El sandinismo no es una ideología ni un programa; fue siempre un adjetivo emocional que sirvió tanto para ocultar como para estimular o indefinir. De hecho, el sandinismo fue tributario de diversas fuentes ideológicas y doctrinarias, que utilizó oportuna e indiscriminadamente, de manera ecléctica. Por eso, la intención democratizadora no puede valorarse por las abundantes declaraciones que se hicieron sino por los resultados precisos que se obtuvieron.

El eje de su concepción práctica fue la convicción largamente sostenida de que la democracia es la participación de las masas en todos los asuntos de la vida social[138], en donde *las dimensiones socioeconómicas* fueron prioritarias.

---

[136] Jeff Goodwin y Theda Skocpol, "Explaining Revolutions in the Contemporary Third World", en *Politics & Society*, vol. 17, N° 4, diciembre de 1989, p. 489.

[137] Utilizamos en varias partes el valioso trabajo de tesis doctoral de S. González Marrero, *El sandinismo en el poder: análisis de un cambio de régimen,* Madrid, Universidad Complutense-Departamento de Ciencias Políticas y de la Administración, Facultad de Ciencias Políticas y Sociales, 1991.

[138] Frente Farabundo Martí para la Liberación Nacional (FMLN), Comunicado de la Dirección Nacional sobre el Proceso Electoral, Managua, agosto de 1980 (mimeo).

Y como ha sucedido en la historia, el éxito de una estrategia revolucionaria dispensa de los pruritos electorales. Los sandinistas sabían que la revolución tiene la virtud fundacional de una nueva legitimidad cuando habla en nombre de la unidad nacional. La honda tradición nicaragüense de dictaduras y desorden, al mismo tiempo, fue el escenario donde el nuevo régimen procesó su proyecto político.

Completa la panoplia de factores estructurales la percepción del peligro externo, planteado casi de inmediato y de manera brutal por las políticas de la guerra fría en las que se movían los Estados Unidos, y que reforzó las tendencias ya presentes en toda victoria militar a la concentración del poder[139]. Son ésos los ingredientes de la perspectiva democrática.

Los desarrollos democráticos empezaron bien porque se partía de cero: una formidable movilización popular en las tareas de reconstrucción nacional (alfabetización, salud, limpieza, etc.) dio la sensación de participación y poder. Era el momento alegre que Decouffle llama "la fiesta de la plebe". Los sandinistas organizaron todo lo organizable de la sociedad civil, pero desde la cúpula y bajo su estricto control[140]. La tentación corporativa ganó la partida en la constitución y el funcionamiento del Consejo de Estado. El verticalismo y el uso de las jerarquías no podían ausentarse de una cultura en las que varias generaciones de nicaragüenses se (de)formaron, experimentándolo[141]. La necesidad de la defensa nacional, la defensa de la revolución, acrecentó estas conductas, por lo demás muy extendidas en los repliegues de la sociedad nicaragüense.

En el proyecto de desarrollo democrático popular que los sandinistas definieron, aparecieron ciertas objeciones en el crédito internacional que disfrutaban. Por ello se dice que más que necesidades internas de la institucionali-

---

[139] Por la historia de su ascenso y permanencia, la derrota de Somoza fue asumida por el Departamento de Estado como una derrota de la política norteamericana; y por la lógica del enfrentamiento Este/Oeste como una victoria soviética o cubana. En el interior de este escenario, el acoso desmesurado de la administración Reagan contra Nicaragua dificultó cualquier apertura democrática. Pero ésta es la opinión del autor de este ensayo, que debe ponerse a prueba.

[140] Un buen análisis de la satelización del movimiento aparece en Ricard Gomá, "Cambio político y políticas públicas en Nicaragua", en *Polémica*, N° 1, 4a época, enero-junio de 1996, p. 58 y ss.

[141] Carlos Vilas recuerda en varios de sus trabajos la expresión aceptada por todos de "bajar la línea" y actuar, o bien, "Dirección Nacional, ¡ordene!", que analiza cómo "el enclaustramiento de las decisiones más importantes en los ámbitos del poder institucional" y que correspondía a los "relieves objetivos del tejido social [...]", véase *Mercado, Estados y revoluciones*, México, UNAM, 1994, pp. 228 y 237.

zación del poder, fueron factores externos los que impulsaron las elecciones de noviembre de 1984. El régimen revolucionario, con todo el apoyo popular que tenía, no las necesitaba. Contradictoriamente, fue la guerra mercenaria, que tomó fuerza a partir de 1983, el factor que más influyó en la convocatoria, a todas luces forzada y que cambió el débil intento de democracia participativa por uno de democracia representativa, que marcó el tránsito desde una legitimidad insurreccional hacia la legalidad electoral liberal. La indiscutida victoria del sandinismo recrudeció la irracionalidad de la guerra impuesta por los Estados Unidos.

En estos años, la experiencia de Nicaragua se emparenta con la de Guatemala y El Salvador. Los cuerpos constituyentes que redactaron en los tres países sendas Constituciones, las elecciones presidenciales y legislativas, el correspondiente juego partidario que ello supone, tanto como el uso de los derechos políticos para movilizar una ciudadanía aterrorizada que se encontraba en los rincones oscuros de una hibernación forzosa, se realizaron en los peores momentos de la guerra. El conflicto bélico fue particularmente sangriento para la población civil, y estuvo acompañado de una indiscriminada persecución política, en la que se confundió la guerra con la represión. Una vez más es válida la pregunta si son compatibles, en el interior de una sociedad, la guerra y la democracia, perseguidas o practicadas por los mismos actores.

El desarrollo democrático de Nicaragua, comparado con lo que ocurre en los países antes mencionados, aparece como *una antitransición*, porque la plenitud de las organizaciones sociales se va volviendo más rígida y va perdiendo fuerza, el servicio militar obligatorio debilita lealtades en el bajo pueblo, pero sobre todo los malignos efectos de la crisis económica profunda, y las duras medidas tomadas después de 1987 para paliarla, tienen efectos antidemocráticos. Las políticas sandinistas se vuelven políticas que ya son "sin el pueblo", pues ahora son "contra él", como lo calificó con desagrado la revista *Envío*. La estrategia de convertir una revolución política en una democracia social se hundió en el abismo de la peor crisis económica experimentada por sociedad alguna en América Latina. Pareciera que la nación y el Estado se achicaran para vivir de la ayuda externa y para reproducir, en lo interno, formas extremas de autosubsistencia.

En coyunturas como ésta, la economía establece los límites a la política y la crisis de aquélla debilita las ciudadanías que la revolución ha estimulado.

Se recurre a la práctica de una democracia política a disgusto, que culmina con las elecciones de 1990, que ocurre cuando las fuerzas de la contrarrevolución se legitimaban más allá de las sospechas mercenarias, con los acuerdos de Sapoá, en marzo de 1987. Ya Esquipulas II había trazado el escenario, en agosto de 1987, donde se producirían sucesivas concesiones del sandinismo[142]. El desarrollo democrático cambia de dirección, pero quedan en pie algunas realizaciones importantes que forman parte de la nueva experiencia democrática: los movimientos sociales, el régimen de partidos políticos, la libertad de prensa, el derecho a disentir, la legalidad de algunas instituciones políticas, los espacios públicos para la participación. Y en otra dimensión, la autonomía de la zona atlántica, la movilización femenina, la imprescindible presencia de los intelectuales, etcétera.

Los entretelones del desarrollo democrático

Los desarrollos democráticos no sólo dependen de los diversos puntos de partida, sino especialmente de las modalidades que adquiere el proceso de transición mismo, y que se erigen en un factor decisivo para el tipo de democracia que se puede alcanzar.

¿Quién determina el tipo de democracia que se está buscando?

¿Hay acaso un modelo finalista al que se deben ajustar las voluntades que la transición desata? La respuesta sólo se encuentra en la naturaleza íntima del contexto nacional e internacional que va surgiendo en los años ochenta, en el que los actores sociales se redefinen en función de viejos y nuevos intereses, eligen las instituciones y las reglas que van a determinar su cooperación o competencia, reconocen los límites que impone la historia misma, etc.

Cada experiencia particular dinamiza resultados diferentes.

Asumiendo que es éste el período que se está viviendo ahora en la región, vale la pena detenerse a registrar algunas de las circunstancias que juzgamos decisivas en nuestras modalidades de transición. En resumen, cada tipo de de-

---

[142] El éxito de Esquipulas II se debe exclusivamente a la forzada obsecuencia de Daniel Ortega, cuyo realismo político sorprendía de cumbre en cumbre (Costa del Sol, Tela, San Isidro de Coronado, etc.). La retórica revolucionaria se enredó en el fariseico lenguaje de la diplomacia internacional; internamente simplemente quedó desacreditada en la vida cotidiana.

mocracia política tiene sus propios modos de consolidarse y ninguna consolidación es necesariamente una garantía de estabilidad o viabilidad futura[143].

El valor de las elecciones de los ochenta

En la literatura sobre la crisis centroamericana, y especialmente en los análisis sobre la transición a la democracia, se ha propuesto con un valor explicativo excesivo que los procesos electorales constituyen la modalidad específica del desarrollo democrático.

El aspecto crítico es poder analizar *qué valor tienen las elecciones como instrumentos de la democracia política*. Hay varias consideraciones que realizar.

Tal como ha sido sugerido en otra sección de este trabajo, en sociedades que han experimentado guerras civiles o violentos conflictos sociales han ocurrido elecciones libres y abiertas. Se argumenta que tales procedimientos han sido propuestas de la estrategia contrainsurgente, directamente condicionadas por los Estados Unidos, como en El Salvador[144], o claramente sugeridas, como en Guatemala, o han sido inevitables como recurso defensivo de cara al frente internacional, como en Nicaragua.22 En los tres casos, las fuerzas guerrilleras interpretaron la primera convocatoria electoral como un efecto de su presión militar, y al mismo tiempo como una estratagema. Es posible que ambas explicaciones sean aceptables, porque las sospechas son concurrentes.

Es cierto que si bien frente a la subversión fue importante legitimar el poder que la combatía, el problema es poder determinar si efectivamente lo logró. Es la dimensión clave anteriormente planteada: ¿cuál es la calidad democratizadora de un proceso electoral en una situación de guerra? De partida, constituye una evidente anormalidad invitar a la participación ciudadana cuando una parte importante de la población se enfrenta entre sí, de otra manera, con lógicas y recursos de muerte.

---

[143] Ph. C. Schmitter, "La transitología: ¿ciencia o arte de la democratización?", conferencia dictada en la Universidad de Guadalajara, México, 1992. p. 35.

[144] Esta información aparece en numerosos documentos. Por tener a la mano un trabajo de reciente aparición, cuyos autores son inobjetables conocedores de la región, citamos a J. A. Booth, "Conclusion: Elections and the Prospects for Democracy in Central America", en M. A. Seligson y J. A. Booth, *Elections and Democracy in Central America*, Chapel Hill, The University of North Carolina Press, 1995, p. 274.

Pero lo sospechoso en la historia nuestra es que recurren seguramente de mala gana al uso de los instrumentos democráticos aquellos sectores sociales tradicionalmente hostiles a las libertades y al orden representativo: la alianza militar-oligárquica. Hay, sin embargo, cierta congruencia perversa en tal iniciativa, como se comprueba con los resultados obtenidos en ese esfuerzo de trasladar al terreno de la política elementos importantes del conflicto.

En estos casos no interesan los principios democráticos sino los resultados prácticos. La ambigüedad de la estrategia, recomendada por lo demás desde el exterior, es que permitió cierto comienzo del orden constitucional porque no fueron elecciones amañadas.

Urgidos por la crisis, cualquier resultado era bueno, y en ello reside la primera virtud de esta innovación táctica.

Ejercer los derechos políticos en el interior de una sociedad presa de la cultura del miedo, al menos en numerosos espacios de la sociedad, podría explicar las limitaciones habidas en la inscripción y en el voto ciudadano. Es cierto que los competidores políticos no son los enemigos militares, pero no hay que olvidar que la democracia es un régimen de conciliación que se construye con base en consensos mínimos. Y se vive en la confusión de que la guerra es el fracaso de la política, y ésta no es la continuación de aquélla, por ningún otro medio. La paradoja está satisfecha: los grupos liberticidas autoritarios se valen de procesos electorales para ganar la guerra. La democracia como su herramienta ocasional, no obstante, produce los efectos buscados, mientras la izquierda denuncia y sabotea.

Llama la atención que una substancial mayoría de analistas norteamericanos olviden, al valorar los resultados electorales de los años ochenta, que había en la región un Estado de derecho, y pasen por alto las circunstancias en que ocurrieron las primeras elecciones centroamericanas: en El Salvador, las de 1982, cuando la guerra se extendía a todo el país y las de 1984 en la etapa final de la primera gran ofensiva del FMLN; en Guatemala, en 1984, inmediatamente después de la mayor ofensiva militar contra las zonas guerrilleras, que ocasionó más de 50.000 muertos, un número mayor de refugiados en México y casi un millón de desplazados internos. En Nicaragua, en 1984, cuando la "contra" había extendido con éxito sus operaciones en la costa atlántica y todo el país se encontraba movilizado para la guerra.

En estas condiciones, es absolutamente difícil estar de acuerdo con las conclusiones que presentan numerosos trabajos, sin duda de indiscutible calidad. Por ejemplo, es dudoso poder establecer las sutiles distinciones del *range, breadth and depth of participation*, que califican como democráticas estas elecciones, en la perspectiva teórica de Seligson y Booth.23 Es necesario ajustar el razonamiento a los períodos y establecer las diferencias de la complejidad de la historia reciente, que adelante realizamos.

La experiencia genérica que es posible derivar después de 15 años de procesos electorales es que produjeron resultados no previstos que tienen que ser situados como parte del desarrollo democrático. La derecha salvadoreña, nicaragüense y guatemalteca nunca los utilizó ni creyó en ellos por razones distintas de la desconfianza que animó a la izquierda, la legal y la insurreccional.

La oligarquía, por su propia constitución cultural y política, no las aceptó *nunca* como mecanismo de legitimación política. Los militares desconfiaron del desorden que introduce ese juego de políticos, por la imprevisibilidad de quien gane o pierda. Su celo antidemocrático se alimentaba en su esencialismo de defender el orden a cualquier precio. Las Fuerzas Armadas defendieron con exceso una sociedad a la que desordenaron aún más.

La izquierda, que luchó por ella en los años previos a la tormenta, pospuso el ideal democrático para el momento del triunfo de la revolución, como parte de la nueva sociedad prometida. Las transiciones, en los tres países donde hubo conflictos, tuvieron dos etapas que se complementan: elecciones con guerra y elecciones con conflictos terminados o atenuados. En el primer momento ganaron las fuerzas de centro izquierda, en el segundo los partidos de centro derecha. Así, el mayor resultado es, finalmente, la gradual conformación de una alternativa centrista, que reviste diversas tonalidades. Una extrema derecha que se domestica a sí misma en el ejercicio del poder, como la Arena salvadoreña; una competencia por ocupar el espacio que dejan los errores del que está en el gobierno, como lo expresa la competencia bipartidista hondureña; una incapacidad hasta ahora evidente para cubrir ese espacio creado por el fraccionamiento partidario, como en Nicaragua y parcialmente en Guatemala.

En las actuales condiciones imperantes en este final de milenio, las fuerzas de izquierda, y la democrática (porque aceptó las reglas del juego), no tienen fuerzas para ganar alguna elección presidencial. Pero su presencia no es prescindible y sin ella será más difícil la consolidación. Es un desafío de *aggiornamento* que supone un maduro equilibrio por la convergencia de tan distintas tradiciones no democráticas que las fuerzas de izquierda heredan[145]. Finalmente, la democracia electoral aparece con un valor instrumental en la óptica de una población golpeada por la violencia del Estado y que satisface ciertas expectativas porque ya se pueden elegir presidentes civiles, quebrando así una tradición de dictaduras militares, de gobiernos que no toleraron la oposición y practicaron con ella las peores formas de exclusión y represión.

La conclusión que de ello deriva es que se están identificando los valores de *la democracia política como la negación de los gobiernos militares*. En consecuencia, se busca que se consolide esa capacidad operativa para elegir gobiernos civiles en un juego electoral que tiene como supuesto que los ciudadanos concurran al llamado periódico, convencidos de que cambiando a los militares por civiles las cosas podrán empezar a arreglarse. Ésta es una fe democrática de muy corto plazo.

En consecuencia, la conclusión, superficial, es que la transición comenzó en Honduras, Guatemala y El Salvador cuando los militares se retiraron, de buen o de mal grado, del control directo del gobierno. Y por circunstancias internacionales y no endógenas, no existe en el corto plazo ninguna posibilidad de reversibilidad autoritaria. La transición se define, entonces, y para estos efectos, como un momento antimilitar, nada más. Bien se sabe que lo antimilitar no agota la construcción democrática, aunque dadas las experiencias del pasado inmediato, la construcción democrática aparece como un pulso entre el gobierno civil y los militares.

No obstante esta simplificación, en Centroamérica las fuerzas autoritarias más expresivamente duras, con una larga y abisal historia de violación de los derechos humanos, han sido los militares, por dos razones coyunturales que hoy en día ellos mismos intentan superar: a) porque se pusieron al servicio de los intereses oligárquicos más conservadores en nombre de un orden social atrasado y con pretextos de democracia que ni unos ni otros respetaron; y b) porque fueron cómplices obedientes de la contrainsurgencia que Estados Unidos montó para pelear la guerra fría en nuestras sociedades. La seguridad nacional no fue la nuestra.

Algunos sectores militares son cada vez más conscientes de que esta misión instrumentalizada ha terminado. Esperamos que para siempre.

---

[145] Con profundo sentido autocrítico, se ha analizado este problema en Edelberto Torres-Rivas, *Encrucijadas y certezas en la izquierda centroamericana*, Cuadernos de Trabajo, Ciudad de Guatemala, Programa FLACSO, 1996.

Escenarios de la transición: ¿conjeturas?

¿Por qué las transiciones democráticas empiezan en los años ochenta, años de revolución y conflictos sociales acompañados por los más radicales métodos de lucha? La respuesta tiene que formularse con argumentos de la historia centroamericana más inmediata. En el plano interior, los desarrollos democráticos actuales son resultado del ominoso fracaso de la revolución y de los conflictos sociales. No es la respuesta al insidioso prurito de saber quién ganó y quién perdió en estos años en que aparecen las transiciones.

La respuesta ha sido dada por la fatalidad geopolítica, la verdad histórica de la dependencia internacional.

La cosecha de éxitos está a la vista, satisfaciendo los objetivos de la política exterior norteamericana: los sandinistas salieron del poder, su enfermiza obsesión de la década de los ochenta; los revolucionarios salvadoreños negociaron su azaroso empate bélico, se fueron a la política electoral –terreno ajeno y desconocido– que primero los dividió y ahora los debilita. Tampoco los sandinistas han resistido la competencia partidaria y ahora enfrentan, virtualmente inermes, una nueva derrota electoral. La izquierda armada guatemalteca perdió la iniciativa desde comienzos de los ochenta y se alcanza la paz, 30 años después, cuando prolongar ese menudo conflicto sería castigar aún más a la población.

En cuatro países del istmo, lo dice Rouquié, la cruzada democrática y las elecciones "contrarrevolucionarias" llevan al poder a presidentes conservadores, pronorteamericanos, partidarios de la economía liberal y perfectamente legítimos[146]. Digamos que sin la brutal conmoción social de los ochenta, las viejas fuerzas del pasado autoritario tampoco habrían aceptado las reglas del juego democrático. No es la astucia de la razón política que se impone a los hechos de la crisis y de la guerra, de la que salen, modificados, los actores tradicionales. Podría decirse que la profunda crisis política modificó a todos los que la experimentaron. *Modernizó el escenario* donde ahora se plantea el tema de los desenlaces de la transición[147]. Está reiterado en la lite-

---

[146] Alain Rouquié, *Guerras y paz en América Central, op. cit.*, pp. 332-333.

[147] Carlos Vilas argumenta que la democracia política y la revolución social se vincularon en América Latina con "los alcances y contenidos de la llamada transición democrática: los procesos no revolucionarios por los cuales algunas dictaduras militares cedieron terreno al retorno a regímenes políticos basados en el principio del sufragio universal", véase *Transición desde el subdesarrollo: revolución y reforma en la periferia*, Caracas, Nueva Sociedad, 1989, p. 77.

ratura que se apoya en la historia el tema de que no hay un solo modelo de democracia al que se pueda aspirar o que pueda servir de tipo ideal. No hay una experiencia histórica unívoca, sino múltiples expresiones particulares. En consecuencia, carece de sentido práctico o de oportunidad política intentar el calco de otras experiencias. La originalidad está en la búsqueda y en la fuerza democrática de los actores. La experiencia de los ciclos autoritario-democráticos de América Latina recuerda a su vez que la democracia no es un fenómeno inevitable y, por el contrario, es esencialmente revocable.

Las transiciones desde regímenes autoritarios, dictaduras militares, autocracias, etc., pueden conducir a diversos resultados, esencialmente impredecibles. La literatura sobre las transiciones abunda en esta radical carencia de certeza de lo que pueda ocurrir, por el alto grado de indeterminación en las estrategias, las interacciones, los comportamientos individuales o de grupo frente al desafío de la tolerancia, la competencia, las luchas por la igualdad, etc. La sistematización de los resultados de la historia centroamericana de los ochenta sugiere *tres probables resultados*:

1. Como escenario más pesimista, negación del proceso mismo, es el retorno a la dictadura militar, de nuevo al ejercicio autoritario del poder. La experiencia latinoamericana constituye un ejemplo perverso de nuestra historia, y también de muchas sociedades del capitalismo avanzado, que han sufrido serios retrocesos, avances lentos, contratiempos[148]. El último ciclo autoritario que va terminando a finales de los ochenta se llevó entre los pies, entre muchas otras, dos de las tres democracias más antiguas y consolidadas de América Latina: Chile y Uruguay. Sólo se salvó Costa Rica.

La regresión a la dictadura militar no es improbable en Centroamérica, porque como se ha visto en diversos pasajes de este texto, los resabios autoritarios locales no son como los escombros del muro de Berlín, que se los llevan como piezas de museo.

---

[148] Ejemplos de democratización por derrota militar los encontramos en la posguerra en los casos de Alemania, Italia, Japón y muchos de sus aliados; la historia de la emergencia de la ciudadanía plena, en Europa, revela que los procesos democráticos han sido lentos, con zigzags, y, casi siempre, resultado de arduas luchas sociales y políticas. El cambio también camina en dirección totalitaria. Los clásicos trabajos de Barrington Moore, Bendix, Huntington, Tilly, Hobsbawn, Sckocpol, etc., hacen la crónica de las desventuras y éxitos de la construcción democrática o totalitaria.

Actores, ideologías, valores, tradiciones, gozan de buena salud y estimulan la violencia como respuesta interpersonal, la intolerancia frente a lo diferente, la obsesión por el orden, la enajenante ratificación de las jerarquías sociales, etc., pero sobre todo, las desigualdades sociales que profundizan las polarizaciones y producen ciudadanos de variable dignidad. Ciertamente, el comunismo como pretexto ha desaparecido de la agenda de las fuerzas de la derecha. Ésta fue la excusa de los golpes militares en Centroamérica.

Pero el triunfo del mercado en un ámbito mundial también ha reforzado la amplitud de la geografía democrática y la opinión pública internacional. Los Estados Unidos, la Organización de Estados Americanos (OEA) por lo tanto, los países europeos, la cultura política de moda, etc., no quieren dictaduras ni militares violando derechos humanos, por ahora. Y eso, ayuda.

Sin embargo, habrá que hacer alguna distinción en el interior de la región, pues Guatemala es la más retrasada en el desarrollo democrático, tal como lo hemos definido: uso de los derechos políticos y garantías plenas para los mismos, respeto a la dignidad humana, control civil de los militares, etc. En esta óptica, este país podría mostrar las mayores debilidades para el acecho restaurador, más cerca de una probable regresión, lo que tal vez explique su híbrida condición actual. De todas maneras, tomamos nota de que las elecciones han sido el mecanismo para que las fuerzas de la derecha accedan al poder en sustitución de los militares.

2. La segunda posibilidad es que el esfuerzo democrático se pasme, en el sentido literal de que se congele[149]. Éste es el caso de la formación de un régimen híbrido, justamente porque no alcanza a desarrollar el mínimo de procedimientos democráticos, aunque no es un regreso al régimen anterior. Es decir, la reacción antidemocrática, al producirse, no es una restauración, pero se conservan muchos rasgos del pasado autoritario. Puede ser, de hecho, una dictadura disminuida, pero inmovilizada, sin oportunidades de cambiar.

Hasta ahora no se puede identificar en Centroamérica ninguna experiencia que pueda parecerse a un régimen híbrido, como en cierta forma lo fue-

---

[149] La expresión es castiza. *Pasmar* tiene también la acepción de helar, ocasionar suspensión o pérdida del movimiento o de los sentidos, etc. Véase *Diccionario de la Lengua Española*, tomo II, 21ª ed., Madrid, RAE, 1992, p. 1.542.

ron las ya mencionadas democracias-de-fachada de los sesenta y setenta. Se trataría, en todo caso, de un hecho del pasado, que fue una solución transitoria, de corto plazo, que tanto puede ser considerada en el mejor de los casos como un antecedente de pluralismo limitado. Las razones analíticas para calificar esta posibilidad, sin embargo, son contradictorias. Pero un proceso lento, incierto o débil de democratización, como ocurre en El Salvador, Guatemala o Nicaragua, no constituye una cristalización de formas autoritarias.

No es la presencia de las mismas lo que mueve a la duda, sino las dificultades para que surjan plenamente las prácticas democráticas. Los valores democráticos se piensan y se practican con ópticas distintas.

Las clases, los grupos sociales, los intelectuales de clase media, los políticos de izquierda o derecha, no comparten el mismo enfoque. Y es que se apeló a la democratización para abatir los niveles del conflicto militar, por de pronto, y no para promover la transformación social.

Los desarrollos democráticos en sociedades socialmente polarizadas, que salen de graves conflictos sociales y padecen extendidas condiciones de pobreza, reparten desigualmente los papeles políticos, el uso de los derechos cívicos, el acceso a las instituciones. Incluso, el interés mismo por el sufragio es desigual.

La *democracia posible es centrípeta* en el sentido de que se realiza más en el centro que en la periferia social/geográfica de la nación.

En los márgenes lo autoritario sobrevive con fuerza.

La difícil consolidación democrática

3. El tercer escenario posible es tal vez el más frecuente pero al mismo tiempo el más difícil de reconocer, cuando el régimen democrático no está consolidado, que corresponde menos a uno que está en transición que a una estructura política democrática que no completa su llegada. Es la imagen del que con ánimo democrático construye un puente desde una rivera autoritaria, se esfuerza y pone un ladrillo tras otro, pero no alcanza la otra orilla.

No es un régimen autoritario ni es una dictadura militar, es una democracia en la que no se han consolidado las reglas del juego, o éstas no se respetan de manera permanente, o por todos.

En esta situación, no existe el conocido *fair play* entre las fuerzas políticas, aunque hay partidos, elecciones libres, derechos políticos, movimientos sociales contestatarios, etc. Pero los actores políticos mantienen rivalidades profundas que inhiben su capacidad de acordar reglas básicas para participar, competir, entrar en conflicto, etc. Y entonces aparecen otros recursos de poder, aquellos que se encuentran en la bien conocida panoplia autoritaria. En la experiencia centroamericana, mientras la *violencia política y la impunidad* no terminen, no habrá consolidación, por más que se haya cumplido lo que Linz llama *la prueba de la consolidación*: dos elecciones democráticas con el traspaso de poderes de un civil a otro civil.

Hay forzosamente que distinguir *dos momentos* en esta larga transición:

a) Durante el primer período, los años ochenta, los gobiernos civiles estuvieron fuertemente sometidos a la lógica autoritaria del período anterior, con predominio del poder militar en las decisiones más importantes, pero sobre todo, bajo el signo de la crisis y la guerra. Ésa es la situación que experimentaron los dos presidentes demócrata cristianos, Napoleón Duarte y Vinicio Cerezo, prisioneros de las circunstancias de la guerra civil de El Salvador y Guatemala; y la que tuvieron Roberto Suazo y José Azcona, inmovilizados por el papel que Honduras jugó contra la revolución sandinista.

En esta primera fase hay una sustitución de militares por civiles en la conducción del Estado y hay una nueva Constitución política, pero la inercia de la violencia y del poder castrense modifican muy poco el cuadro institucional. Las reglas del juego las impone la contrainsurgencia y la dinámica política está todavía inspirada por la doctrina de seguridad norteamericana. La participación política no es plural y ciertos comportamientos políticos tienen sólo un gesto ritual. Las elecciones claramente no son instrumentos de la transición.

b) El segundo período ocurre en los noventa. La verdadera apertura *coincide con el fin de la guerra fría*. Se empiezan a producir los primeros avances en la construcción democrática. Es el período de Alfredo Cristiani y Armando Calderón Sol, en El Salvador; de Rafael Leonardo Callejas y Carlos Roberto Reina, en Honduras; y de Jorge Serrano Elías, Ramiro de León y de Álvaro Arzú, en Guatemala. Y Violeta Chamorro, en Nicaragua, donde la situación no es sustancialmente diferente, pues todo esto ocurre en la presente década, en que la guerra interna, la influencia cubano-soviética, el enfrentamiento ideológico y militar terminan.

Es el fin del pretexto anticomunista, que libera una extraordinaria distensión política.

Este segundo período sería el de las innovaciones institucionales, más allá del valor instrumental de las elecciones. Aumenta la libertad de prensa y la amplitud de la participación social en sociedades en que la guerra activó de manera contradictoria.

Ocurre la pacificación de la sociedad, el comienzo de la desmilitarización y el fin de la crisis económica.

Dos experiencias de transición exitosa

Honduras

Examinemos rápidamente uno de los casos menos conocidos, Honduras, cuyo acendrado bipartidismo ha logrado modernizarse con crisis internas, a contrapelo de su democratización institucional. Lo más importante en la agenda de la construcción democrática de este país es el tema de las mal llamadas "relaciones civil-militares", que en verdad es la reubicación funcional de las fuerzas armadas en la nueva estructura del Estado, que empieza a estar bajo control de los partidos y de los civiles[150]. Como resultado de la presión popular y la voluntad estatal, ha habido una permanente tensión con las fuerzas militares que, fortalecidas en los años ochenta, resisten el cambio. Algunos de los hechos que se mencionan son algo más que emblemáticos, pues forman parte de una gradual eliminación del poder político del Ejército. Por ejemplo, la eliminación del servicio militar obligatorio (mayo de 1994), que, como ocurre en toda la región, es forzoso sólo para los jóvenes campesinos, una verdadera cacería humana y que pasa a ser un vergonzoso capítulo del desprecio de la dignidad personal. La investigación del delito común, que forma parte del poder judicial, del fuero civil, estuvo desde 1963 controlada por la Dirección Nacional de Investigaciones (DNI), donde se confundía con los servicios de inteligencia militar. Desapareció en 1993 y se creó la Dirección de Investigaciones Criminales, dirigida por la recién constituida Fiscalía General de la República (junio de 1994).

---

[150] Leticia Salomón, "Honduras, la transición democrática", en *Nueva Sociedad*, N° 141, 1995, pp. 91-93.

En agosto de ese año se formula el proyecto de Policía Nacional Civil, que saldrá así de la jurisdicción militar. Se ha restablecido el control de las comunicaciones nacionales, a través de Hondutel, de la Dirección General de la Política Migratoria, de la Marina Mercante, del Instituto Geográfico Nacional, etc. Se discute actualmente la eliminación del cargo de jefe de las Fuerzas Armadas, creado por la Constitución de 1957, y que autonomizó al Ejército del poder ejecutivo. La creación del Comisionado Nacional de Protección de los Derechos Humanos, en 1995, constituye un paso más en este lento proceso de democratización efectiva de la vida civil y social.

Los ejemplos anteriores adquieren algún significado en el escenario que dejó la intervención norteamericana en Honduras: un Ejército numeroso, bien armado, prepotente. El pulso político entre el Estado/sociedad frente a los militares ejemplifica en sus detalles las dificultades de la consolidación democrática, sobre todo cuando por el lado civil, como a veces sucede, hay inconsecuencias, corrupciones, debilidades.

El Salvador

La transición estaría terminando en El Salvador, porque la paz redefinió el juego de los actores de la guerra en el sentido de fortalecer el escenario de la participación y de las reglas del juego político. Los Acuerdos de Chapultepec (1992) establecieron compromisos para el gobierno recién electo, que pueden resumirse así: desmovilización del FMLN y su legalización como partido político; reducción, reestructuración y depuración del ejército; desaparición de los cuerpos de seguridad y formación de la Policía Nacional Civil; reformas constitucionales, electorales y judiciales; creación de la Procuraduría de Defensa de los Derechos Humanos; investigación de las violaciones a los mismos y de las responsabilidades militares en las matanzas y crímenes políticos; reinserción de los ex combatientes del FMLN y del ejército con transferencias de tierras; instalación del Foro de Concertación Económico-Social y de la Comisión para la Consolidación de la Paz.

A cuatro años de su firma, el balance de su cumplimiento es un juego de luces y sombras que depende de quien las mira. Es la valoración contradictoria del vaso que está lleno a la mitad.

¿O está medio vacío? Pero esta sociedad no es la de 1980, cuando asesinaron a monseñor Romero. Hay una violencia residual y la impunidad se mantiene desafiante, la policía no termina por ser realmente civil, la transferencia de tierras sólo se ha cumplido en cerca del 60%. La Copaz ha funcionado como instancia de concertación, el Foro no ha podido hacerlo. La delincuencia común se nutre de la tradición de violencia y de impunidad y de la pobreza extrema.

Las elecciones han terminado por institucionalizarse, pero los niveles de abstención han aumentado, así como ciertas dificultades en el registro de ciudadanos y en el funcionamiento del Tribunal Electoral. Por detrás de estas y otras dificultades está la ausencia de una cultura cívica generalizada, que parece practicar más la elite urbana que las masas rurales. Baloyra es crítico cuando argumenta que las elecciones de los ochenta no llegaron a ser un eficaz vehículo de la transición[151]. Las últimas elecciones generales de 1994, en las que participó el FMLN, han sido las más plurales y competidas de toda la historia del país. La existencia de un partido mayoritario, Arena, es una alternativa poderosa frente a la fragmentación partidaria, fuente de inestabilidad en los países que abajo se indican. La consolidación democrática camina todavía con algunas dificultades, menos por factores políticos que económico-sociales. Pero se camina en buena dirección.

Dos experiencias de consolidación "pasmada"

Las recientes hazañas de las fuerzas políticas guatemaltecas y nicaragüenses, sin forzar el sentido lógico de este escenario, parecieran aproximarse. Es difícil calificar de *democracia* en proceso de consolidación ambas experiencias o el régimen político que ahora encabeza la señora Chamorro en Nicaragua; y en Guatemala, los que han dirigido, sucesivamente, Serrano, De León Carpio y, ahora, Arzú.

---

[151] E. Baloyra, "Elections, Civil War and Transitions in El Salvador, 1982-1994, A Preliminary Evaluation", en M.A. Seligson y J.A. Booth, *Elections and Democracy in Central America, op. cit.*, p. 47.

Guatemala

La fuga de la ciudadanía hacia la abstención anula las posibilidades de que las elecciones sean un instrumento de la transición democrática. El carácter no inclusivo puede ser tanto desinterés de una ciudadanía que atiende problemas más graves de subsistencia personal, o una falta de credibilidad en las instituciones de la democracia representativa; o tal vez, en clave más intelectual, que pueda expresar una fatal descalificación del sistema mismo.

La creación del Tribunal Constitucional, la reintegración de la Corte Suprema de Justicia y la nueva legislación penal, un Tribunal Electoral libre de sospechas, la Procuraduría de los Derechos Humanos, etc., son formas de institucionalización política, desde el Estado y desde la ciudadanía. En el interior de la sociedad se asiste a una sobreutilización de leyes e instituciones: cascada de recursos legales de todo tipo, apelaciones, casaciones, revisiones, reposiciones, etc.; una mezcla de descalificación de funcionarios o de decisiones, rechazo o reacción ante los actos más o menos triviales del poder ejecutivo o legislativo, que crea un verdadero marasmo legal y enredos de jurisdicciones, demoras, gastos. Es una democracia en construcción a través del desorden jurídico, pero un buen síntoma de cómo a "golpes" de ley se resuelven los conflictos.

No obstante, la fuerza de la institucionalidad recién creada, pero sobre todo la de la movilización de la sociedad, contribuyeron a resolver un típico ejemplo de ingobernabilidad "desde arriba" cuando Jorge Serrano intentó un autogolpe con ayuda parcial del Ejército. Como no es posible entrar en detalles, basta subrayar que esta tentación autoritaria no sólo no ayuda a la transición sino que prueba por la negativa la elemental constatación de Tocqueville de que la democracia deben construirla los que creen en ella.

El sistema político todavía no se consolida a través de sólidos partidos políticos, nacionales, permanentes, respetables, orgánicos.

Hay todavía una fluidez entre dirigentes y miembros que pasan de un partido a otro; el nacimiento y muerte, antes de la adultez, de numerosos agrupamientos políticos, etc. Pero sobre todo, la persistencia de la cultura del miedo, de la pertinaz violencia militar que tuvo pretextos políticos, y ahora empieza a confundirse con, o a transformarse en violencia criminal, despolitizada.

En estas circunstancias, la creencia ciudadana en la legitimidad de las instituciones y de los liderazgos es débil, está constantemente cuestionada. La transición camina por la incertidumbre.

No obstante, el fin de las negociaciones para alcanzar la paz y la calidad de los puntos firmados introduce elementos de confianza para que finalice este período atroz. A esto se suman los resultados de las últimas elecciones generales, donde finalmente un partido conservador, el Partido de Avanzada Nacional (PAN), y un dirigente empresarial, Álvaro Arzú, han ganado con una mayoría que puede estabilizar el funcionamiento del poder legislativo y mejorar las relaciones de éste con el Palacio Nacional.

El mayor problema, sin embargo, son las dificultades para que una sociedad pluriétnica pueda funcionar democráticamente. La población maya, mayoritaria y múltiple, se está poniendo de pie y ni el desarrollo ni la vida política del país pueden ser ajenos a sus demandas de reconocimiento de sus diferencias y de los derechos que le corresponden. Una profunda modificación de la vida social está planteada, pero es éste un tema que merece un desarrollo aparte.

Nicaragua

En marzo de 1992 la Unión Nacional Opositora (UNO), alianza de 13 partidos antisandinistas, ganó las elecciones presidenciales y legislativas. Se inició así un arduo proceso de democracia y neoliberalismo, política sin estabilidad[152]. La desmovilización de la "contra", la reducción del Ejército Popular Sandinista (EPS) en más de un 60%, la dimisión del general Humberto Ortega, jefe del Estado Mayor del Ejército (25 de febrero de 1995), la consolidación del fraccionamiento partidario y, muy señaladamente, la activación de las organizaciones sociales, constituyen hechos clave de esta transición con crisis.

Un ejemplo de ello se encuentra en la calidad de los métodos de la protestas de las organizaciones sociales, que utilizan, como primera medida, el uso de la fuerza. Cuando una reivindicación, justa o no, no puede canalizarse legalmente, o no puede negociarse, provoca respuestas igualmente violentas por parte del Estado.

Las calles de Managua están llenas de estos ejemplos, que ilustran la debilidad extrema de la cultura democrática, que las reglas del juego no se han so-

---

[152] Ricard Gomá, "Cambio político y políticas públicas en Nicaragua", *op. cit.*, p. 61.

cializado suficientemente y que las prácticas del diálogo no son aceptadas. Así, los actores de una y otra coloración recurren a procedimientos no democráticos. Con una democracia consolidada, el ciudadano no necesita quemar autobuses o romper bienes públicos, pero la Policía tampoco necesitaría matar ciudadanos para ordenar la sociedad.

El mal ejemplo viene de los mismos políticos nicaragüenses, que se definen en el pleito menudo, ya que no existen sino en rivalidad permanente. Su naturaleza histórica viene del personalismo más radical y de una pérdida de lealtades hacia la nación.

Recuérdese el largo desencuentro legal y político entre los poderes superiores del Estado con motivo de la reforma constitucional.

La omisión de un acto administrativo menor, que obligaba a la publicación por el ejecutivo de una ley del poder legislativo, mantuvo al país con dos constituciones (o sin ninguna). Es cierto que se trataba de una profunda reforma constitucional, pero que había sido votada por una mayoría absoluta y con apego a los procedimientos previstos. La crisis de gobernabilidad provocada revela la ignorancia de lo que se llama el *fair play democrático*.

Si los poderes del Estado se descalifican mutuamente, los actores políticos –hombres de carne y hueso– se están moviendo en un escenario predemocrático. ¿Atraso político? Una decisión de transar es parte de una cultura política democrática. En Nicaragua persisten las crisis de dirección en los partidos o en las alianzas que puedan hacer. Hay una reorganización continua de los pactos y una redistribución azarosa de los pesos específicos de las fuerzas sociales y políticas. En los casi seis años de gobierno de la señora Chamorro, la UNO, los sandinistas y otros partidos menores han hecho por lo menos 11 alianzas distintas en apoyo o en contra del gobierno. Aquí no hay peligro de regresión autoritaria, pero sí una múltiple y persistente ingobernabilidad.

Obstáculos y favores estructurales. El crecimiento económico y la democracia

Hasta ahora hemos examinado aspectos *estrictamente políticos*, muchos de los cuales no se originan y/o se explican en virtud de razones politológicas sino en función de conductas económico-productivas. El universo social es más complejo y resulta irrisorio recordar que, si bien la conducta de las fuerzas políticas se erige en condición necesaria de la democracia, son los factores económico-estructurales los que ponen la condición suficiente.

En la definición del escenario regional y de la democracia posible, los factores estructurales de corta y larga duración favorecen o dificultan la consolidación democrática. El primero y más importante de ellos ha sido la crisis económica que se desencadenó en los años ochenta en Centroamérica (en parte, como resultado de los profundos desequilibrios internacionales) y cuyos resultados se prolongan hasta el presente. Ni los efectos de la crisis, ni la manera como ella ha sido atendida, son favorables para los designios democráticos.

Por ello es recurrente el tema de la pobreza y de los procesos de reclasificación social que ocurren en el interior de estas sociedades "agarrotadas" por las pinzas de la guerra civil y la crisis económica.

También hay una transición a otro modelo económico. El prolongado esfuerzo nacional que está exigiendo el logro de una exitosa modernización de la estructura productiva plantea serias dificultades de política económica; y por los efectos que produce en la población de escasos recursos, también onerosas políticas sociales. De hecho, los cambios habidos en el entorno del comercio mundial, la necesidad de la apertura externa, la revalorización del mercado y el papel del empresariado privado, determinan, a la manera de una condición estructural, es decir, objetiva, nuevas y contradictorias funciones para el Estado[153]. Entre las prácticas estatales que se están abandonando, en un intento por establecer condiciones favorables al mercado, proceso llamado "reforma del Estado", aparecen, por ser las más fáciles, aquellas que tienen que ver con los servicios públicos sociales, con las políticas de justicia distributiva y con diversos mecanismos que aliviaron en el pasado la desigual distribución de la riqueza social.

Si tales tendencias se mantienen en la dirección en que marcha la recomposición económica, se *contradice* en el corto y mediano plazo la dirección en que se mueve la política democrática. Éste es el desafío de construir la democracia desde la precariedad.

---

[153] J. Font y R. Gomá, "Cambio político y políticas socioeconómicas en Centroamérica", en M. Alcántara y L. Crespo (eds.), *Los límites de la consolidación democrática en América Latina*, Salamanca, Universidad de Salamanca, 1995, especialmente p. 257 y ss. También son útiles para estos temas de cambio económico, ajuste y políticas sociales, los cuatro tomos de diversos autores sobre *Gobernabilidad en Centroamérica*, publicados por FLACSO en Guatemala, El Salvador y Costa Rica en 1995.

El perfil social de la sociedad posbélica no es el más propicio para la vida participativa, ni por las formas que adquiere la estratificación social, las posiciones individuales y grupales que ahora el mercado redefine, ni por los mecanismos de movilidad social debilitados o regresivos, o por la conformación de grupos de interés a partir del ingreso, la educación, el consumo, etc., cuya prepotencia el mercado estimula. Es decisiva la dinámica mercantil, del *mercado*, espacio que reúne a los dueños del capital y a los trabajadores, empresarios grandes y pequeños, nacionales y extranjeros, que al invertir, producir y consumir, compiten ferozmente entre sí.

Es en el mercado donde se realizan las transacciones y los contratos que vinculan a los hombres y dinamizan la vida económica.

Ahora más que nunca, la dinámica del mercado nacional está articulada al internacional. La globalización es interdependencia asimétrica, comunicación inmediata, mercado abierto y alta tecnología encabezando el intercambio. Las fuerzas de la globalización y las tendencias a la integración, al parecer contradictorias, están presentes en Centroamérica, condicionando su crecimiento y desarrollo. De nuevo, los movimientos del mercado no son ajenos a la construcción de la democracia. Recuérdese que es el mercado el que produce ocupación o desempleo, el que distribuye ingresos, informaliza procesos o pauperiza, según sus niveles de modernización. Está probado que el mercado no tiene ninguna posibilidad de integración social. Y esto impacta de manera directa e inmediata las condiciones de la democratización.

El crecimiento económico actualmente produce legitimidad, y esto eventualmente fortalece la estabilidad política. La democracia liberal es la forma de dominación política de la sociedad capitalista urbana e industrial. A partir de la modernización de una economía industrial hay más certezas con la democracia social[154]. Esta calidad nunca podría ser atribuida a una economía de base agraria.

El predicamento anterior puede ser analizado en dos aspectos analíticamente separables. Por un lado, cierto nivel de desarrollo económico y de diferenciación social constituyen prerrequisitos funcionales para la democracia política. Por el otro, la probable correlación positiva entre una estructura democrática y las posibilidades ciertas del crecimiento económico.

---

[154] Entre otros, hay dos trabajos clásicos que analizan estos temas, W. Kornhauser, *Aspectos políticos de la sociedad de masas*, Buenos Aires, Amorrortu, 1969 y S. N. Eisenstadt, *Modernización, movimientos de protesta y cambio social*, Buenos Aires, Amorrortu, 1969.

Las economías más desarrolladas del mundo, hoy en día, son democracias parlamentarias o presidencialistas bien consolidadas.

Corea, Singapur, Taiwán y algún otro país del extremo Oriente, de recientes logros industriales importantes, caminan aún con dificultades hacia la vida democrática. Y, por el contrario, países atrasados de esas y otras regiones padecen atroces dictaduras militares o "democracias de partido único"[155]. En América Latina, los resultados no son distintos. Las sociedades más desarrolladas han ido resolviendo la constitución de la soberanía popular con relación a las instituciones políticas que las respaldan.

Enumeremos rápidamente los prerrequisitos estructurales exigibles en la actualidad, favorables a la democracia en sociedades como las centroamericanas. Si se tratara de formular un repertorio, mezcla de elementos sociales, culturales, institucionales y económicos, habría que recordar que se necesitan un sistema estable de partidos, burocracia profesional, tradición de tolerancia, respeto a los derechos políticos, elecciones competitivas y otros, cualitativamente importantes, como niveles de educación, salud y vivienda, homogeneidad cultural y, sobre todo, aquellos que son sustento de tales indicadores, como modernas relaciones de trabajo en una agricultura intensiva, diferenciación económico-industrial, tasas altas de urbanización, clases medias mayoritarias.

¡Y un ambiente internacional favorable!

Muchos de esos "prerrequisitos" de carácter económico-social, que pueden ser identificados cuantitativamente, pueden ser también "consecuencias" de la vida democrática. Sólo el análisis concreto puede definir si se trata de una causa o de un efecto, o de ambos, pero en un juego de lógicas distintas. En Centroamérica la naturaleza de tales indicadores es la prueba estadística del subdesarrollo, causa y efecto de las dificultades para la democracia.

Algunos analistas tienen más bien una visión pesimista del futuro democrático de las transiciones centroamericanas. Es importante considerarlas porque utilizan razones que no pertenecen al orden político, y son de carácter estructural. Por ejemplo, Mitchel Selligson afirma que Centroamérica, salvo Costa Rica, necesita aproximarse a un ingreso per cápita superior a los

---

[155] La literatura es abundante sobre el tema. De nuevo sólo queremos citar, por estar más próximo a nosotros, el valioso texto de Mattei Dogan (ed.), *Comparing Pluralist Democracies: Strains on Legitimacy*, Boulder, Westview Press, 1988.

250 dólares (de 1957) y a una tasa menor del 50% de analfabetismo, como precondiciones mínimas para la democratización inicial[156]. Recordemos que todos los indicadores económicos se redujeron en los años ochenta y las sociedades de la región se empinan arduamente para ver en su horizonte inmediato la ansiada recuperación, pues la crisis nos ha hecho perder entre 15 y 20 años.

Unos ejemplos, comparando dos períodos de tiempo, pueden servirnos. En los setenta (1970/1980) la tasa de crecimiento fue de 4,8; y en los ochenta (1980/1990) fue de 1,0. El crecimiento promedio per cápita del Producto Interno Bruto (PIB) en los setenta fue 1,9, y en los ochenta de -1,6. Más grave aún es la caída de las exportaciones promedio de bienes y servicios, que se movió de 18,1 a -0,8; o la tasa de servicio de la deuda, que pasó de 18,2 a 39,2; la pobreza en general, pasó del 63,7% del total de hogares al 74,6%, y el desempleo del 11,8% al 15,1%, etcétera.

¿Están las transiciones centroamericanas entrampadas por esta realidad estructural?

La otra dimensión se refiere a las relaciones estructurales entre la democracia y el desarrollo como resultado. Se apunta a la cuestión de los aspectos en que la política importa respecto de los resultados económicos, a la relación que puede existir entre legitimidad (política) y eficiencia (económica). Es un tema que admite diversas respuestas, de significación equívoca y confusa, pero pertinentes en este momento en Centroamérica.

¿Han sido, acaso, nuestras dictaduras militares motores del desarrollo económico? No es bueno sacar conclusiones sesgadas, pero salvo los regímenes militar-reformistas de finales del siglo XIX, en la experiencia centroamericana ninguna dictadura militar tuvo alguna vez un proyecto nacional de desarrollo. Su incuria fue total y culpable, pues no sirvieron para iniciar su democratización básica ni para crear los prerrequisitos del despegue económico.

A contrapelo de esa tradición, tal vez es posible razonar en un sentido optimista y creer que la democracia política que se está implantando en Centroamérica pueda ser una condición favorable al cambio económico.

---

[156] M. Seligson y J. M. Malloy, *Authoritarians and Democrats: Regimen Transitions in Latin America*, Pittsburgh, University of Pittsburgh Press, 1987, p. 8.

Robert Dahl sostiene que el desarrollo es imprescindible para la democracia, y ésta, a su vez, puede promoverlo en ciertas condiciones contingentes. La democracia puede ser una "consecuencia no intencionada" del desarrollo económico[157], pero nunca ocurre, casualmente, al revés. Éste, el desarrollo, tiene que ser un efecto intencional de proyectos políticos democráticos, porque es una manera de fortalecer la vida política. La *legitimidad hoy en día* solamente puede ser resultado de una buena conducción económico-social.

La productividad económica de un régimen democrático no puede ser planteada como una relación causal. La mayor parte de las investigaciones consultadas arroja conclusiones contradictorias[158]. Una considerable evidencia estadística muestra que en 65 experiencias estudiadas en diversas regiones del planeta, las transiciones suelen iniciarse con mayor probabilidad cuando las economías se hallan en crisis, es decir que las oportunidades para la democratización ocurren frente al fracaso de las dictaduras y no tanto como resultado de consecuencias intencionales. Otro análisis exhibe resultados sorprendentes, más próximos a nosotros: tomadas en conjunto las dictaduras latinoamericanas entre 1945 y 1988, la probabilidad de que a partir de ellas se iniciara un proceso de transición a la democracia era *dos veces* superior si la economía se encontraba en crisis en el año precedente[159]. Las transiciones centroamericanas a la democracia están sometidas a una dura prueba, cuyos resultados todavía no alcanzan a verse. En este aspecto, el de las virtudes de la democracia para promover el crecimiento, los años noventa contienen la experiencia del cambio de paradigma en las políticas económicas. Esto recuerda que ninguna transición viene sola. La transición económica reúne a la política, se tiene confianza en el mercado en la medida en que políticos y empresarios se juntan por vez primera.

O se confunden, como ya está sucediendo en la región.

---

[157] R. Dahl, *Polyarchy*, New Haven, Yale University Press, 1971, pp. 63-66.

[158] K. Remmer ha mostrado cómo las democracias ofrecen una mejor gestión económica. En un estudio de 10 países de América Latina, entre 1982-1989 (con 29 años de dictadura y 48 de régimen democrático), las democracias crecieron con un promedio de 1,6% anual y las dictaduras con un 0,3%; las primeras tuvieron un déficit público promedio del 3,6% frente a un 9,9% de las dictaduras, etc. Véase K. Remmer, "The Politics of Economic Stabilizatgin: IMF Standbye Programs in Latin America, 1954-1984", en *Comparative Politics*, octubre de 1986, p. 42.

[159] F. Limongi y A. Przeworski, *Democracia y desarrollo en América del Sur, 1945-1988*, Chicago, Universidad de Chicago, 1993 (manuscrito inédito) citado por J. M. Maravall, L. C. Bresser y A. Przeworski, *Las reformas económicas en las nuevas democracias*, Madrid, Alianza, 1993, p. 16.

Júzguese el *shoping list* de reformas que estas sociedades tienen que aplicar: una mayor disciplina fiscal, cambio en las prioridades del gasto público; reforma impositiva, ampliar la base antes que incrementar los porcentajes; tasas de interés positivas y tipos de cambio determinados por el mercado; liberalización del comercio y reorientación hacia las exportaciones; privatización de empresas públicas; desregulación de las actividades económicas; regulación salarial y sindical. Casi todas ellas son medidas impopulares o claramente antipopulares. ¿No hubiese sido mejor que este arduo *decálogo* de medidas lo hubiesen instrumentalizado los militares? La prueba para la democracia política, en Centroamérica, es por ello doblemente difícil. ¿Sobrevivirán estos gobiernos cuya "hibridez" reitera con sólidos argumentos Terry Karl?[160]. La supervivencia democrática será tanto más difícil cuanto no puedan mejorar (¡de inmediato!) las condiciones de vida de la población. Las bases de su legitimidad son frágiles y vulnerables si, además, enfrentan gobiernos ineficientes y corruptos. No se olvide, finalmente, que el arribo de la democracia estimula reivindicaciones pospuestas y que las campañas electorales estimulan expectativas y ofertas.

Los factores sociales y culturales

Las transiciones que están ocurriendo en Centroamérica determinan procesos de cambio global y profundo en sus estructuras políticas, socioeconómicas y culturales. Es difícil imaginar que puedan desligarse unas dimensiones de otras, privilegiar unas políticas y descuidar otras o restringir la agenda del cambio exclusivamente a las transformaciones políticas. Es previsible que ocurran, de hecho ya esta sucediendo, desfases o descontroles en los diversos planos en que ocurren las transiciones. Los procesos de cambio político, económico, cultural, tienen sus propios ritmos, y es inevitable que algunos se adelanten o se pospongan. Al promover la democracia política, hoy en día se está promoviendo un cambio social global.

---

[160] F. Limongi y A. Przeworski, *Democracia y desarrollo en América del Sur, 1945-1988*, Chicago, Universidad de Chicago, 1993 (manuscrito inédito) citado por J. M. Maravall, L. C. Bresser y A. Przeworski, *Las reformas económicas en las nuevas democracias*, Madrid, Alianza, 1993, p. 16.

El punto de partida es que actualmente ocurre un fenómeno nuevo en el orden de la cultura: el prestigio de la democracia alcanza a todos. Todos son demócratas, incluyendo a los que por muchas razones se puede creer que antes no lo fueron. En todo caso, no es fácil encontrar una apología o una formulación sistemática que defienda el autoritarismo. No hay ideología totalitaria con respaldo público, pero sí conductas repulsivas. La audiencia democrática se mueve con facilidad porque en esta época histórica, la democracia aparece como la única forma de dominación política legítima.

En esta convergencia de aspiraciones, para formar una base consensual y estable de la autoridad pública son necesarias condiciones adicionales ya sugeridas: la cultura política, los partidos y la representación ciudadana, la majestad del poder civil sobre los militares, el respeto a los derechos humanos y el Estado de derecho. Éstos son aspectos que deben fortalecerse, dado que son débiles o inexistentes en la tradición centroamericana.

La oligarquía se resiste a cambiar. Las lecciones de la crisis centroamericana, especialmente en su especificidad salvadoreña y guatemalteca, sitúan a la clase agrario-comercial como la personificación del dominio excluyente, autoritario y violento frente a la que se alzó la rebelión popular. La elite terrateniente, heredera de la encomienda española, con el siglo XVI atravesado en el corazón y en la conciencia, resultado social de prácticas serviles de dominio y control de la riqueza, es responsable del atraso político que produjo el inmenso desorden de la crisis de los ochenta. ¿La guerra civil y la violencia las modificó en su sensibilidad como grupo dominante?

Si la oligarquía se resiste a cambiar, el desarrollo democrático será más difícil, por el lado de lo estructural, en el aspecto político, en la dimensión cultural. Más difícil de cambiar, porque se trata de algo que no es de naturaleza coyuntural, es abatir la presencia de intereses económico-sociales de sus expresiones orgánicas en lo empresarial, lo corporativo y jerárquico en lo cultural, las exclusiones y los estatus dominantes en lo social, el derecho natural a dirigir por razones adscritas, etc. Es necesario recordar, una vez más, que estamos hablando de un actor social que se resiste a cambiar o morir políticamente, y cuyas formas de constitución y poder se prolongan mas allá del discutible cambio económico.

Estos intereses correspondieron en el pasado a la gran propiedad terrateniente, a la agricultura extensiva de exportación, al control semiseñorial de la mano de obra campesina, es decir, a formas atrasadas de personificación del capital, enlazado este perfil económico a una estructura social con claro predominio de privilegios socioeconómicos y culturales exclusivos, apoyados en una extendida práctica de exclusión que utilizó tanto recursos culturales basados en ideologías de discriminación social o el supremacismo racial, como recursos de coacción y fuerza. Todavía importantes grupos empresariales se mueven en su conducta productiva como patronos, o en sus papeles sociales, convencidos de que el poder económico otorga sin mediaciones el poder o la influencia política, y que el disfrute natural de ellos implica atributos y beneficios particulares para quien los ejerce.

La oligarquía prosperó en lo político estableciendo una estructura dominante apoyada en el uso de la violencia permanente, en el control monopólico del poder y en un sentido de autoridad natural indisputado. No era, en consecuencia, autoritaria por maldad congénita sino por la naturaleza múltiple de sus orígenes sociales, por los lazos que explican su predominio económico, por la cultura legitimadora con valores que definen su existencia social: jerarquías, estatus de sangre, patrimonialismo, corporativismo y una conducta subordinante del orden, de su dominación excluyente.

El peso de la noche, como se le llama al recuerdo poderoso de la cultura oligárquica y de sus influencias, está aún presente. Moribundo, pero presente. Desde los años cincuenta, en estos países se viene buscando la modernización política y económica frente a los intereses terratenientes, para que se defina la vida productiva y política de manera más burguesa, más moderna. Muchos países lo lograron en América Latina a partir de los años treinta.

Costa Rica resolvió su ajuste de cuentas antioligárquico después de 1948, en que lo importante no fue la abolición del Ejército sino la seguridad social para todos, la nacionalización bancaria y la consiguiente democratización del crédito rural, la ampliación de los derechos sociales y, *last but no least*, la democracia política.

Ninguna de estas medidas y otras más perjudicaron a la oligarquía. Al transformarla desde el Estado, la modernizaron.

La cuestión de la transición en Centroamérica es el desafío que significa terminar de debilitar los intereses oligárquicos, que operacionalmente significa que estos empresarios deben pagar impuestos conforme los montos de su riqueza, respetar las leyes laborales y los derechos sociales, dialogar y conceder frente a sus subordinados cuando la ley no los favorece, en síntesis, mantener una relación de lealtad con la nación. En suma, se les pide que al respetar la ley respeten su propia legalidad.

La cultura política de la transición

Para la consolidación de la vida democrática tiene que surgir una *cultura política democrática*, con la cadencia que permita tanto la tradición del pasado autoritario, como inercia, pero con el dinamismo que como incentivo deba transmitir la fuerza moral de los valores del respeto a los derechos humanos, de la tolerancia, del diálogo, que la reciente experiencia histórica valoriza en sus resultados.

En el tema de la cultura política se mezclan varios ingredientes.

Uno, decisivo sin duda, apunta a los factores culturales que en una sociedad son importantes cuando ellos trabajan políticamente.

Ésta es la tradición, por ejemplo, de los países protestantes, donde tiene más sentido el concepto de *cultura cívica* que apunta a la disposición de los ciudadanos a participar en diversas agrupaciones que facilitan la vida en comunidad porque atienden y resuelven problemas del grupo[161]. Ésta es una cultura política que descansa en la satisfacción política, que responde a cierto bienestar social y económico; las creencias públicas dominantes *influencian* el tipo de régimen político que se experimenta[162]. Para dedicarse a la vida de la comunidad, la ética protestante exige resolver los problemas personales.

Es importante, sin duda, una cultura cívica de ese tipo que una larga experiencia democrática estimula, pero que se apoya en una cualidad de vida que estamos lejos de alcanzar. En nuestro caso, apelamos a otra noción de cultura política, la que es necesaria en la transición difícil en que estamos y que debe tener como pivote las experiencias que deja la crisis, la violencia y la guerra.

Una cultura democrática en nuestro caso exige moderación esencial. La moderación es la disminución de las exigencias maximalistas, de las preferencias basadas en convicciones totales. Lo que en teoría de los juegos se conoce como "la aversión al riesgo", que puede ser el resultado de un cálculo prudente o la sabiduría de poder aceptar el mal menor. Esto no puede ser concebido como una condición individual sino como un comportamiento

---

[161] En este tema es imprescindible citar el trabajo clásico de Gabriel Almond y Sydney Verba, *The Civic Culture*, Boston, Little and Brown, 1963.

[162] Ronald Inglehart, "The Renaissance of Political Culture", en *American Political Science Review*, vol. 82, Nº 4, diciembre de 1988, pp. 1.203-1.204.

colectivo de pensar y actuar de esa manera. La moderación puede ser el resultado reactivo frente a los años del cataclismo de la guerra y la violencia.

La cultura política de las transiciones necesita destacar los valores de la tolerancia ciudadana, que es el reconocimiento y el respeto a las diferencias políticas, ideológicas o de cualquier origen (religioso, racial, de género, etc.). La intolerancia es un componente cultural del autoritarismo porque supone un universo fuertemente estratificado, jerárquico, patrimonial y corporativo. Algunos de estos componentes, o todos ellos, están alimentados emocionalmente, es decir, no se conforman con arreglo a la razón.

Finalmente, si la moderación y la tolerancia deben ser valores esenciales en nuestra cultura política de la transición democrática, hay que señalar un tercer componente: la cultura de la negociación, del diálogo. Saber pactar es poder tomar decisiones y ceder.

Como ha habido ya importantes experiencias de concertación en estos últimos 15 años, lo que falta aún es lograrlo en todos los niveles de la vida social, económica y política. Dialogar es reconocerse recíprocamente, aceptarse como actuando en el mismo escenario nacional. Es el fin de la dialéctica homicida del hermano/enemigo que justificó las más atroces formas de violación de los derechos humanos.

Estos componentes de una cultura democrática pueden originarse en una reacción transmitida en forma positiva o creadora de las lecciones de los terribles años de la guerra y la violencia.

No debería su origen ser el miedo, pues la acción política tiene fundamentos históricos y sociales, que se hacen presentes en las opciones, en las preferencias que se toman en el interior de la realidad o en los límites que ella impone.

El realismo de la transición obliga a hacer algo que en la cultura política centroamericana no tuvieron ni la izquierda ni la derecha, igualmente necias y sectarias, que es decidirse a observar las macroestructuras desde las micromotivaciones, lo que tiene la ventaja de evitar dos males tradicionales: el fatalismo determinista que es fuente de rigideces políticas o el sectarismo, la necedad de ver sólo los aspectos que calificamos como relevantes, que nos interesan emocionalmente.

Es inevitable referirse a circunstancias que tienen relación con la cultura política de la transición: la democracia no se podrá consolidar si no se resuelve el tema de la responsabilidad por los atroces crímenes cometidos contra la población civil, las masacres contra campesinos, el martirologio estudiantil, las decenas de miles de desaparecidos de todas las categorías sociales. Los daños causados a la sociedad cuando el terror se aplicó con desesperación patológica han lastimado a la sociedad centroamericana. Cuando se formó eso que hemos llamado la trivialización del horror, y que conformó una cultura del miedo. La criminalidad de masas no puede quedar impune, pero insistir en el castigo no sólo remueve odios y rencores sino que estimula revanchas, y sobre todo, anima en círculos militares su decisión de no dejarse juzgar.

Estamos lejos de formular alguna propuesta. Existen en Sudamérica diversas "soluciones" como la argentina, la chilena o la uruguaya, que tienen como punto de partida *la amnistía*. La modalidad salvadoreña de una Comisión de la Verdad resolvió en parte el tema del perdón, aunque no el del olvido. Pero la impunidad que creció en la década de los ochenta permanece aún como un brutal desafío a la legalidad del Estado de derecho, pero más aún, a los sentimientos de una ciudadanía herida. ¿Cómo construir una cultura política democrática en que este arduo problema pueda quedar resuelto?

Otra vez los partidos políticos

Los desarrollos democráticos necesitan establecerse sólidamente porque no hay democracia sin partidos políticos, con base en una ciudadanía activa. Los partidos, como actores políticos decisivos en esa construcción política, no han logrado constituirse plenamente y ello puede ser asumido como causa de las debilidades de la democracia política o como consecuencia de la misma. La historia de sus vicisitudes y de su vigencia es diversa en cada país.

Algunos, no por ser más antiguos están hoy en día más estructurados.

El fortalecimiento partidario ocurre hoy en el seno de sociedades que atraviesan esa triple condición de cambio. Hay cuatro temas en torno de la formación/consolidación del sistema de partidos en Centroamérica:

• Sin partidos políticos nacionales (en el doble sentido geográfico y social) no puede funcionar bien el Parlamento, el poder local, el debate público, el control del ejecutivo. Los movimientos sociales y otros poderes fácticos, ocasionales, no pueden sustituir las funciones del partido, aun en esta época en que la política y los políticos han entrado en una era de sospechas y desamores[163], o de "desafección" política, como la llaman por estos lados.

La existencia de muchos partidos políticos es síntoma de crisis de constitución o de descomposición del sistema político y no de pluralismo democrático. ¿Cuántos, entonces, suponen la normalidad? No es motivo de una receta, proponer un número, ni uno solo ni muchos. A partir de una estructura bipartidista, un número de partidos con implantación nacional, programa y estabilidad o permanencia, vienen a ser la condición elemental de su existencia.

• Se acabó la época del partido con un proyecto mesiánico excluyente. Esto no sugiere la desideologización partidaria, pero sí la reclasificación doctrinaria. Es importante para un partido político la definición precisa de su proyecto y de sus objetivos, de su oferta electoral, en esta época en que priman sobre todo "ideologías débiles" o pragmatismos de mercado. El poder de convocatoria, la apelación de corte utópico, no deberían desaparecer, y menos en esta etapa regional.

• El juego democrático, al reducirse a competencia electoral, puede convertir al partido en una simple maquinaria electoral donde priman sólo técnicas de mercadeo (encuestas, televisión, etc.), una burocracia impersonal, una implantación social sin vínculos orgánicos, es decir, organización sin organizados, partido sin militantes permanentes. Cuando ello sucede, el partido y sus funcionarios suponen financiamientos difíciles, millonarios.

La política se encarece.

• El partido político debe conservar renovadas sus funciones de integrador de identificaciones políticas y de mediador de intereses sociales. No puede renunciar a ellas, aun cuando ocurran transformaciones en el Estado, la sociedad y en las relaciones entre ellos. La llamada *crisis de representación* es resultado de los cambios que ocurren en *todos* los aspectos arriba señalados.

En Centroamérica no ayuda a la etapa de consolidación democrática la creciente desconfianza ciudadana sobre la política y los políticos, fenómeno que parece constituir un rasgo universal de la cultura tardoliberal. Pero es necesario investigar las causas reales y las medidas pertinentes. La crisis de cre-

---

[163] Edelberto Torres-Rivas, "La gobernabilidad democrática y los partidos políticos en América Latina", en C. Perelli y D. Zovatto (ed.), *Partidos y clase política en América Latina en los noventa*, San José, IIDH-CAPEL, 1995, p. 309.

dibilidad alimenta la crisis de la transición, y con ello, la gobernabilidad. Detrás de la incredulidad están, sin duda, la corrupción, la falsía y la ineficiencia de los líderes políticos. Y también este frío clima cultural que subraya lo particular, lo individual del mercado. Por ello se manifiesta como desinterés por los asuntos públicos. Pero este desinterés, en el momento en que se trata de construir ciudadanías activas, tiene efectos disolventes. El ciudadano de una sociedad democrática se constituye no sólo a través de una definición constitucional, sino con relación a la vida política activa, en la participación en los asuntos de la comunidad. *¿Para qué queremos ciudadanos que sólo se ocupan de sus intereses privados?*

El problema no se plantea como un divorcio entre el gobierno y el partido, sino entre electores y elegidos, y en esa medida, entre intereses corporativos y generales, entre lo local y lo nacional, desarticulando la relación entre representantes y representados, volviéndola inútil. La técnica sustituye a la política. Ocurre en las últimas campañas electorales, en varios países de la región, que antes que movilizar ciudadanías plenas, estimula la apatía, el retraimiento en lo íntimo de la televisión, sustituye la participación activa de los viejos tiempos.

En síntesis, el variado conjunto de preocupaciones comunes en torno de la consolidación democrática tiene dos aspectos: por un lado, asegurar una multiplicidad de funciones a los partidos políticos –representación, legitimación, fijación de reglas, constitución del orden–, y por el otro, habilidad para producir nuevos mecanismos de articulación entre la sociedad civil y los partidos, y entre aquélla y el Estado. Un nuevo orden que asegure una universalidad ciudadana, una normatividad universal para todos, iguales por la ley, sin disimulos ni excusas.

¿Qué significa fortalecer la sociedad civil?

Se viene insistiendo, de manera abstracta o sesgada, que fortalecer la sociedad civil es fortalecer la democracia, sin que se precise conceptualmente el sentido que tiene hoy esa convocatoria. De sus diversos orígenes intelectuales, la "sociedad civil" ha sido traída a la actualidad por una orientación conservadora que la utiliza como ariete frente al Estado, o según el escenario, frente al mercado.

Fortalecer la sociedad civil puede significar la defensa de la comunidad heredada en relación conflictiva con la sociedad de mercado, por lo que adopta claramente un tono defensivo, de la sociedad tradicional en la que cada cual tenía su lugar asignado, con la seguridad que la tradición otorga. La convocatoria puede también movilizar las simpatías genéricas hacia el hombre aislado, el actor desamparado frente al Estado-centauro, moralmente condenable en su prepotencia y arbitrariedad. Una derivación de esta condena es la valoración del hombre-consumidor, del mercado, el sitio donde hombres libres se encuentran para transar, negociar, comprar y vender. Otra es la defensa de hombre-ciudadano, en un espacio político donde limita la acción del poder estatal. Es lo que Lechner llama *la politización de la sociedad civil*[164], pensando en el Estado autoritario.

En la óptica del desarrollo democrático, buscamos el fortalecimiento de la sociedad civil para asegurar el pleno ejercicio de los derechos ciudadanos, una invocación de la sociedad civil como crítica de los efectos "desagregadores" del mercado. Damos, en consecuencia, una definición restrictiva de sociedad civil como el mundo de lo privado (no familiar, porque esto pertenece a lo íntimo- personal), donde existen, surgen y se organizan los intereses particulares, de los individuos aislados.

Sólo adquieren interés (para nuestro propósito del desarrollo democrático) si la abigarrada presencia de tales intereses múltiples, pero aislados, a) pueden organizarse de distintas maneras pero independientemente del Estado; b) al organizarse adquieren un sentido de comunidad, es decir, cuando el interés o la motivación individual se convierte en una voluntad colectiva, y e) trascienden el universo de lo privado, de donde surgen y buscan, tienden a manifestarse (invaden) en los espacios de lo público[165]. Toda invocación de la sociedad civil debe dar respuesta al problema de la integración social, por un lado, y a la creación de espacios públicos, tan precarios en Centroamé-

---

[164] N. Lechner, "La problemática invocación de la sociedad civil", en *Perfiles Latinoamericanos*, N° 5, diciembre de 1994 y en *Espacios, Revista Centroamericana de Cultura Política*, N° 4, abril-junio de 1995.

[165] Debe señalarse, de inmediato, que se trata de una definición operacional y restrictiva. Partir de lo privado *versus* lo público exige una buena explicación de lo que ambos espacios significan en el derecho y en la vida social. No es posible hacerlo, como tampoco explicar cómo el corazón de la sociedad civil es el mercado, sitio natural de lo privado, de lo privado mercantil. Excluimos al mercado en la definición para no confundir el propósito *strictu sensu* de este documento, donde lo que interesa son los aspectos políticos, la democracia, etcétera.

rica[166]. En el seno de la sociedad civil existen, se procesan y fermentan las mejores y las peores virtudes de una sociedad. El racismo, la xenofobia, la intolerancia religiosa o ideológica, las peores formas confesionales, el sectarismo político, el arte y las altas manifestaciones del espíritu, la cultura que enriquece la vida del grupo, etc., todo ello surge de la sociedad civil[167]. De ahí que carezca de pertinencia histórica llamar en abstracto a fortalecer la sociedad civil para ayudar a la democracia. ¿Qué aspectos de la sociedad civil nos interesa realmente desarrollar?

Interesa, para esta finalidad, promover con todos los recursos posibles la organización de aquellos intereses privados que puedan facilitar la participación social, aspecto decisivo de la vida democrática. Fomentar la sociabilidad, el asociacionismo, modernizar el "tejido social". Así, la formación de cooperativas, sindicatos, organizaciones barriales, escolares, grupos de arte y cultura, organizaciones juveniles, femeninas, religiosas, clubs deportivos, etc., resulta importante.

Se requiere como *conditio sine qua non* que lo orgánico tenga naturaleza colectiva y, en consecuencia, pueda expresarse en los "espacios" públicos. Así se trasciende lo privado y se alcanza una dimensión pública y, eventualmente, política. Para influir políticamente, junto a, o por medio de los partidos políticos. El poder político, el Estado, conquista su legitimidad si tiene una opinión pública favorable, si ésta lo respalda. La legitimidad no la da una razón trascendental, religiosa, tradicional o carismática. Hoy en día, la esfera pública de lo político y lo cultural están formadas por un público de ciudadanos que participan. La integración social y política se expresa en lo que Habermas llama *la opinión pública*[168]. Recuérdese que los gobiernos autoritarios no permitieron, no resisten, una opinión pública favorable ni adversa, porque lo público está reservado a su dominio particular.

En resumen, para fortalecer la construcción democrática hay varios mecanismos o procedimientos. El gobierno democrático no debe reprimir la organización popular, como lo hicieron las dictaduras militares. Por el contrario, puede facilitar en su provecho la movilización y participación de los más di-

---

[166] N. Lechner, "La problemática invocación de la sociedad civil", *op. cit.*, p. 12.

[167] Arnaud Sales, "The Private, the Public and Civil Society: Social Realms and Power Structures", en *International Political Science Review, Revue Internationale de Science Politique*, vol. 12, Nº 4 11.991, pp. 295-302.

[168] J. Habermas, *The Theory of Communicative Action*, vol. 2, Boston, Beacon Press, 1987, p. 235.

versos sectores de interés social, especialmente de aquellas fuerzas sociales que estuvieron castigadas o inermes. Por lo demás, es el Estado el que enfrenta y resuelve las funciones de integración social, frente a las tendencias fragmentadoras del mercado.

Las organizaciones sociales están llamadas a reivindicar, demandar, crear conflicto. Deben incluso hacer política. Recuérdese que hay un espacio de la vida pública que es política, y es en el interior del mismo que las organizaciones sociales la practican.

En la actualidad, en algunas sociedades de Centroamérica se experimenta una exacerbación de la sociedad civil, no tanto en el sentido de que aumenta el número y el protagonismo de las organizaciones sociales, sino la lucha por tomar la calle, el asambleísmo y *el fervor por la protesta* elevados como un fin en sí mismo, y en algunos casos o momentos, utilizando recursos ilegales y violentos. Un "exceso" de sociedad civil tampoco ayuda a la democracia. Como puede apreciarse, el monopolio de la política ya no lo tienen los partidos.

Finalmente, en la actualidad el contradictorio universo de las Organizaciones no Gubernamentales (ONG) puede ayudar, pues son también una forma nueva, no siempre efectiva, pero bien intencionada, de intermediar entre la sociedad y el Estado. También contribuyen a fortalecer esos mecanismos de intermediación de cara a fortalecer la opinión pública, los medios de comunicación de masas. Merecería un tratamiento especial la importancia que en la vida democrática, en proceso de hacerse, adquiere la función del periodista. Los *mass media* no cumplieron, en el pasado autoritario, las responsabilidades que su función ética reclama.

Muchos periodistas, o sus empresarios, se aliaron a las dictaduras militares, otros se dejaron corromper. No puede dejar de mencionarse la importancia que adquieren en la vida contemporánea la prensa, la televisión y otros medios. Nada (con)forma o (de)forma la opinión pública de masas como esos instrumentos.

Sin medios de comunicación responsables e independientes será aún más difícil la consolidación democrática en la que estamos.

¿Qué hacen los militares en la democracia?

Este tema está relacionado con una de las transiciones que ocurren en la región, la que conduce de la guerra a la paz, en verdad, a la pacificación de las sociedades centroamericanas, tema pendiente en la agenda de la consolidación democrática, la llamada "cuestión" militar. Reaparecen modalidades de un viejo debate acerca del papel del ejército cuando finalmente se profesionaliza, de su opción como actor de la modernización, como obstáculo a las democracias-en-desarrollo.

Pero como subsisten herencias y rutinas, es inevitable plantear *lo militar* como la primera experiencia por cuestionar. La transición así definida, como el fin de la presencia militar, admite por lo menos dos consideraciones. En primer lugar, el problema del castigo a los que violaron los derechos humanos durante los años de la violencia y la guerra. En El Salvador y Guatemala, justamente en el momento final del período constituyente, los militares hicieron aprobar sendas leyes de amnistía total, exculpando así a todos los responsables de crímenes contra la humanidad. En segundo lugar, el tema de la continuidad de la presencia política militar. Es posible desagregar estos procesos en varias etapas: el retiro de los militares sólo establece la primera condición de la transición; luego viene la elección de un gobierno civil y su subordinación legal.

Por motivos que se mueven todos en el ámbito del sentido común, los ejércitos centroamericanos han sido los actores esenciales del autoritarismo, el personal administrador de la violencia antidemocrática. Como ejecutores de un designio anticomunista, fueron pieza maestra en la estrategia de la guerra fría trazada por los Estados Unidos en su enfrentamiento con la URSS. El resultado de este operativo de larguísimo plazo es que los militares centroamericanos fueron inducidos, con razones que aceptaron con complacencia y ardor, a incluirse en una lucha que no era de su incumbencia. La defensa de la democracia occidental no podía hacerse ahí donde la democracia no existía.

Por ello, ahora que están en camino desarrollos democráticos y pacíficos, están planteadas varias cuestiones que tienen que ver con el cambio socioeconómico en la región y, por ello, con los militares.

• En primer lugar, hay un proceso de desmovilización, que literalmente significa la reducción de una institución militar, tanto en términos de sus efectivos humanos como de sus recursos materiales[169]. Los problemas relativos a la desmovilización en Nicaragua y El Salvador y, próximamente, en Guatemala, han traído consecuencias negativas para el orden político y la estabilidad democrática de esos países. En los dos primeros, grupos de la tropa desmovilizada son ahora instrumentos de desorden y violencia, moviéndose en las fronteras del delito.

• En segundo lugar, vinculado con el tema anterior está el de la desmilitarización, que no apunta solamente a un cambio cuantitativo, sino a uno de naturaleza diversa en el juego de los factores de poder de una sociedad. Desmilitarizar significa literalmente disminuir el peso político de las fuerzas armadas, para *re-politizar* la importancia del poder. Los ejércitos se redujeron en un 75% en Nicaragua y en un 50% en El Salvador, lo cual no significa necesariamente que el papel político haya disminuido paralelamente, o que, en la pelea por los porcentajes, su peso no haya disminuido en el presupuesto nacional.

Pero se está experimentando un movimiento cívico-político que, a través de la movilización de la opinión pública, ha permitido recortar funciones tradicionales, pero de naturaleza civil, al ejército en Honduras; a prohibir el reclutamiento militar forzoso en ese país, Nicaragua y Guatemala, y en general, al crecimiento de un estado de ánimo favorable a una mayor desmilitarización de la sociedad.

Es motivo de debate abierto, finalmente, el tema de las nuevas funciones de las Fuerzas Armadas, en un escenario donde la guerra terminó y los conflictos internacionales en la región están virtualmente proscritos. Y nadie discute, ciertamente, la desaparición de los ejércitos, sino su readecuación en función de los problemas del desarrollo, del orden interno, pero sobre todo, de la democratización[170]. La cuestión clave, en consecuencia, es poder resolver de manera original la contribución militar a la democracia. Ha sido investigada la reconversión militar como parte de la transición política, pero fuertemente vinculada con el tema de la nueva agenda de la seguridad. Sólo

---

[169] G. Aguilera Peralta, "Problemas de la desmovilización en Centroamérica", en Francisco José Aguilar Urbina (ed.), *Desmovilización, desmilitarización y democratización en Centroamérica*, San José, Fundación Arias para la Paz, 1994, p. 68.

[170] Ch. Moskos, *Armed Forces in a Warless Society*, International Conference on Military and Society, Moscow, noviembre de 1989 y W. R. Vogt, *Warless or Armyless Society*, XIIth World Congress of Sociology, citado por R. Aguilera, "Reconversión militar y procesos de negociación", en *Reconversión militar en América Latina*, Ciudad de Guatemala, FLACSO, 1994, p. 184.

la investigación cuidadosa puede dar respuesta a los desafíos cruciales que el tema va planteando. Son las circunstancias nacionales, las tradiciones políticas, la historia condensada en la coyuntura actual, lo que puede definir cuál será la contribución de los militares a la consolidación de la democracia en Centroamérica.

Para finalizar

Tenemos frente a nosotros una democracia inacabada, como la califican los teóricos más eminentes de todas las tendencias.

Y tienen razón cuando se encuentra que todos los días surgen factores que conspiran, debilitan, menoscaban el principio de igualdad ciudadana. No hay que olvidar de dónde venimos. Primero, porque hay que recordar cómo fueron inicialmente los primeros momentos de la transición, las convocatorias electorales, es decir, cómo se realizó el "desmontaje" autoritario por los mismos actores autoritarios para ganar la guerra. En consecuencia, no olvidar por qué subsisten "enclaves" autoritarios (instituciones, actores, valores, conductas heredadas de nuestro atroz pasado). Segundo, porque no hemos logrado resolver de la forma que más conviene a la vida democrática los temas de la verdad acerca de quiénes, cómo y por qué hubo, descontadas las víctimas de la guerra civil, más de 100.000 muertos políticos, incluyendo la terrible modalidad de los desaparecidos. La justicia terrenal remite al problema del perdón y del olvido en el transcurso de una generación. La democracia tiene pendiente esta dimensión de la reconciliación nacional. Tercero, estamos lejos de alcanzar la auténtica igualdad política. ¿Qué cambios o reformas institucionales habría que introducir para funcionalizar la igualdad de los ciudadanos? La solución es pragmática: ya se saben cuáles son las políticas necesarias para disminuir la *desigualdad creciente*. Eso, sólo un Estado fuerte, democrático, puede lograrlo. Una democracia social supone un Estado fuerte. Disminuir la pobreza no sólo es una condición para la estabilidad democrática: es una dimensión de la moral pública que se deberá atender inevitablemente.

Contrapunto entre reforma y revolución: la democracia en Costa Rica y Guatemala*

Introducción

Éste es un ensayo que compara dos momentos de la historia política de Guatemala y Costa Rica: los años cuarenta y los finales del siglo xx. Son dos momentos en que la vida democrática de ambos países experimenta posibilidades y cambios. La comparación entre la sociedad costarricense y el resto de sociedades centroamericanas se ha intentado de tiempo en tiempo. Para todos, más para los analistas del exterior que para quienes nacimos en la región, es un desafío intrigante preguntarse por qué se producen tan radicales diferencias, especialmente entre Guatemala y Costa Rica.

Se argumenta que estos países forman una región[171] y que tuvieron un punto de partida común al formar una sola entidad colonial, hablan español y adoran a Cristo. Compartieron varios decenios de república independiente; produjeron y exportaron a los mismos países café y banano. Formaron una zona de libre comercio a partir de los años sesenta del siglo xx y pese a otras dificultades, mantienen una creciente comunicación. Ninguna de tales razones es valedera para encontrar semejanzas políticas. De hecho, las diferencias existen antes del arribo de los españoles, se acentúan con la expe-

---

* Trabajo elaborado durante una estadía de investigación en el David Rockefeller Center for Latin American Studies de la Universidad de Harvard durante el segundo trimestre del año 2000. Texto extraído de Jorge Rovira Mas, *La democracia de Costa Rica ante el siglo XXI*, San José, Editorial de la Universidad de Costa Rica-Instituto de Investigaciones Sociales de la Universidad de Costa Rica y Fundación Friedrich Ebert, 2001, pp. 21-40.

[171] Es tema de debate si como región física hay en el conjunto de Centroamérica continuidad en la fauna, la flora, la estructura tectónica, etcétera. No es posible en este texto entrar en esa discusión. Asumimos a Centroamérica como una región histórica y cultural. Sus vínculos económicos, pese a la crisis del Mercomún, se han fortalecido.

riencia colonial y se convierten en estructurales a partir de la implantación de la agricultura de exportación.

Cada día que pasa la distancia intrarregional es mayor.

Al proponer una comparación crítica entre Guatemala y Costa Rica en dos momentos parecidos de sus trayectorias, comprobamos una vieja hipótesis de la historiografía, que recuerda que las herencias del pasado pesan más como causa explicativa de la actualidad que mucho del movimiento de los actores en el presente.

Los años cuarenta y comienzos de los cincuenta del siglo xx fueron decisivos en la historia política de Centroamérica, particularmente de Guatemala y Costa Rica. En ambos países ocurrieron fenómenos políticos que se relacionan directamente con sus posibilidades democráticas, su desarrollo social y político.

Tales fenómenos fueron influenciados por los efectos que desde el exterior tuvo internamente el fin de la Segunda Guerra Mundial.

En los finales del siglo xx se han vuelto a plantear coyunturas críticas en relación con la vida democrática. Lo que ocurre en Guatemala está relacionado con momentos revolucionarios; en cambio, lo de Costa Rica se registra en la lógica de las reformas.

Los progresos en Guatemala han ocurrido con base en cambios violentos, con fracturas; en Costa Rica, dicho con pleonasmo, ha sido como una continuidad sostenida. La de Guatemala es una historia de cataclismos sociales; la de Costa Rica, un desarrollo con ligeros temblores, transaccionales. Es éste el dilema de revolución o reforma en el cambio político.

El estudio de la excepcionalidad de Costa Rica ha sido abordado de diversas maneras que no es el propósito revisar. El último de esos intentos es el trabajo de D. Yashar[172], que propone en la versión de la teoría de las elites, la explicación de los diferentes desarrollos y desenlaces en estos países. Hace ya muchos años, interesado en explicar la lógica de este *continuum* de la historia centroamericana que sitúa a Guatemala y a Costa Rica en los extremos, hice comparaciones estructurales y saqué conclusiones que después otros analistas se han encargado de examinar con más cuidado[173]. En aquel momento ca-

---

[172] Véase Deborah J. Yashar, *Demanding Democracy: Reform and Reaction in Costa Rica and Guatemala, 1870s-1950s*, Stanford, Stanford University Press, 1997

[173] Edelberto Torres-Rivas, "Síntesis histórica del proceso político en Centroamérica", en Edelberto Torres-Rivas (ed.), *Centroamérica hoy*, México, Siglo XXI, 1975.

lifiqué la experiencia de Costa Rica como la de una democracia aristocrática, impresionado por los cruces y entreveros entre un núcleo cerrado de familias oligárquicas, de un origen común, cuyos cercanos lazos de sangre eran la garantía primaria para acceder al poder. Es ésa la razón que tal vez explica para Costa Rica la suave competencia pacífica entre iguales, muchas veces tramposa, que manteniendo los buenos modales políticos le dio estabilidad al sistema, sobre todo en la primera mitad del siglo XX. Y llamaba a la guatemalteca *una dictadura plebeya*, subrayando la historia de cataclismos políticos, quizá porque acceden al poder peleando en nombre de la oligarquía caudillos que no vienen de sus filas. El ejemplo funesto, la peor de las experiencias autoritarias de este siglo (22 años cruentos), fue la de un advenedizo, Manuel Estrada Cabrera, abogado pobretón, mestizo, hijo ilegítimo, provinciano, que reunía todos los componentes personales que jamás exhibiría el hombre oligárquico[174].

Los años cuarenta: Calderón Guardia y Arévalo

En la década de los cuarenta surgieron en Centroamérica posibilidades de introducir reformas de fondo para propiciar cambios políticos y sociales, y avanzar en la construcción de regímenes democráticos.

El impulso reformista estimulado por las condiciones favorables que produjo la Segunda Guerra Mundial se adelantó en Costa Rica, pero se reconoce como una ola democratizadora que provocó la victoria antifascista, y que produjo cambios políticos en Venezuela, Argentina, Ecuador, Bolivia, Brasil, Honduras, El Salvador y Guatemala. En estos tres, las dictaduras militares, encabezadas por caudillos liberales, que del credo liberal ya no tenían memoria, fueron derribadas, como siempre ha ocurrido con este modelo de poder autoritario: desde afuera y como resultado de una violenta protesta popular.

---

[174] Veinte años después intenté una comparación (véase Edelberto Torres-Rivas, "Personajes, ideologías y circunstancias: lo socialdemócrata en Centroamérica", en M. Vellinga (comp.), *La socialdemocracia en América Latina*, México, Siglo XXI, 1993) entre las personalidades de Arbenz, revolucionario, y Figueres, reformista, que a comienzos de los años cincuenta fueron promotores de políticas de modernización que, como se dice en este trabajo, tuvieron resultados opuestos.

La historiografía se ha encargado de explicar suficientemente para Guatemala la expulsión del general Jorge Ubico, heredero degenerado del ideario liberal reformista. La acumulación de tensiones y problemas que se congelaron virtualmente en sus 14 años de dictadura (1931-1944), el estancamiento económico, la asfixia de la vida social y cultural, los atroces métodos policíacos para asegurar el orden interior, condujeron a un estallido masivo de descontento en junio de 1944 y a un golpe cívico-militar en octubre de ese año. Y luego a la elección de Juan José Arévalo y al inicio de lo que en uso de un lenguaje más coloquial que ideológico, se llamó "revolución de octubre", un verdadero punto de ruptura de la historia nacional.

El movimiento reformista se inicia en Costa Rica en 1940, con la elección del doctor Rafael Ángel Calderón Guardia, postulado por un Partido Conservador. Su elección fue, en consecuencia, un acto previsible en este sistema político, que no inquietó a nadie. Tal vez fue importante ese resultado porque interrumpió –de hecho, puso fi n– al ciclo de los caudillos liberales, ya en una tercera edad ideológica (Ricardo Jiménez Oreamuno y Cleto González Víquez). La victoria del Partido Republicano no fue sino la victoria de uno de los partidos del orden. Una situación completamente distinta se experimentó en 1945 en Guatemala.

La elección de Arévalo, filósofo, sin militancia política, que enseñaba en el exterior, fue el resultado de un movimiento revolucionario que puso fi n también al ciclo de caudillos liberales.

La elección de Arévalo fue un hecho anormal en la tradición política del país. Una amplia coalición de fuerzas sociales antidictatoriales, apoyada por partidos políticos que tres meses antes no existían, lo llevó a la victoria con el 85% de los votos. Fue ésa una alianza de partidos de centroizquierda, creados en el momento de la elección, con más fervor y entusiasmo que experiencia en los manejos políticos. La victoria de Calderón Guardia fue la afirmación política de una importante fracción de la oligarquía terrateniente/comercial. La de Arévalo, en cambio, fue percibida como una amenaza por la poderosa fracción oligárquica de las fuerzas que apoyaron la dictadura militar.

El papel del individuo en la historia es muy importante, sobre todo si en los momentos en que se plantean crisis, cambios estructurales urgentes, o lo que se llaman "coyunturas calientes", aparecen personalidades fuertes, dotadas de un instinto de oportunidad y de poder que les permite situarse por encima de programas, facciones o compromisos inmediatos. Calderón Guardia, médico formado en Bélgica, y Arévalo, filósofo formado en la Argentina, llegaron al poder con inquietudes y proyectos personales resultado de sus particulares biografías. Personalidades fuertes, se movieron en un entorno del que impusieron sus convicciones y perspectivas.

La gestión de Calderón Guardia, impetuosa, se desarrolló a través de las tradicionales instancias institucionales, especialmente el Parlamento. Respondía a una preocupación personal, sin duda sensibilizado por los agudos problemas sociales heredados de la crisis de los treinta. Calderón inició su política social con la instauración del sistema de seguridad social (1941) y una reforma constitucional que estableció las llamadas *garantías sociales*, un conjunto declarativo de avanzados principios a favor de los derechos de los trabajadores (1943).

En ese mismo año promulgó el Código de Trabajo. La legislación laboral costarricense estuvo inspirada por la doctrina socialcristiana contenida en las encíclicas papales (la *Rerum novarum*, de León XIII, y la *Quadragessimo anno*, de Pío XI).

Con una diferencia de cinco años, Arévalo hizo más o menos lo mismo, apoyado en una nueva Constitución (1945), que les dio el voto a los analfabetos, restableció la autonomía municipal y reconoció la propiedad privada como un derecho con función social. Promulgó el Código de Trabajo (1947) y meses después creó el Instituto Guatemalteco de Seguridad Social; dedicó por vez primera el mayor porcentaje presupuestal para la educación y promulgó la Ley de Arrendamiento Forzoso (1948), que obligó a los terratenientes a alquilar parcelas en tierra baldía a los campesinos.

La de Arévalo fue calificada una "modernización legislativa", que buscó establecer relaciones modernas entre el capital y el trabajo, reconocer los derechos básicos de los trabajadores y darle al ciudadano el mínimo de condiciones para el uso de sus derechos políticos. En un ambiente conservador, el *élan* reformista de esa modernización fue asumido como una revolución.

La coalición reformista en la que se apoyó Calderón Guardia fue más retadora que las medidas que propuso. Fue lo más aproximado a lo que en lenguaje figurado se llamaría un matrimonio *contra natura*: una sorprendente alianza entre la Iglesia católica, el Partido Comunista y, como eje impulsor, un Partido Conservador haciendo reformas avanzadas. Esa coincidencia no fue de naturaleza ideológica sino táctica y política: el apoyo personal, abierto y directo, del arzobispo de San José, monseñor Sanabria, y la participación activa del Partido Comunista, representado por Manuel Mora. Esta alianza –obreros, grupos medios, un desprendimiento oligárquico– redefinió la configuración política del grupo agrario cafetalero dominante al que dividió de manera irreconciliable.

La alianza reformista que encabezó Arévalo tuvo como eje movilizador a las clases medias, que así hicieron su aparición política.

Los elementos más activos de la coalición arevalista –profesionales, estudiantes universitarios, oficiales militares, maestros, artesanos, obreros– formaron tres partidos políticos de centroizquierda, animados por una confusa voluntad modernizadora, sin ideología precisa, salvo la de construir un régimen democrático.

El referente directo era la negación de la dictadura militar que se acababa de derribar.

El surgimiento del Partido Comunista, a finales de 1948, fue clandestino e ilegal hasta 1951. Arévalo y los principales dirigentes políticos le tuvieron poca simpatía. En Guatemala, la alta jerarquía de la Iglesia católica fue claramente antidemocrática. El papel jugado por monseñor Rossell y Arellano, profundamente anticomunista, contrasta con el de monseñor Sanabria.

Las iniciativas políticas reformistas emprendidas por ambos gobiernos significaron importantes avances en la solución de la llamada *cuestión social*. Fueron de mayor eficacia en Costa Rica, porque se apoyaron en una estructura estatal ya existente y en una realidad nacional más consolidada. Ya esto marca una primera diferencia importante. Además, las nuevas políticas sociales en Costa Rica movilizaron un respaldo popular más coherente por la existencia de una cultura política más inclusiva, con actores sociales mejor organizados. En Guatemala, la introducción de las leyes sociales constituyó una revolución por arriba, de tono muy declarativo y con efectos limitados al medio urbano (la ciudad capital), que convocaba un apoyo popular poderoso pero difuso; pero sobre todo que despertaba viejos odios ancestrales en la burguesía agraria.

Los dos proyectos de cambio fueron formalmente similares y la comparación en ese nivel (salvados los cinco años de diferencia), sugiere una enorme coincidencia. Ambas políticas recibieron el apoyo y el rechazo de importantes sectores de la opinión pública, que reaccionaron frente a la voluntad reformista de introducir un giro fundamental en las reglas del juego social. A ningún grupo patronal le agrada que le alteren las normas tradicionales de obediencia de sus grupos subalternos. No sólo es que la puja salarial pone en jaque los excedentes económicos. Es que se subvierte la inercia de las desigualdades que aseguran la supremacía moral y política de los propietarios. Sentarse a negociar con los subalternos ya es una derrota. En Costa Rica, el apoyo del Partido Comunista constituyó un elemento de exacerbación adicional al ya amenazado orden político. En Guatemala, la oposición de la Iglesia católica al programa reformista jugó como factor similar, que alimentó el furor anticomunista. Calderón Guardia y Arévalo perdieron el apoyo político de la elite dominante, aquél por su alianza con la izquierda, éste por su enfrentamiento con la Iglesia.

En el ojo del huracán

En un escenario ya conflictivo, Calderón Guardia y Arévalo convocaron a elecciones presidenciales, en las que se ratificó el apoyo popular. A partir de aquí es esclarecedor cómo se define de manera desigual el desarrollo del conflicto, su naturaleza íntima. La andadura de la crisis y su desenlace se explican, en último análisis, por la fuerza o la ausencia de una tradición auténticamente liberal en Costa Rica y Guatemala, respectivamente. Ésa es la tradición de respeto a la ley y a las instituciones, a las libertades políticas, en cuyo centro está el individuo que tiene igualdad de oportunidades y derechos que el Estado protege y la sociedad promueve.

La oposición política, a la derecha de Calderón, creció en la calidad de su protesta utilizando la prensa y la Asamblea Legislativa.

Canalizó su rechazo a la política calderonista a través de los partidos políticos. Y seguros del cambio en las elecciones presidenciales de 1944 con la victoria del caudillo conservador León Cortés, no esperaban la victoria de Teodoro Picado. El huracán de la crisis aumentó cuando éste ratificó la política social reformista de Calderón y mantuvo su alianza con los comunistas. El fervor anticomunista aumentó porque en las elecciones legislativas de 1946 el número de diputados comunistas pasó de 4 a 6, y dos años después fueron 12. El clímax de la crisis llegó cuando la oposición anticomunista se presentó a las elecciones presidenciales de 1948 con un conocido periodista conservador, Otilio Ulate, que ganó el cargo pero perdió, a manos de la coalición progresista, el control de la Asamblea Legislativa. Hubo acusaciones mutuas de fraude; el Tribunal Electoral, integrado por ulatistas, se disolvió antes de conocerse los resultados, y la Asamblea anuló la elección. Aquí aparece, recogiendo el descontento, José Figueres Ferrer.

En Guatemala, Arbenz ganó las elecciones de 1950 con un 72% de los votos, en una campaña en que el tema central fue la oferta de modernizar las estructuras básicas de la sociedad, empezando con la tenencia agraria. La política reformista en este país no dividió a la elite dominante sino que la unificó. La victoria arbencista consolidó la oposición conservadora, que mantuvo la esperanza de que un militar no podía ser comunista. Pero desde 1951 no sólo tuvo el apoyo del Partido Comunista sino que bajo su inspiración Arbenz promulgó la Ley de Reforma Agraria en junio de 1952. La coalición progresista tenía prisa por modernizar el país, y bajo la influencia de una visión marxista llevó a sus límites la voluntad reformista: liberar al campesinado atado por el sistema de deudas, terminar con las relaciones semiserviles y entregar la tierra no cultivada a quienes la solicitaran. Querían establecer así las bases sociales de la democracia y del desarrollo nacional. La grave crisis política alcanzó su momento decisivo cuando el mayor terrateniente del país, la *United Fruit Co.*, fue afectado[175]. En Costa Rica la elite oligárquica se dividió en diversos momentos, viviendo la sociedad un clima crecientemente violento(huelga de brazos caídos contra Picado, rechazo a la reforma electoral, protestas callejeras que se transformaron en brigadas de choque, etc.). Los años del gobierno Picado fueron de una extendida agitación social. El país entró en un desconocido camino de violencia partidaria, polarización ideológica, huelgas y un enfrentamiento que descompuso la tradicional conducta pacífica de las relaciones políticas. Todo el año 1947 fue de una inestabilidad general y la elección de 1948, por su resultado contradictorio, el factor final que desencadenó una salida no democrática.

Ésta pareció justificada por razones electorales por parte de la oposición parlamentaria, que calificó la elección como fraudulenta.

Figueres y su grupo empujaron la guerra civil pidiendo elecciones honestas, pero movido más por el temor al comunismo.

---

[175] En la descripción de la crisis de ambos países se han omitido otros aspectos importantes. Se hace énfasis en los rasgos que la definieron, en una simplificación que sólo se justifica por la naturaleza de este ensayo.

Ni con Arévalo ni con Arbenz los sectores conservadores hicieron una oposición democrática. La oligarquía no creó nunca un partido político. En la época de Ubico sólo estuvo autorizado el Partido Liberal, que no era en realidad un partido sino una breve maquinaria electoral para que funcionara una irrealidad parlamentaria.

La oposición oligárquica no pudo, en consecuencia, hacer oposición a través de algún partido, o en el Parlamento, ni utilizar las instituciones del Estado. La raíz oligárquica y terrateniente explica que el malestar por las políticas reformistas, desde el inicio, se convirtiera en la lógica política del pasado, en un juego suma-cero. La derecha guatemalteca, incapaz de entender cómo podía autorizarse la libre organización sindical, o calificando de innecesaria la campaña de alfabetización porque era una puerta abierta a la indoctrinación comunista, se colocó en el plano inclinado al que la llevaba el peso de su condición social: la defensa de sus intereses particulares como la defensa del sistema.

En Costa Rica, el ambiente a partir de 1946-1948 era muy parecido al de 1951-1953 en Guatemala. El rompimiento del orden político ocurrió en los dos países, pero con resultados claramente distintos. En esta explicación resulta decisivo entender la diversa textura democrática de ambas sociedades.

La importancia de la textura democrática

¿Eran ambas sociedades igualmente democráticas? ¡Sin duda, no! La red de relaciones sociales, económicas, culturales e ideológicas heredadas que conforman la densidad democrática de un país, no sólo se reflejan en la práctica electoral. Es probable que la elección de Arbenz haya sido más libre que la de Ulate. Pero recordemos que unas elecciones no bastan para hacer democrático a un régimen político. Tal vez sirvan para empezar a darle una textura democrática a la sociedad y al gobierno que las convoca.

Para que sea democrático el régimen político es necesario que lo sea el ambiente en que ellas se preparan y se desarrollan, y que esa calidad se mantenga, cualesquiera sean los resultados. Las elecciones ayudan a consolidar la vida democrática sólo si antes y después de realizadas se respetan los derechos políticos, y si esa legalidad se mantiene durante un buen tiempo.

La derecha guatemalteca, jugando por vez primera a la concurrencia partidaria, no aceptó el veredicto de las urnas porque nunca había experimentado la competencia política. En la tradición autoritaria, por definición, el contrincante no es un opositor sino un enemigo. Manejaban una concepción de la participación en que no cabía la disputa, el antagonismo. Por ello no les importó que la victoria de las fuerzas democráticas hubiese sido limpia y justa en 1950. El resultado reforzó su ánimo conspirativo: el golpe militar. A la derecha costarricense no le gustó la política reformista del calderonismo ni la victoria de Picado, pero canalizó su descontento a través de las instituciones democráticas: el ejercicio de la libertad de prensa, del partido político, de la oposición parlamentaria.

Manejaron la crisis en el interior de lo político.

Yashar recuerda con acierto que la oligarquía guatemalteca entró en el período reformista con una clara limitada tradición histórica de participación política y con un estrecho repertorio de instituciones políticas representativas[176]. Por carecer de partidos, la derecha recurrió en su protesta, por ejemplo, a la Asociación General de Agricultores (AGA), que agrupaba al núcleo más duro de los terratenientes. Pero una asociación gremial no puede intermediar políticamente entre la sociedad y el Estado. Al hacerlo, contaminó doblemente el ambiente: representó intereses corporativos privados, de clase, como si fuesen intereses nacionales; y planteó el conflicto fuera de la esfera política, como amenaza, ruptura, eco directo del juego suma-cero del que ya hablamos.

Por lo demás, un gremio patronal no tiene hábitos de diálogo en la tradición oligárquica[177]. Desde 1948 abandonaron a la AGA y buscaron el apoyo de las dos instituciones nacionales existentes: la Iglesia católica y las Fuerzas Armadas. Los unificó el pánico y el anticomunismo, que fue su salvación ideológica. Los ayudó la guerra fría y directamente la política norteamericana.

Las diferencias entre actores políticos en una sociedad democrática se resuelven en el interior del campo político, donde las fuerzas se miden electoralmente, utilizando al Estado y a la política dentro de los límites que ellos

---

[176] Véase Deborah J. Yashar, *Demanding Democracy: Reform and Reaction in Costa Rica and Guatemala, 1870s-1950s, op. cit.*

[177] Por ejemplo, júzguense las razones por las cuales se opusieron a la legislación laboral: "[…] los líderes [sindicalistas] quieren el Código de Trabajo para provocar el desequilibrio económico total [del país] a fin de pedir y justificar la nacionalización de la tierra y la expropiación de los medios de producción […] Estamos en capacidad de afirmar nuestra certeza en identificar la existencia de un complot para paralizar la producción agrícola del país […]".

establecen. Es decir, se enfrentan en el interior de las instituciones del Estado como campo de fuerzas políticas. Es peligroso trasladar la crisis a la sociedad, porque ahí ya no es la ley sino la fuerza la que decide. Resolver las diferencias dentro del Estado significa privilegiar la política, el juego de competencias, las leyes, la opinión pública. La política democrática está basada en el acceso institucionalizado al poder, como lo hizo la elite conservadora costarricense, jugando en las elecciones de 1944, 1946 y 1948. La crisis se profundizó y su salida fue la guerra civil, planteada por la insurgencia de Figueres y su grupo. Ésta no fue una salida democrática y cabe la duda, en la tradición de este país, acerca de la necesidad del conflicto armado. José Figueres, perseguido por el gobierno de Calderón, se había convertido, con su grupo, en una poderosa tercera fuerza anticomunista. Organizó la revuelta armado con ayuda del presidente Arévalo, y se alzó al saberse los resultados electorales.

Este episodio se conoce en la historia nacional como "la guerra civil del 48". Figueres derrotó propiamente a las brigadas comunistas, ya que el ejército nacional era muy pequeño. El grueso de la oligarquía, opuesto a Calderón y a Picado, vio con simpatía la acción militar de Figueres.

Su victoria tuvo efectos extraordinarios y contradictorios, que sólo se comprenden por la textura democrática de este país.

Al derrotar al calderonismo venció a la oligarquía en su conjunto, no por el triunfo militar sino porque hizo suyo y desarrolló el programa reformista de aquél. Al derrotar al Partido Comunista tuvo opción para crear las bases para una sólida política social.

En otras palabras, Figueres apoyó a la oligarquía para derrotar al frente progresista y luego, con la victoria, hizo suyo el programa social de la izquierda para enfrentar a la oligarquía. Todo eso en nombre del anticomunismo y con apoyo norteamericano. Retuvo el control del poder durante 18 meses (la Junta Fundadora de la Segunda República), apoyado en el éxito militar, período que aprovechó para impulsar una nueva y moderna constitución, abolir el Ejército, nacionalizar la banca privada e imponer un impuesto único a los cafetaleros. Apoyado en los sectores medios creó su propio partido, el Partido Liberación Nacional (PLN).

Al entregar el poder en 1949 a Otilio Ulate, el ganador de los comicios que originaron el conflicto neutralizó el descontento de la oligarquía. Al ser electo presidente constitucional, en 1953, se alzó con la más amplia mayoría nunca alcanzada (65%), y una nueva época empezó para el país. El papel de Figueres en la historia no ha sido aún bien analizado[178]. Estos dos ejercicios democráticos terminaron de manera distinta.

En Costa Rica la crisis del orden oligárquico encontró una salida democrática; en Guatemala, la solución fue perfiladamente autoritaria.

Las fuerzas protodemocráticas[179] encabezadas por el figuerismo se apoyaron en la división de la coalición conservadora, lo que facilitó la estrategia antioligárquica y modernizadora. Esto pudo ocurrir por la densidad democrática del país, incluyendo aquí la movilización del apoyo campesino por el importante desempeño de las clases medias y sus partidos políticos, y el fortalecimiento del papel del Estado. Se terminaban de poner, así, las bases de la democracia moderna en Costa Rica. En Guatemala, el frente oligárquico se reconstituyó agresivamente casi de inmediato, con las primeras medidas reformistas en el comienzo del gobierno de Arévalo. La coalición democrática fue perdiendo cohesión orgánica e ideológica, al escindirse gravemente el apoyo de las clases medias. El anticomunismo ganó la primera batalla, la de la conciencia pública, al movilizar el fondo colectivo del atraso; la Iglesia católica y el apoyo norteamericano pusieron el resto: sensibilidad y dólares.

Arbenz y el frente de partidos revolucionarios, cada vez más radicalizados, tampoco buscaron la negociación. El país no tenía densidad democrática y el tono subversivo de la conspiración militar se marcó desde el inicio. El gobierno de Arévalo resistió 28 intentos de golpes de Estado, uno de los cuales, el del 18 de julio de 1948, fue una abierta lucha militar de 48 horas. Planteada la crisis en términos militares, la izquierda demostró incapacidad para reaccionar. Se buscó armar a los sectores populares, pero el Ejército, que ya estaba en la conspiración, lo impidió. El proyecto reformista de Arbenz se hundió cuando el alto mando militar le restó el apoyo, con el país invadido por una fuerza mercenaria. Se vio obligado a renunciar, actuando así más como militar que como político. La oportunidad democrática en Guatemala

---

[178] Ricker llama a estos personajes *heresthetics* porque tienen la facultad de jugar con el poder, de manipular situaciones contradictorias, de ganar en situaciones de ambigüedad que para otros serían condiciones insalvables. Arbenz dio indicios de esta facultad, que el final de su historia se encargó de negar. Véase William Ricker, *The Art of Political Manipulation*, New Haven-London, Yale University Press, 1986.

[179] Esta síntesis deja de lado importantes aspectos de la reconstrucción democrática, tales como el papel jugado por los miembros del Centro de Estudios para los Problemas Nacionales, por el Partido Liberación Nacional, etcétera. Explicarlo todo en torno de Figueres es un recurso de presentación de este trabajo que no debe sobrepasar cierto número de páginas.

se mantuvo por una década. Su fracaso abrió el peor período de dictaduras militares, que después de 1966 fueron contrainsurgentes. Más de 200.000 muertos es el trágico saldo de lo que vino después.

Una nueva oportunidad para Guatemala

A partir de 1982 se deterioró el poder contrainsurgente, y la alianza militar/empresarial que lo respaldaba se descompuso. Su síntoma mayor fue el golpe militar contra el gobierno del general Lucas. Este hecho marca el inicio del final de los gobiernos autoritarios.

Hacia esas fechas las fuerzas guerrilleras habían sido militarmente derrotadas. En 1985 se decreta una nueva constitución que crea varias instituciones democráticas; la organización partidaria crece y, pese a violaciones a los derechos humanos, la participación política se reconstituye. Hasta 1999 se han realizado cuatro elecciones generales, abiertas, competitivas y sin fraude.

Con notorias dificultades, está en camino de consolidarse una democracia electoral.

¿Cómo se explica esta nueva oportunidad democrática? Hay diversas versiones. Se habla de un "camino popular hacia la democracia" argumentándose que sin la lucha guerrillera las fuerzas conservadoras habrían continuado la tradición autoritaria de gobierno. Además, los costos del conflicto habrían afectado de diversas maneras los intereses oligárquicos, situación en la que los dividendos de la paz resultaban mejores. Pero hay que recordar que la erosión de la estructura autoritaria ocurrió como una crisis en el interior del Ejército sin que en ella tuviera que ver la protesta popular. La convocatoria electoral de 1984 fue una decisión de la cúpula militar, por lo que la primera etapa de la transición se caracterizó por la asincronía de guerra y procesos democráticos, dándoles a éstos una radical ambigüedad. Otra versión interpreta la decisión militar de dejar el poder como parte de una estrategia contrainsurgente: legalizar el poder en manos civiles, para dedicarse a ganar la guerra, y de paso, dejar la desgastante administración de la crisis económica. Una tercera explicación atribuye la decisión de entregar el gobierno a los partidos políticos, a las poderosas influencias del exterior. Sería el efecto de demostración de una "tercera ola" democratizadora mundial, en cuyo interior resultaría decisiva la presión de EE.UU. Su política exterior estaría ahora orientada a fomentar los procesos electorales, al punto de que hacen de una elección la única condición democrática.

Es mejor concluir que en la creación de la oportunidad democrática hay factores concurrentes, donde sin duda el escenario internacional es importante. Es evidente que no hay aquí un "camino revolucionario", un proceso impuesto desde abajo. La guerrilla se opuso firmemente a las primeras convocatorias electorales, pues sabía que eran tácticas para aislarla más. El desgaste del poder militar y su descrédito internacional fue un factor al que se sumó el cansancio en la población después de casi cuatro décadas de violencia criminal. El inicio de gobiernos civiles no significó un regreso militar a los cuarteles. Confiaron en que el proceso democrático, al igual que el conflicto armado, estarían bajo su control. Y así pudo ser con el primer gobierno, el del democristiano Vinicio Cerezo. No previeron los efectos democratizadores de las elecciones y del juego partidario, que se "escapó" de la vigilancia militar, ni las negociaciones de paz, que sólo fueron posibles porque había gobiernos civiles. El fortalecimiento del proceso democrático favoreció el fin del conflicto armado y éste, a su vez, fortaleció la transición democrática. La paz y la democracia se dan la mano para avanzar.

¿Hay cambios realmente? Por vez primera en cuatro décadas una generación de guatemaltecos vive en democracia y sin violencia armada, y las violaciones de los derechos humanos prácticamente han terminado. Pero hay serios obstáculos para la consolidación del proceso. El acuerdo de paz se firmó con un retraso de 14 años, que dio oportunidad para que en ese trecho se firmaran acuerdos sustantivos, compromisos que de honrarse, cambiarían la naturaleza de la actual sociedad guatemalteca. Pero el proceso de cumplimiento se viene debilitando aceleradamente. El gobierno de Arzú, que lo llevó a feliz término, se desentendió de cumplir algunos de los puntos torales: la supresión del Estado Mayor Presidencial, la reforma tributaria, el apoyo a las recomendaciones de la Comisión de Esclarecimiento Histórico. El proceso sufrió un serio traspié con la victoria del *no* en el referéndum (16 de mayo de 1999), que hubiera permitido elevar a rango constitucional los principales acuerdos. Y el actual gobierno de Portillo ya desperdició la oportunidad de hacer esa tarea en los primeros 100 días, cuando aún contaba con el millón y medio de votos que le dieron la victoria. La necesidad de construir la paz implica también rehacer el modelo económico de desarrollo bajo las nuevas condiciones de la globalización y, sobre todo, enfrentar las acentuadas condiciones de desigualdad y pobreza, ahora peores que antes del conflicto.

Resulta importante, de nuevo, la comparación con Costa Rica.

Las fuerzas sociales que se interesan en el proyecto democrático en Guatemala son débiles, nuevas y sin ninguna cohesión orgánica.

La transición desde la dictadura obedeció a una crisis de la cúpula militar y no a una demanda popular, de masas. En el campo democrático no hay partidos políticos sino una abigarrada presencia de organizaciones sociales, más vinculadas con la defensa de los derechos humanos y con los problemas de los grupos étnicos y de género. El conflicto destrozó el centro político y la izquierda es débil porque fue masacrada durante 36 años. La ex guerrilla, organizada en partido político, la Unidad Revolucionaria Nacional Guatemalteca (URNG), se alzó con un 12% en las últimas elecciones de 1999; se mantiene escéptica y sin experiencia para el juego político/electoral. El tono político lo dan las pugnas entre partidos conservadores y entre éstos y las cámaras empresariales unificadas en la todopoderosa Cámara de Empresarios de la Agricultura, el Comercio, la Industria y las Finanzas (CACIF). La Iglesia Católica se viene replegando paulatinamente, sin abandonar su denuncia por el respeto a los derechos humanos. El movimiento sindical sólo se mantiene por la evidencia de sus membretes, y el movimiento indígena, que tantas expectativas creó como una nueva fuerza social, está por ahora dividido, confundido y con una evidente pérdida de oportunidades. En suma, una sociedad civil débil, fragmentada y en proceso de constitución.

Hay preguntas difíciles. Si tal es la composición de fuerzas en un escenario en donde se construye la democracia, ¿qué sectores se comprometen en su fortalecimiento? ¿Por qué la elite burguesa, aliada histórica de los actores militares y ella misma de vocación autoritaria, acepta ahora las reglas del juego democrático?

¿Están los militares, que ganaron el conflicto, aceptando en este final de siglo, la majestad del poder civil?

Las respuestas no son difíciles sino sorprendentes. En Guatemala se transita a la democracia política bajo la dirección de actores conservadores que no creen plenamente en ella. Es un detalle importante recordar que por vez primera la burguesía agraria participa en elecciones competitivas, apoyándose por fin en partidos políticos y no sólo en sus gremios. Han entrado, por fuerza de las circunstancias que ellas no crearon, en escenarios donde se juega el poder sin ayuda militar. Ahora, son ciudadanos que aceptan el "enredo" de la democracia participativa porque hasta ahora están seguros de que no pueden perder.

Algunos autores que han estudiado el cambio político que trajo la guerra[180] consideran que en todo este período de crisis, con los efectos del conflicto y los provocados por la extraversión de la economía, cambió el perfil clasista de la oligarquía. Hoy en día son otros los (o sus) intereses que priman en el mercado. Los intereses dominantes ya no están (exclusivamente) en la tierra ni en la producción agrícola, sino en los servicios, en el comercio en gran escala, en la especulación financiera, en su articulación con inversionistas del exterior. Con los efectos de largo plazo de la guerra y los inmediatos de la globalización, el café deja de ser importante. Las remisiones de dinero de los guatemaltecos pobres, que están en el exterior, constituyen la mayor fuente de divisas. Esta sustitución de intereses habría determinado en el interior de la burguesía el razonamiento de que los costos de un conflicto tan prolongado terminaron por ser insoportables. Animados por la derrota de la guerrilla decidieron pagar el precio de la democracia. El ejemplo salvadoreño y de otros países que se han democratizado cuenta mucho.

Pero han entrado en este juego de incertidumbres sabiendo que en las actuales circunstancias siempre podrían ganar. Y así ha sido. Ha cambiado, por lo tanto, la conducta de la llamada "derecha desleal", ésa que financió los escuadrones de la muerte y cuyos conflictos laborales los resolvían mandando a asesinar a la directiva sindical. Cambió también la izquierda guerrillera, que al firmar la paz aceptó incorporarse como el ala política de izquierda del orden liberal. Y por ello ahora buscan con premura situarse en un aceptable centro-izquierda. En estas condiciones, en los aspectos políticos de la democracia se avanza, pero hay una desatención de las bases sociales y económicas, donde la inequidad es total.

Los militares aceptaron la paz como un efecto no previsto y que trajo el poder civil que contribuyeron a crear. El acuerdo sobre el papel del Ejército en una sociedad democrática no ha sido debidamente cumplido. Mantienen

---

[180] Véanse Jefrey Paige, *Coffee and Power*, Cambridge, Harvard University Press, 1997, y Ana Sofía Cardenal, *Elites agrarias y democracia: una explicación del proceso de transición salvadoreño*, Barcelona, Universidad Autónoma de Barcelona, 1995 (tesis doctoral).

su estructura básica, con un 30% menos de tropa pero un número igual de oficialidad, más presupuesto y con control político, de hecho, en las zonas rurales.

Sin embargo, en la consolidación de la democracia no constituyen una amenaza substantiva. Lo más grave es la ausencia de partidos democráticos o de fuerzas sociales organizadas, con coherencia, que puedan constituir el sostén de la modernidad política que el país necesita.

Costa Rica: ¿amenazas a su democracia?

En Costa Rica el problema no es la consolidación de la democracia, como en Guatemala, sino su profundización. Este país empezó a tener rasgos excepcionales desde su fundación, sin que sean ciertas algunas de las explicaciones que durante un tiempo se vinieron repitiendo. Una imagen idílica, falsa, para explicar la originalidad costarricense. Aquí hubo latifundio y hubo explotación campesina, hubo conflictos y reiterado fraude electoral. Pero durante años se fueron sembrando las semillas de la democracia moderna, que germinaron hacia los años cincuenta del siglo XX.

Para construirla fueron necesarios muchos años de estabilidad, la continuidad, la permanencia de instituciones liberales, como los partidos y las elecciones, la educación, la tolerancia, el manejo de los conflictos. Sin duda es importante la sedimentación de una tradición que luego se transforma y alimenta un mito: el del igualitarismo, el de la sociedad homogénea, sin conflictos, del campesino tenaz, del país democrático. La virtud del mito es su fuerza integradora, hacia delante, que se transmite a las nuevas generaciones y a las instituciones.

Una primera razón, en la coyuntura actual, es que la fuerza de los mitos se debilita y tal vez su crisis alimenta el sentido común, esa amplia opinión pública que hoy en día repite que la democracia en Costa Rica está gravemente amenazada. Hemos encontrado varios analistas, nacionales y extranjeros que, llenos de temor, ven pruebas negativas allí donde sólo hay indicios. Nuestro principal predicamento es que los problemas que enfrenta la democracia en Costa Rica son los propios de toda democracia avanzada, y en consecuencia su desafío es profundizarla. Sin duda, el sistema político de este país también enfrenta desafíos y dificultades.

Pero como lo aconseja el texto bíblico, hay que desconfiar de las bocas que predicen tempestades. De hecho, ninguna democracia es irreversible, y como lo ha probado la historia de América Latina, viejas y nuevas democracias se descomponen con una atroz originalidad.

Una segunda y tal vez importante causa de las dificultades que padece en estos tiempos el sistema político es su retraso frente a los cambios que la sociedad costarricense ha venido experimentando, cambios acelerados en los últimos años. No se está pensando en el cambio predecible, que ocurre en toda sociedad, sino en los que introducen factores nuevos, propios de la coyuntura mundial y que por eso mismo alteran la normalidad de las transformaciones previsibles. Nos referimos a un cambio tan trascendental como imperceptible en virtud del cual la economía de mercado va transformando estas sociedades en sociedades de mercado.

Al mercantilizarse (en un sentido moderno) no sólo cambian los vínculos económicos sino muchas otras relaciones sociales, ahora regidas por las leyes y los valores del mercado. Las visiones tradicionales, arcaicas, del país y de la sociedad que el mito nacionalista alimentaba, dejan de corresponder con la realidad.

Esto tiene un efecto multidireccional, pero especialmente con relación a las bases sociales de la democracia, y su fuerza hace que la estructura política se adapte con retrasos. La teoría del mercado libre proclama que no es necesaria la política, porque la soberanía del consumidor prevalece, y el mercado asegura la libre elección.

Y esto reduce el papel de la política, la vuelve innecesaria. Y si, como se dice entonces, la política se despolitiza (y se privatiza), se erosiona la vida democrática[181]. Los partidos debilitan su oferta electoral, tienden a parecerse y el aburrimiento llega, pero acompañado de narcisismo. De la misma manera que ocurre con las ideas políticas, la vida política hoy en día parece estancarse en un "centro amplio y difuso" en el que todos los partidos compiten por ocuparlo. La fuente del hastío ciudadano se origina en esta concurrencia, en la promesa de combinar lo uno y lo otro: libre mercado y Estado de bienestar, individualismo y justicia social, desregulación y gobernabilidad. Estar a favor de todo es mejor estrategia que definir bien una posición o establecer prioridades.

---

[181] Eric Hobsbawm, *On the Edge of the New Century*, Nueva York, The New York Press, 2000, p. 57.

Los partidos políticos juegan a todo para ser menos vulnerables a la deslealtad electoral. Es esto lo que está ocurriendo en Costa Rica, de manera similar a lo que experimentan aquellas sociedades donde la democracia funciona bien desde hace mucho tiempo.

Se dice que "los partidos tienden a no diferenciarse" porque, en efecto, las opciones de política socioeconómica son pocas. No se definen ideológicamente, como en el pasado, y prefieren situarse en un "nuevo centro" que no es sino la llamada y mal comprendida "tercera vía". Es ésta una manera ingeniosa –y por momentos útil– de darle dignidad ideológica a la operación de capturar el voto menos ideológico y volátil, en la que apenas se distinguen los grandes partidos políticos. Como lo dijo un político francés, conquistar la mayoría consiste en dejarse perdonar por un mayor número de personas.

Algunas instituciones democráticas deben remozarse, particularmente la Asamblea Legislativa. Hoy en día el tiempo del debate parlamentario tradicional tiende a ser menor con relación al tiempo de trabajo de las comisiones, donde la dimensión técnica es la más importante. Para que los diputados tengan presencia política, deben poder negociar los aspectos trascendentes de la política.

Pero si, como ya ha ocurrido dos veces, las cúpulas, la elite, o casi "los caudillos" negocian de forma palaciega, en silencio, dejan en el aire las raíces de la democracia parlamentaria.

Ésta es una sociedad de extendida clase media que ahora, además, se define por el consumo. El narcisismo individualista tiene hoy en día a sus clases medias viéndose en el espejo pero sumidas en el hastío político, viviendo la superficialidad emocional del consumismo, cuya significación alegórica es la alegría de ver vitrinas en un *mall*, donde está comprobado que el 70% de los paseantes no compran. Multiplaza, el *mall* San Pedro, el Real Cariari y otros que surgen por todas las direcciones de la ciudad, atraen masas. Un público que tiene serias reservas para asistir a un buen mitin político.

Todo esto tiene efectos perniciosos entre las nuevas generaciones que no vivieron el momento figuerista, y menos aún la experiencia popular del calderonismo. La sociedad de mercado y la dimensión negativa de la globalización empujan intelectualmente a la identificación de la libertad con la elección individual, el fenómeno aberrante de tomar decisiones que no tienen en cuenta las consecuencias sociales de lo que se hace. Ahora se vuelve más difícil –por incompatible– la lucha por la libertad individual y la solidaridad colectiva. Esto debilita moralmente la democracia, pues la política democrática se produce en la medida en que es posible organizar al pueblo y actuar colectivamente en su provecho. Si todo esto se debilita, se pone en peligro la vida democrática. Éste es el tipo de problemas que afectan a la política costarricense.

La fuerza de la tradición y de los mitos que alimentaron las viejas estructuras participativas, ha perdido eficacia. Su capacidad reconstructiva revierte sus efectos, uno de los cuales es alimentar identidades. Y ni la política ni la vida cotidiana hoy pueden basarse en la percepción idílica que favoreció, por ejemplo, el extraordinario rechazo que esta sociedad tiene por los conflictos.

Ésta, hace mucho tiempo, que dejó de ser la patria de "labriegos sencillos". Es importante advertir que la sociedad tica ya no es una comunidad, que las diferencias sociales se han acentuado y su visibilidad es aún mayor. El mito, tan fuerte en la sociedad costarricense, cuando no funciona más y antes de ser substituido, produce vacíos de inestabilidad cultural, emocional, política.

La democracia deja de tener esas bases sociales y debe encontrar otras, profundizando sus urgencias de representatividad.

Otro efecto de los nuevos tiempos y no imputable a las elites políticas es que muchas opciones públicas dejan de tomarse en función de factores internos, como ocurrió hasta ahora. Es decir, cuando eran factores controlables políticamente. Ahora se obedece a influencias dinámicas que ocurren localmente, sin duda, pero que corresponden a determinaciones de la nueva interdependencia mundial (globalización). El sentido común del ciudadano lo lleva a acusar al ministro, al diputado o al presidente.

Ellos no tienen alternativas. Un aspecto sensible es el desfondamiento del pacto socialdemócrata, que tanta nostalgia provoca.

Pero las determinaciones del mercado empujan a políticas que producen mayores desigualdades sociales. Resulta paradójico, pero la concentración del ingreso y las desigualdades están asociadas con la modernización de la economía y a su competitividad, que debería alcanzar un límite que esperamos sea inmediato. Lo anterior podría ser motivo de condena moral, pero ella no ayuda al análisis del fenómeno. Aquí se hace añicos otra creencia popular, pues esta sociedad rechazaba las desigualdades y no está preparada para aceptarlas. Ahora serán mayores y más visibles y pueden tener efectos en aumentar el descontento social.

Hay que mencionar otro factor asociado con esta nueva época.

Recordemos que ésta es una sociedad en que el Estado lo ha resuelto todo, o casi todo. Es una democracia estatal. Desde 1950, es en el interior del Estado y de los espacios públicos que establece su sólida presencia, donde se producen y se resuelven los conflictos que dinamizan lo social. Y es desde el Estado donde se promueven los cambios sociales, económicos, políticos, que fundan la moderna democracia política y el desarrollo económico.

Bastan dos ejemplos: a la oligarquía no hubo que aplicarle los métodos jacobinos de la expropiación para cambiarla. Desde el Estado se construyó el sistema cooperativo que debilitó el poder económico de los torrefactores[182] (capital cafetalero/comercial).

Con ayuda del Estado se cambió la variedad tradicional del café, que convirtió a Costa Rica en la zona de mayor productividad por hectárea sembrada del mundo, beneficiando así, sobre todo, al gran capital productor. Y fue el Estado el que al nacionalizar la banca, democratizó el crédito rural, creó un sistema de seguridad social universal e hizo de la educación pública un sistema de indiscutible calidad frente a la privada. Como es un buen administrador, los servicios de electricidad y comunicaciones siguen siendo servicios públicos. La crisis y la protesta contra el llamado "combo energético" prueban la fuerza del apoyo popular, que además se desentiende de los partidos políticos. Esta movilización desde la sociedad civil no prueba la debilidad sino la salud de la democracia.

El Estado, hoy en día, tiene que dejar de hacer muchas de las cosas que ha venido haciendo y que quisiéramos que no abandonara.

Entre otras, privatizar valiosos activos públicos. El terreno de la política monetaria, fiscal, cambiaria, le está siendo reducido como una necesidad de ajustes permanentes conforme los cambios que ocurren en el mercado internacional. Ya mencionamos la política salarial, que obedece a las determinaciones de la productividad conforme estándares internacionales. El sistema de seguridad social está condenado a modificarse radicalmente. Las clases medias, base de la democracia, conviven mejor con el Estado que con el mercado. ¿Podrá el ciudadano promedio soportar un Estado que ya no hace favores? Son las relaciones entre el Estado y la sociedad resultado de las desregulaciones que se están alterando. El Estado, pequeño pero no débil,

---

[182] El término alude, en Centroamérica, a aquellos que procesan y tuestan el café. (N. del E.)

tiene que cuidar activamente de que todos los ciudadanos puedan comerciar libremente en los mercados.

La polarización social ha existido siempre, pero se oculta un tanto mejor en una sociedad democrática. La democracia también tiene el mérito de que disimula las polarizaciones ideológicas, pues en el nivel de las apariencias tiende a volver semejantes y hasta compartidos los valores políticos de quienes mandan y de quienes obedecen. El votante ahora se pregunta quién es capaz de hacer lo mismo, pero mejor. El régimen bipartidista es vigoroso pero las transacciones por arriba lo vuelven innecesario. Sin duda, una tercera fuerza, de mayor consistencia democrática, podría renovar la competencia electoral y darles nuevas oportunidades de participación a los nuevos ciudadanos. Es éste un desafío histórico que puede profundizar la democracia. Pero si esto no ocurre es porque la nueva generación se ha desentendido de los valores de la vida pública. Hay una causación circular, el gato que gira para morderse la cola.

Tal vez habría que prever que en el futuro inmediato el fundamento de la democracia consensual costarricense podría alterarse.

Tendría que darle paso a lo que Laclau y Mouffe llaman el más importante de los rasgos democráticos: el conflicto. Profundizar la democracia es hacer descansar la fuerza de la democracia no sólo en la unanimidad o el consenso sino en el pluralismo del conflicto, y en la capacidad del poder para resolverlo con sus propios mecanismos legales. Si esta capacidad se debilita y las leyes no son respetadas, la dictadura está a la vuelta de la esquina. La democracia moderna tica es la única que no se apoyó en el momento de su constitución en un movimiento sindical fuerte en el sector privado. Sólo acepta huelgas de trabajadores de cuello azul. Más bien, se construyó reprimiéndolo. ¿Está preparada la sociedad para el conflicto social?

La conclusión de todo lo anterior es optimista. Las fuerzas que dinamizan la vida democrática en Costa Rica están siendo puestas a prueba con todo lo que ocurre desde 1998. Es, entonces, una crisis que apunta a su fortalecimiento y que necesita de una renovación del Estado tanto como de la sociedad civil. Lo de Guatemala se maneja en un plano histórico distinto. Asistimos a la constitución de una democracia política, que tendrá que ser una democracia racial. El ambiente de paz es favorable y sin duda la voluntad mayoritaria también lo es, pero requiere de un Estado moderno y eficaz y de una sociedad civil que dé paso a la organización sostenida de los intereses particulares que durante mucho tiempo fueron castigados al intentar hacerlo, y particularmente de su sistema político, de la estructura de los partidos políticos.

Experimentando momentos distintos, Guatemala y Costa Rica enfrentan el reto de renovarse para ir hacia delante.

Acerca del pesimismo en las ciencias sociales*

*Hemos tenido miedo a confesar que soñamos;
ha habido cierto pudor personal en declararse optimista.
Lo que se comparte en el grupo más bien es la desesperanza, la resignación a algo que
juzgamos inevitable. Es necesario cambiar la dirección de nuestras vidas
y el desencanto con el presente volverlo una activa ilusión por el futuro.
Las buenas aspiraciones, los sueños positivos siempre fueron más constructivos.*

Una feminista anónima

Introducción

La sociología y las ciencias sociales en América Latina han atravesado diversos momentos de creatividad. ¿Creatividad en las ciencias sociales? Sí, entendido esto de una manera precisa como la capacidad sostenida de proponer interpretaciones holísticas de la realidad que se vive, de producir imágenes y representaciones animadas por una perspectiva de futuro, en el marco de grandes proyectos colectivos, sostenidos por principios de legitimidad compartida por la comunidad científica. Casi, diríase, una creatividad amparada en paradigmas apropiados, según la célebre definición que para las ciencias duras propuso Kuhn, es decir, las realizaciones científicas universalmente reconocidas que, durante cierto tiempo, proporcionan modelos de problemas y soluciones a una comunidad científica[183]. Este trabajo constituye una breve reflexión realizada en una óptica casi biográfica (¿estrictamente personal?) acerca de dos momentos experimentados por las ciencias sociales en general, pero de manera particular por la sociología/ciencia política, que a nuestro juicio corresponden a dos momentos objetivos, pero ex-

---

* Texto extraído de la *Revista de Ciencias Sociales*, N° 94, 2001 (IV), pp. 151-167.

[183] T. S. Kuhn, *La estructura de las revoluciones científicas*, México, Fondo de Cultura Económica, 1991, p. 13.

perimentados subjetivamente como expresivos de estados de ánimo acerca de la modernización de América Latina. No se postula en ningún momento que pueda encontrarse una relación causal entre la euforia por el desarrollo, que aconteció en la segunda posguerra, especialmente a partir de los años sesenta, y el despertar de las ciencias sociales; o el escepticismo y la desesperanza que desaniman los actuales proyectos de desarrollo, acompañados por una conciencia de que estamos experimentando el fin del pensamiento clásico en las ciencias sociales, y con ello, el fin de la certidumbre en las mismas.

Hacia los años sesenta se inició pausadamente la institucionalización de la docencia y la investigación en ciencias sociales en México, Argentina, Brasil y Chile. Fue un momento acompañado no sólo por la ampliación de la *currícula* universitaria sino por la dedicación de un conjunto de intelectuales que empezaron a hacer investigaciones, a impartir cursos, publicar libros y revistas sobre ciencias sociales y que mantenían una actitud de "modernidad" tanto con relación a lo que producían como por los resultados que esperaban obtener en un medio cultural y social que no estaba aún preparado para esa clase de consumos. Es ésta una referencia a un momento germinal que coincidió con la percepción de las posibilidades de desarrollo, asumidas como el momento esperado de la modernización capitalista tantas veces postergada.

Se buscaba, con una voluntad alimentada por ilusiones desarrollistas, sustituir la economía agraria tradicional por una de base industrial, la urbanización de la población acompañada con nuevas oportunidades educativas, la secularización de la vida social, la apertura en la participación política, avances en la racionalización del Estado y la implantación de una democracia política. Todos éstos son rasgos de una condición de modernidad que se alcanzan a lo largo de un proceso de modernización sostenido. No resulta casual esta concepción operacional de la modernidad. Hemos sido formados, en una perspectiva histórica general, por una herencia cultural de modernidad que alimentó nuestras vidas y esperanzas. Por una concepción de que el cambio está finalmente impulsado por dos poderosas fuerzas que representan, por un lado, el progreso económico, la ciencia, los descubrimientos tecnológicos, las transformaciones materiales, es decir, *la razón científica al servicio del bienestar del hombre*; y por el otro, la fuerza secularizadora que nos libera de la opresión, del atraso cultural, de las explicaciones religiosas o mágicas, de los poderes tradicionales o carismáticos y nos hace hombres conscientes, autónomos, libres. Es decir, *la razón política que moderniza la vida social y política de la vida en comunidad.*

Este trabajo está inspirado en esa concepción, es decir, *la modernidad, que es por un lado la fuerza del progreso económico de toda la sociedad, y por el otro, de la democracia política que se abre a la libre participación ciudadana.* Casi toda la producción sociológica de la primera época a la que nos referimos inicialmente estuvo animada por la referencia a un futuro mejor por moderno y al alcance de la mano. Hay que ver los textos que relatan la historia del pensamiento social de los años sesenta y setenta y que coinciden en subrayar lo que constituyó el rasgo preeminente, como actitud y como objetivo, de aquella producción intelectual: una vigorosa motivación por los problemas del atraso y por el desarrollo social como totalidad, un interés por los aspectos culturales, sociales y políticos que ponían de manifiesto una realidad superable, corregible.

La sociología surgió rechazando la realidad, asumiéndola como una historia de malformaciones a la que le habría llegado su hora quirúrgica. Como resultado de esa vergüenza, la reacción era el desarrollo de un compromiso moral/intelectual/político, en las ciencias sociales, que surgía en un momento también favorecido por el clima de la euforia desarrollista posbélica.

En este final de siglo, por razones que no es posible desarrollar aquí, vivimos una contradictoria experiencia del proceso de modernización que intenta volver compatible, en los nuevos espacios de la modernidad, la democracia liberal como régimen político con el mercado libre como modelo del desarrollo y del progreso técnico. Empiezan a experimentarse ya los efectos negativos de este maridaje, no tanto porque en la historia ha sido ya experimentada largamente su difícil coexistencia, como por los síntomas crecientes de la ambigüedad de hoy en día en que la democracia se vive como la administración de una formalidad electoral y el crecimiento económico como una experiencia crecientemente excluyente de las mayorías. Si se profundiza más este análisis, la democracia debería apoyarse en una sociedad menos desigual y más incluyente. Pero estos resultados sólo pueden alcanzarse a través de diversas formas de regular el mercado desde el Estado, lo cual resultaría insoportable si no se quieren perder niveles de competitividad y eficacia. La globalización en sociedades pobres no deja alternativas. La construcción democrático-liberal está guiada por la lógica del mercado libre donde la secularización política resulta a la postre adversa a la renovación económica. *Ya ocurre que se enfatiza más lo liberal que lo democrático.*

Modernización y modernidad: la razón triunfante

La óptica con la que se empezó a examinar la realidad nacional y regional en los sesenta fue esencialmente crítica y voluntarista, pues se percibía el mundo en el momento en que vivía un importante momento de transformaciones. En verdad, la euforia por el cambio lo impregnó todo; de ahí que interese destacar cómo se expresó ese estado de ánimo en las ciencias sociales. El punto de partida metodológico era el principio de la síntesis y de la totalidad, que forman, por lo demás, y como es bien sabido, parte de la tradición de la sociología en sus comienzos como disciplina.

El pensamiento social en su versión universitaria, más sistematizado como disciplina, surge alrededor de los años sesenta fuertemente motivado por la urgencia de la modernización de la sociedad, pero no a partir de un discurso de raíz utópica sino como una modernización posible derivada de la cognoscibilidad de la estructura socioeconómica y que en el ámbito de la política aparecía como una tarea posible. Esta perspectiva era compartida por los diversos enfoques teóricos que estaban emergiendo.

1. La sociología de la modernización surgió primero, y postulaba el proceso de cambio como una transición a partir de una dicotomía conceptual que se describía como el movimiento desde la sociedad tradicional –rural, sagrada, analfabeta, autoritaria, prescriptiva– a la sociedad industrial moderna –urbana, secular, democrática, electiva, etc.–[184]. Se entendía que la diversidad regional latinoamericana se encontraba en diversos momentos de ese tránsito y que era posible apresurarlo en muchas de esas sociedades si se satisfacían las variables/requisitos que en su experiencia histórica las sociedades más desarrolladas ya habían satisfecho. La clave del cambio era la diferenciación creciente en los distintos órdenes de la vida: en la economía, en las instituciones políticas, en los roles sociales. La complejidad moderna es la expresión de una especialización a gran escala trazada por la razón y ejecu-

---

[184] Resultaba muy familiar en aquel clima cierto modelo dicotómico, cualquiera que fuese el nombre que se le diera al estado inicial y al estado final, como el desarrollo que debía experimentar toda sociedad. Son las clásicas formulaciones de Tonnies, Durkheim, Becker, Redfield y otros. Este modelo fue utilizado por vez primera en el Seminario Latinoamericano sobre Metodología de la Enseñanza y de la Investigación de las Ciencias Sociales, FLACSO, Santiago de Chile, 22-29 de septiembre de 1958, que marcó el nacimiento de esta institución.

tada por la disciplina y la voluntad conjunta del Estado, y por la acción innovadora de esos actores especiales, los empresarios originales del primer día.

Había, pues, una meta asequible, precedida de señales y condiciones que las elites dirigentes debían advertir, seguir y satisfacer necesariamente. Era como un vasto ideal de modernización fijado de antemano por una racionalidad universal que el Estado y los actores clave podían asumir. En su versión más conocida, ésta fue la sociología de la modernización que popularizó por aquellos años, con su enorme talento, G. Germani[185]. Era una derivación de raíz weberiana envuelta en un ropaje parsoniano[186] y la de los varios discípulos de éste. En un breve paréntesis recordemos que por esos años Talcott Parsons, desde la Universidad de Chicago, venía elaborando la propuesta teórica más ambiciosa hasta entonces intentada después de la muerte de Weber. *La gran teoría*, como la calificó despectivamente Wright Mills, trató de ser una enorme síntesis explicativa de la conducta humana en sociedad y la naturaleza de las relaciones sociales, todo en clave funcionalista. Por cierto y de manera temprana, los corazones y las mentes de esa generación se dividieron entre una "derecha" funcionalista y una "izquierda" marxista.

El conjunto explicativo que Germani propone para América Latina está asentado en el convencimiento implícito de una confianza plena en la capacidad racional de los actores promotores del desarrollo. Solamente era cuestión de asegurar la fidelidad a las condiciones del modelo histórico para que los resultados obtenidos fuesen los deseados. El optimismo era derivado, reflejo de una sabiduría que ya había exhibido su eficacia en el feliz ejemplo de las grandes sociedades industriales, de las democracias consolidadas del Occidente próspero. La síntesis final, en clave conductual, es que resulta importante introducir cambios en el tipo de la acción social predominante, que de prescrita (cerrada, inmutable, impuesta) debería convertirse en una acción electiva (racional, abierta, libre); también era necesaria la institucionalización del cambio como actitud renovadora, dejando atrás el rígido respeto por lo tradicional, inmutable.

En una versión simplificada pero igualmente optimista, se popularizó la imagen en los medios universitarios de que los países desarrollados nos esta-

---

[185] Gino Germani, *Política y sociedad en una época de transición: de la sociedad tradicional a la sociedad de masas*, Buenos Aires, Paidós, 1962, y del mismo autor, *La sociología científica*, México, UNAM, 1956.
[186] Talcott Parsons, *The Social System*, Glencoe, The Free Press, 1959, y *Essays in Sociological Theory*, Glencoe, The Free Press, 1958.

ban enseñando el camino. Llegó como un mensaje con tonos ideológicos al divulgarse como una panacea: el cometido no era simple pero se proponía saber copiar el esquema histórico, calcar inteligentemente lo que ya había sido experimentado exitosamente[187]. *Una racionalidad de tono menor que nos llevaría más o menos directamente a convertirnos en una tercera o cuarta versión de los Estados Unidos, Inglaterra o Francia, pero pobres.* Los cambios fundamentales en la estructura atrasada debían estar presididos por un proceso de secularización, basado "ya no sobre valores inalterables de la tradición sino sobre actitudes racionales, la disposición al cambio a través del ejercicio del libre análisis, y sobre todo *la disposición al cambio a través de la razón*"[188]. La lógica que subyace en este esquema o que lo inspira, subraya la unicidad del desarrollo y la multiplicidad de sus expresiones históricas.

El esquema que aquí estamos presentando es mucho más complejo y está repleto de otros requisitos, algunos de los cuales aparecen en la forma de dificultades y obstáculos para el cambio. Pero se inspira en una predisposición natural que *sobrestimó siempre, más que las tendencias espontáneas del cambio socioeconómico,* la facilidad de repetir la experiencia eurocéntrica de la industrialización.

Se reiteraba que ella requirió y se bastó con la emergencia de empresarios emprendedores, héroes individuales de la ascesis puritana, del ahorro, de la inversión, de la iniciativa schumpeteriana.

Hay aquí una razón mercantil que, si se atiende, ofrece una visión amable del futuro de América Latina. Los mecanismos para producir el cambio nunca fueron explícitos. ¿Cómo formar empresarios innovadores, capaces de la aventura industrial bajo su propio riesgo? ¿Cómo asegurar la ascesis capitalista y proscribir el consumo suntuario de la elite dominante, en una época en que opera perversamente "el efecto de demostración" del consumo suntuario? El sesgo norteamericano de esta propuesta inició el debate, pero fue competido, y en algún momento, incomprendido, y finalmente, dejado de lado. *Sólo nos interesa destacar, en este trabajo, que la sociología de la modernización marcó el comienzo de una etapa optimista en el desarrollo económico y en las ciencias sociales, que ahora echamos de menos.*

---

[187] Fueron numerosas las obras que desarrollaron esta perspectiva. En su versión en español fueron muy divulgados los trabajos de Bert Hoselitz sobre el crecimiento económico de América Latina.

[188] Gino Germani, *Política y sociedad en una época de transición: de la sociedad tradicional a la sociedad de masas, op. cit.,* p. 72. El énfasis en la acción racional es de origen weberiano, pero reiterada en la visión de Talcott Parsons (énfasis nuestro).

2. Lejos de esta explicación del cambio, pero aún igualmente animada por un horizonte risueño como la sociología de la modernización, fue elaborándose la versión desarrollista del cambio.

Ésta se fue creando en una matriz economicista del desarrollo, cuyo punto de partida fue la tantas veces proclamada *fuerza expansiva del capital*, postulada 100 años atrás por Marx. Se decía que el capitalismo está animado de una tendencia a expandirse planetariamente como resultado de una cualidad intrínseca, dinámica, de las fuerzas productivas. Lo que no dijo Marx, sino Rosa Luxemburgo (primero), y luego fue comprobado empíricamente por muchos (Hilferding, Gerschenkron, Polanyi, etc.), es que las fealdades originales precapitalistas no quedarían maquilladas por el crecimiento, por más vigor que la dinámica del capital adquiriera. Por el contrario, la naturaleza del crecimiento conduciría a exacerbar las diferencias, a extraer excedentes de las economías coloniales del mundo precapitalista incorporado por diversas vías a una metrópoli imperialista. La visión que interesa subrayar es que las posibilidades del crecimiento en los márgenes y las desigualdades inherentes a la expansión mundial del capital producirían, dicho en lenguaje topográfico, un "centro" y una "periferia" interdependientes, de forma asimétrica.

Esta tendencia inmanente del sistema capitalista a producir y profundizar desigualdades fue percibida de manera particularmente aguda por Raúl Prebisch y elaborada como el punto de partida de una audaz propuesta teórica correctora de los vicios que el desarrollo produce en la periferia[189]. El optimismo burgués de Prebisch predica el desarrollo como posibilidad y como necesidad basado en un conjunto de supuestos históricamente factibles y teóricamente válidos. El atraso latinoamericano es efecto –entre otras varias causas, igualmente importantes– de la naturaleza del intercambio comercial desigual y de la inequidad en la distribución de los frutos del progreso técnico, todo ello efecto de las estructuras económicas atrasadas. Las desigualdades existentes reproducen con el comercio la distancia entre el centro industrial y la periferia agrícola.

---

[189] Aunque Raúl Prebisch fue el inspirador y el más importante pensador de la CEPAL, concurrió en las décadas de los cincuenta y sesenta un importante contingente de economistas, sociólogos y otros especialistas latinoamericanos, cuyas contribuciones fueron decisivas también y que no se mencionan por la naturaleza de este trabajo.

En consecuencia, la respuesta es también la industrialización de la periferia, que absorbería la población redundante del campo, crearía mecanismos endógenos de acumulación, innovación tecnológica y oferta de bienes a precios menores, todo lo cual produciría una activa diferenciación social y mejoraría los desequilibrios externos y los términos de intercambio internacional.

Estos resultados podían prefigurarse si lo hacían apropiadamente la voluntad política del Estado y de los actores vinculados con el cambio.

Los proyectos de modernización, en consecuencia, pueden ser planificados y dirigidos por el Estado, que además en tanto agente promotor del cambio, construiría la infraestructura de comunicaciones, energía y servicios básicos, facilitaría la industrialización vía incentivos fiscales y tarifarios, haría la defensa del mercado interior para que crecieran en "condiciones de invernadero" las jóvenes industrias del subdesarrollo. Ordenar el crecimiento requiere políticas públicas trazadas con propósitos específicos, con recursos técnicos resultado de una deliberada voluntad de transformación.

Junto a la industrialización se necesitaba modificar la estructura agraria y los componentes que acompañan la producción del latifundio-minifundio. Hubo también elaboración de aspectos relativos a políticas fiscales, monetarias y salariales. Como puede verse, fue éste un proyecto reformista de largo alcance, sin duda el más audaz y completo por el período histórico en que se produjo y por los alcances que tuvo[190]. Habría que agregar que con relación a estas propuestas, la derecha empresarial desconfió de los medios, y la izquierda obrerista de los fines.

El proyecto de modernización de la periferia elaborado por Prebisch/CEPAL reiteró siempre la necesidad del cambio dirigido, el camino de la industrialización como una propuesta de planificación del desarrollo. Fue una propuesta a la sociedad de aplicar las llamadas políticas de "desarrollo hacia

---

[190] La producción intelectual fue numerosa, innecesaria de citar en este contexto. No obstante, véase por ejemplo, "Hacia una dinámica del desarrollo latinoamericano", en *Revista de Comercio Exterior*, 1963 y *Transformación y desarrollo: la gran tarea de la América Latina,* México, Banco Interamericano de Desarrollo (BID) y Fondo de Cultura Económica, 1970. Posteriormente el pensamiento de Prebisch se radicalizó, tal como aparece en *El capitalismo periférico, crisis y transformación*, México, Fondo de Cultura Económica, 1981, que es un alegato terminal a favor de la transformación política del capitalismo en la periferia. En esta obra, el optimismo ya no aparece. Es más bien el desencanto en relación con las dificultades virtualmente insuperables para alcanzar el desarrollo.

adentro", impulsadas a contrapelo de aquellas dirigidas desde el exterior y basadas en la demanda externa. Ahora se postulaba un modelo de alta racionalidad económica en provecho de la sociedad, y especialmente de los empresarios locales, una estrategia que requirió una amplia protección estatal, casi se diría, un tipo de crecimiento capitalista políticamente dirigido. Se necesitaban planes de ordenamiento de la economía, ejecutados por autoridades técnicas, y un Estado capaz de instrumentarlo.

Era indispensable, para el éxito de tales proyectos, una acción voluntaria apoyada en la fuerza racionalizadora del Estado, capaz de ejercer un papel corrector de las insuficiencias dinámicas de la economía y de la distribución del excedente. Las políticas públicas que se generalizaron en los años sesenta y setenta fueron una multiplicación de proyectos de desarrollo, aceptadas por los gobiernos latinoamericanos. *Constituyeron sin duda la expresión más transparente de un reformismo iluminista*, apoyado en las razones de la técnica y del poder. Las virtudes de la planificación como estrategia implican una confianza en la racionalización de la realidad, una convicción implícita de que también hay una racionalización del poder. *Poder y realidad apoyadas en unas ciencias sociales optimistas que hacían la articulación entre conocimiento y cambio.* Las investigaciones realizadas en esta perspectiva, la numerosa bibliografía producida, enriquecieron las ciencias sociales de la época.

Surgieron en todos los países los Ministerios de Planificación, creados con politizada ilusión en sus virtudes funcionales.

La utopía del plan entró también a la academia, multiplicándose numerosos programas docentes en las universidades, para formar "planificadores" apoyados en la idea de que la voluntad política podía modificar el mercado. Aun más, Prebisch lo dijo a su manera: el papel del Estado es socializar la técnica y crear estímulos a la iniciativa privada, para utilizarla. Es la definición de un Estado que intermedia entre una racionalidad superior derivada de sus pretensiones universalistas, y una realidad compleja que percibe a través de los intereses particularistas del mercado, donde los intereses privados pueden jugar un papel organizador. Se suponía, finalmente, que el Estado en la periferia puede expresarse como un poder planificador, dotado de una razón ordenadora del desarrollo económico. En esa época, la CEPAL construyó una estructura de conocimiento empírico, estadístico, analítico, que enriqueció el saber sobre estos países como nunca antes ni después ha ocurrido.

3. Del interior del debate entre el discurso estructural-cepalino y la sociología de la modernización surgió una propuesta de interpretación de la historia latinoamericana. Apoyado en la refutación de ambos y valiéndose igualmente de una perspectiva estructural, surgió *la noción de dependencia* (que muchos elevaron al estatus de teoría, sin que lo fuese). Fue elaborada, hacia finales de los sesenta, por un importante grupo de científicos sociales que vivían en Chile, encabezados por F. H. Cardozo y E. Faletto, y coreada por una generación de intelectuales de todo el mundo en los años posteriores. Alcanzó muy pronto una enorme popularidad en razón inversa a su efectiva comprensión conceptual y metodológica.

En su libro seminal[191] se plantea que la situación de subdesarrollo se produjo históricamente cuando la expansión del capitalismo comercial, y luego del industrial, vinculó a un mismo mercado economías en diversos grados de diferenciación productiva, en razón de lo cual ocuparon posiciones distintas en la estructura global del sistema capitalista.

De ahí que no sólo exista una diferencia de condición del sistema productivo sino también una función especial dentro de ese orden internacional. Ello supone, además, una estructura definida de relaciones de dominación. Lo novedoso fue analizar cómo las economías subdesarrolladas se vincularon históricamente al mercado mundial y la forma en que se constituyeron los grupos sociales internos que definieron tales relaciones hacia afuera. La derivación de este enfoque implica reconocer que *en el plano político existe algún tipo de dependencia en la situación de subdesarrollo.*

La dependencia de los países menos desarrollados surge con la expansión económica de los más desarrollados, lo que implica una forma de dominación que se manifiesta en la actuación de los grupos que controlan localmente la producción. Hay una gradualidad que, en situaciones extremas, hace que las decisiones que afectan la producción y el consumo de la sociedad dependiente se tomen en función de la dinámica y de los intereses de las (clases) economías desarrolladas. La noción de *dependencia*[192] alude a las condiciones de existencia y funcionamiento del sistema económico y polí-

---

[191] F. H. Cardoso y E. Faletto, *Dependencia y desarrollo en América Latina*, México, Siglo XXI, 1969 (hay numerosas reediciones).

[192] Es distinta la noción de *subdesarrollo*, que se refiere a un grado de diferenciación del sistema productivo y de la de centro/periferia, que alude a las funciones que cumplen las economías subdesarrolladas en el mercado mundial.

tico en sus expresiones internas y externas. El desarrollo de una sociedad no supone su independencia, pues *no hay un nexo inmediato entre la diferenciación del sistema económico y la formación de centros autónomos de decisión*. La alteración en forma sustantiva de la relación de dependencia está supeditada a la esfera política del comportamiento social. Si se parte de una interpretación global del desarrollo, los puros estímulos de mercado son insuficientes para explicar el crecimiento. En síntesis, son los factores político-sociales internos (vinculados a la dinámica hegemónica externa) los que producen políticas que aprovechan las oportunidades del crecimiento económico. La interpretación dependentista de la formación y desarrollo del Estado-nacional requiere que el núcleo político de las fuerzas sociales internas tenga cierta autonomía frente a las relaciones económicas externas, que sin embargo siguen siendo decisivas. "En esto radica, quizá, el núcleo de la problemática sociológica del proceso nacional de desarrollo en América Latina"[193]. La contribución analítica reside en que la dependencia no es externa, como en la teoría del imperialismo, sino que tiene una expresión específica interna en el modo de relación entre las clases y grupos de poder: es decir, que implica una situación de dominio que supone estructuralmente un vínculo con el exterior.

De ahí la lectura intencionada que una generación de izquierda realizó, convirtiendo una propuesta analítica en un programa político: sustituir las clases "portadoras" de la dependencia, la burguesía, por una alianza que no actuara desde el Estado, como si fuera el aparato administrativo de la dominación externa. Hubo dependentistas de todo pelaje. Unos, más volcados a la versión economicista, fueron reformistas en su decisión militante; otros, la mayoría, asumieron la exégesis politicista, que los aproximó fácilmente al marxismo. Con las urgencias de la época, se produjo finalmente una inversión teórica producto de la emoción patriótica, con el resultado de que la independencia nacional fue más importante que el desarrollo. La revolución pospuso el crecimiento y esto se reflejó en los resultados del trabajo de algunos científicos sociales.

La modernización de las estructuras de la dependencia, el fortalecimiento de los centros nacionales de decisión, pasaban por la construcción del Estado como eje aglutinador, como la expresión de un poder moderno y democrático. El atraso no es una fatalidad estructural vinculada con la condición de dependencia.

---

[193] F. H. Cardoso y E. Faletto, *Dependencia y desarrollo en América Latina, op. cit.*, p. 29.

La CEPAL proponía en óptica economicista la política del cambio; la noción de *dependencia*, una versión politicista de la independencia económica, ambas inspiradas en los alcances posibles de la modernidad y en la afirmación, como trasfondo común, del universalismo de la razón, técnica-burocrática en un caso, política-cultural, en el otro.

Lo importante no era aislarse de los modelos culturales que necesariamente vienen del centro, sino incorporarlos a la periferia en las nuevas condiciones políticas favorables al rompimiento de la alianza dependiente-estructural. La intervención de los grupos populares como actores en este escenario fue una derivación izquierdista pero inevitable de la noción de *dependencia*. Esa relación llevó a uno de los dependentistas más conocidos, A. Gunder Frank, a preguntarse con ánimo izquierdista: ¿quién es el enemigo principal? ¿La clase dominante local, que es la que explota directamente y a la que se enfrenta cotidianamente en la puja salarial, o la burguesía imperial, lejana y ausente, pero que es la que finalmente se apropia del excedente? La conclusión era inevitable: romper la dependencia para alcanzar el florecimiento nacional era entendido como la necesidad de derrotar a la oligarquía local.

Fueron los epígonos de la propuesta conceptual, abundantes en número, que no en calidad, los que forzaron diversas iniciativas prácticas, instrumentales, de la noción de *dependencia*.

Se produjo entonces una convergencia entre el "dependentismo" como alegato a favor de la nación, con el marxismo como denuncia antiimperialista. Con esta inspiración interpretativa, una parte de las ciencias sociales de América Latina alcanzó el clímax voluntarista, como herramienta intelectual para el cambio, en la que se indoctrinó una generación de jóvenes que más que científicos sociales fueron activistas políticos. Esta reedición latinoamericana del llamado en Europa "marxismo de cátedra" fue más una opción ideológica que una materia de estudio científico. De hecho, la teoría marxista siempre estuvo en deuda con la realidad en la mayoría de estos países. Aún más, la raíz racional del marxismo fue sustituida por la vivencia emocional de tonalidad guevarista. Y entonces, el compromiso con las ciencias sociales quedó mediatizado irremediablemente con el activismo político.

Subyace en todo esto una trasgresión que se pagaría caro, como fue instrumentalizar la razón para finalidades sectarias, para efectos inmediatistas, con pretensiones de capilla. Los resultados propiamente social-científicos nunca se tuvieron. En el interior de una abundante literatura producida en la óptica dependentista-marxista, ¿existe acaso una obra fundamental de análisis concreto de una situación nacional (o regional)? Es ésta una deuda y una laguna que es problemático reconocer. El marxismo vulgar –que en opinión de Paramio es la única posibilidad de existencia del marxismo– y aun más, etnocéntrico y de manual, ganó más voluntades que mentes.

Sin embargo las ciencias sociales encontraron en el marxismo una fuente de inspiración simbólica, una cantera de temas problemáticos, de conceptos que enriquecieron el lenguaje, aunque muchos de ellos adaptados a los usos de la emoción subversiva, o como un referente culturalista de buen tono. En resumen, el marxismo facilitó una interpretación de la realidad imaginada y un acercamiento a la teoría de la revolución. En realidad, fueron, en plural, los marxismos (trostkistas, althuserianos, prochinos, peces prosoviéticos, gramscianos, y mil modalidades de ortodoxias), que traducidos por un lenguaje militante alimentaron, primero, una confianza indiscutida en el conocimiento que "producían", y luego, un desbordado entusiasmo en las posibilidades de cambio.

La razón ilustrada de la planificación del desarrollo, de la CEPAL, para uso oficial, fue paralela con la convicción iluminista de la revolución, orientada a movilizar militantes. Como ya se dijo, tuvieron en común una perspectiva optimista del futuro, que previeron mejor porque podía cambiarlo. Propiamente, por ser modifi cable podía ser perfectible, porque lo real está preñado de lo racional. Frente a tales posibilidades jugaban un papel importante tanto el funcionario técnico que prefiguraba en su discurso una sociedad moderna, como el ideólogo inflamado de convicciones que en su proclama soñaba con un mundo mejor. No obstante, en aquel momento nada fue más distante entre sí como el discurso del experto en cuestiones del desarrollo, cuya energía estaba al servicio del orden político que se quería transformar, pero dentro de los límites del sistema, y el razonamiento del cuadro político, cuya fuerza descansaba en una nueva interpretación de la realidad, que buscaba destruir el *establishment*.

A partir de los sesenta, pero más aún en la década siguiente, con raíces endógenas pero estimulado por la Revolución Cubana, el descontento social creció en intensidad. Fue éste un momento ascendente en las luchas sociales y políticas, animadas como nunca antes por una voluntad de cambio revolucionario.

Diversas modalidades del marxismo se divulgaron y penetraron fuertemente en las ciencias sociales. Hubo momentos en que las escuelas de ciencias sociales y, en general, la universidad misma, fueron el centro de un activismo político sin precedentes. No se supo nunca si la sociología radicalizaba al joven estudiante, o si el joven radical se inscribía como estudiante de ciencias sociales.

Los fracasos de la modernización

Hasta mediados de los años setenta fue ésta una época de momentos importantes en el crecimiento y modernización de las sociedades latinoamericanas. No fue sostenido ni generalizado, pero hubo cambios socioeconómicos en los niveles cuantificables de la urbanización, educación, instalación de un parque industrial; una importante diferenciación estructural que dejó atrás el destino primario-exportador en muchas de estas sociedades.

Algunos otros países quedaron retenidos por su poderosa base agraria, y fue ahí, como en Centroamérica, donde las estrategias de cambio revolucionario prosperaron. Los cambios en el reino de la economía no estuvieron necesariamente acompañados por alguna forma de secularización de la vida democrática. Ha habido una indeterminación sospechosa entre crecimiento y democracia, y más bien, en algunos países de Sudamérica, la implantación de regímenes burocrático-autoritarios, como los calificó O'Donnell, se explica como el expediente burgués para profundizar el capitalismo y ordenar su crecimiento. Sólo en Chile ocurrió con éxito ese proyecto.

Ya desde tiempo atrás, la sociología del desarrollo, que nunca salió de la Universidad, fue abandonada por los académicos al olvidarla en sus gavetas y no incluirla en el *pensum* de estudios.

El propio Germani, en el otoño de su vida, quedó descorazonado por los efectos limitados de la modernización y por sus efectos visibles en la constitución de regímenes autoritarios. La derivación en la esfera cultural no aseguró el mínimo de integración social para la estabilidad de los regímenes democráticos, por la fuerza regresiva de las tradicionales formas de legitimación. Pluralismo y legitimidad no son fácilmente resueltos en el interior de la modernidad latinoamericana, pues la heterogeneidad de la sociedad no facilita la unanimidad de la soberanía popular. El temor de Germani fue la incompatibilidad entre desarrollo y libertad, entre modernidad y democracia.

Cuando todo esto ocurrió, la bancarrota de los presupuestos de la "planificación del desarrollo" era evidente, al resultar improbable la existencia de una racionalidad histórica que era susceptible de conocerse y manipularse. La realidad resultó ajena a aquellas sospechas optimistas y muy pronto los momentos desfavorables al cambio social empezaron a experimentarse con signos contradictorios y de múltiples maneras. El malestar económico causado por el primer aumento en los precios del petróleo (1973) prefiguró lo que luego vendría como el remolino de una crisis a comienzos de los años ochenta, que desorganizó las economías de la región y hundió el optimismo desarrollista. Por su parte, ya antes también las políticas intencionales de industrialización sustitutiva fueron paulatinamente engavetadas[194]. La decepción de las virtudes del proyecto desarrollista desde la cúpula se generalizó por sus propios defectos y no necesitó que la crisis la reforzara, pues el crecimiento económico, cuando se produjo (como efectivamente sucedió), fue siempre un resultado no previsto. Hay en esto una cruel paradoja en que los agentes de la modernización planificada son víctimas de su propia programación, pues confiaron en una razón técnica que fue a la postre una ilusión política, una burbuja de un saber extraño a la realidad eminente en que se mueve el sentido común.

En los ochenta, la crisis de la deuda externa golpeó a todos los países latinoamericanos, lo que obligó a aplicar estrategias de salvataje que privilegiaron el mercado globalizado, libre, y que apartaron al Estado de su viejo papel promotor. Por eso afirmamos que ésta fue *sobre todo una crisis del Estado y no una crisis del mercado*, como en los años treinta. Fue una crisis fiscal, una devaluación del modo de intervención estatal en la sociedad, un debilitamiento de la forma burocrática de administrar lo público.

Esa crisis descompuso al Estado en todas sus expresiones, desde el Estado autoritario en América Latina, del providente en las sociedades del capitalismo-de-bienestar, del Estado totalitario, en los países del socialismo real. La ciencia social latinoamericana en aquel momento era estadólatra. Lo fue a disgusto en la sociología de la modernización, cuando había que modernizar al Estado al expulsar del poder a la oligarquía; lo fue como actor/eje en el Es-

---

[194] En Brasil se produjo una experiencia particular e imprevista, donde la devaluación cambiaria para proteger las exportaciones de café facilitó políticas de sustitución de importaciones en los años cuarenta.

tado planificador en la visión desarrollista, y también como el núcleo decisivo de la alianza antidependentista. La izquierda sociológica vio en el Estado la institución clave que había que controlar para ordenar la sociedad, como el objetivo de la tentación del proyecto revolucionario.

En cualesquiera de tales orientaciones, al Estado se le atribuyó una racionalidad y aparecieron los tecnócratas, que ejercieron funciones de orden y dirección, dotados de eficacia frente a la complejidad de lo social. Todo esto es importante menos por la crisis económica que por los fracasos del desarrollismo planificado, menos por los aprietos del marxismo que por el hundimiento del socialismo; *el Estado y la política resultaron seriamente desacreditados en estos años*. La crisis del desarrollismo y del socialismo que puede deducirse de la crítica de la matriz iluminista, en opinión de Hopenhayn, está articulada con la ofensiva ideológica en pro del mercado que a escala planetaria se ha intensificado en los ochenta. El neoliberalismo forma parte de una ofensiva antiiluminista y antiestatista que se resume en una crítica de la función transformadora de la política y en una desvalorización de la intervención estatal para regular las relaciones económicas[195]. La ola conservadora revaloró las funciones del mercado y situó al actor empresarial en el centro del escenario social. En medio de la debacle, no fue difícil aceptar el criterio de que las políticas de ajuste económico y liberalización eran el único camino que podía seguirse. Su lógica, representada por el ahora abandonado Consenso de Washington, no dejaba alternativas. Para salvar lo que quedaría de la etapa poscrisis, lo sensato pasaba por el mercado libre y el Estado subsidiario. En toda la región, el Estado se ha replegado a sus funciones mínimas de orden y control, administrador contable de los gastos sociales y agente minusválido en el ámbito internacional de una soberanía transnacionalizada. Por eso, como lo recuerda P. Anderson, la mayor victoria ideológica del pensamiento neoliberal fue la de no dejar margen para el disenso, en la fuerza de la unanimidad de sus respuestas. Cuenta entre sus éxitos "más notables el estrechamiento radical de los límites del imaginario colectivo, el encarcelamiento de los márgenes de lo que es posible pensar, y la internacionalización del discurso mercantil"[196]. Las energías en el ámbito público, el culto a la razón téc-

---

[195] M. Hopenhayn, "¿Pensar lo social sin planificación ni revolución?", en *Revista de la CEPAL*, N° 48, diciembre de 1992, p. 140.
[196] H. Sonntag *et al.*, "Modernidad, desarrollo y modernización", en *Pensamiento Propio, Revista Bilingüe de Ciencias Sociales del Gran Caribe*, nueva época, N° 11, enero-junio de 2000, p. 21.

nica que subyace en el optimismo de los que aspiran a encontrar opciones de cambio, la fe en una utopía terrenal trazada por el conocimiento y la imaginación sociológicos, siempre juntos, se agotaron unos o se esfumaron otras. Todo ello ocurrió como resultado de una transformación radical de las percepciones de la sociedad, de la cultura, de los imaginarios que hasta entonces animaban las voluntades colectivas. ¿Fue la sociedad capitalista la que cambió en una dirección no esperada o fueron los lentes utilizados los que quedaron inservibles?

Desde los años setenta, el entorno mundial empezó a experimentar transformaciones de fondo, en una dimensión que sólo recuerda lo ocurrido en la segunda mitad del siglo XVIII. Se vive una gran revolución centrada en las tecnologías de la comunicación y la ingeniería genética. Internet es, al mismo tiempo, el arquetipo y el más poderoso instrumento de dicha revolución.

Y bajo el impulso de estas nuevas tecnologías y formas flexibles de organización y gestión nace *una nueva economía, y con ello una nueva sociedad*, que se caracteriza por el aumento de la productividad y la competencia global[197]. La sociedad digital en proceso de construcción es la sociedad del conocimiento, sobre todo del tecnológico. Las ciencias sociales padecen de cierta orfandad en un escenario donde las redes de la información atraen recursos financieros y humanos. Estamos experimentando el hundimiento de ciertas instituciones y conocimientos, de las formas de producir y consumir, la exaltación tecnológica incorporándose diariamente a la economía mundial y el aparecimiento de nuevas formas de relación social *on-line*. La investigación social, por cierto, tiene aquí una nueva frontera de trabajo.

De hecho fue desde la década anterior cuando aparecieron los signos anunciadores de esta profunda mutación en camino, pero inescrutables debido a esa incapacidad que tiene el ser humano para percibir la naturaleza íntima de los momentos decisivos, cuando están ocurriendo. La conciencia es incompetente para valorarlos en el momento en que los estamos viviendo y el efecto personal es una actitud esquizoide en que lo bueno y lo malo se perciben como opciones compartidas. Crece una falta de confianza porque la gente percibe las diferencias de oportunidades que la globalización ofrece, y el hecho de que el mundo antes dividido entre ricos y pobres (que todavía se

---

[197] Manuel Castells, "Tecnologías de la información y desarrollo global", en *Política Exterior*, vol. XIV, Nº 78, diciembre de 2000, p. 151.

mantiene, agravado) esté siendo complementado por una brecha aún peor, entre integrados y excluidos del actual sistema de riqueza y poder. De hecho, los informes de desarrollo humano registran un aumento de la pobreza y las desigualdades. La teoría de la difusión de la riqueza no está funcionando. Éste es un escenario ideal para alimento intelectual de las incertidumbres.

En esta perspectiva, se deben mencionar brevemente lo que en el recuerdo es como trazar en carne viva una agenda de fracasos: la crisis del marxismo, que antecedió en más de una década a la crisis final del socialismo real; el ocaso de todo proyecto revolucionario; la crisis económica que terminó con la utilidad de los planes de desarrollo; la obsolescencia del Estado empresario; el fin de una modalidad histórica de articulación con la sociedad y el mercado y la pertinencia de una economía desregulada y con libre comercio. La caída del socialismo real, el fin de la Unión Soviética, tienen efectos no sólo políticos sino culturales desastrosos, porque no estamos viviendo la crisis de un tipo de movimiento, régimen y economía, sino su fin, el fin de una época, como lo afirma Hobsbawn[198]. Esta imprevisible mutación tuvo efectos de un seísmo profundo en el terreno de las ciencias sociales. Adelante se registran las líneas generales de semejante metamorfosis crítica. Los sinsabores fueron peores para los socialistas que para los planificadores. Si la razón técnica se disoció de la razón política, para muchos bastó un ajuste burocrático a las nuevas prioridades y permanecer en el presupuesto público, dejando pasar pausadamente la búsqueda de opciones. El saber técnico, gerencial, de ingeniería institucional, fue apareciendo. Pero para el sociólogo revolucionario, el fin del socialismo dejó en el aire las raíces de cualquier proyecto futuro de cambio; el hundimiento fue el fin de una razón vital personal. Y también el debilitamiento de las ideologías fuertes, y aún más, *la sospecha vuelta certeza de que la historia no tiene una dirección ascendente, sino resultados estocásticos*. La imagen de las ciencias sociales asociada con la idea de progreso pierde cierto encanto y se vuelve aburrida.

Todo ocurrió en un breve tiempo, pero en un espacio universal: el brutal fracaso de los socialismos del subdesarrollo (Angola, Mozambique, Etiopía, Afganistán), la caída del muro y el hundimiento de la URSS y de los países eu-

---

[198] Quienes creyeron que la "revolución de octubre" era la puerta del futuro de la historia, se equivocaron, como Lincoln Steffens, al afirmar: "he visto el futuro, y funciona". No funcionó bien pero no resultó ser el futuro. E. Hobsbawn, "Adiós a todo eso", en R. Blackburn (ed.), *Después de la caída del comunismo y el futuro del socialismo*, Barcelona, Crítica y Grijalbo, 1994, p. 127.

ropeos de la democracia popular; y por la cercanía, la derrota de la Revolución Nicaragüense en elecciones democráticas. La reversibilidad del socialismo, trecho superior de la ilusión del desarrollo, prueba en tan poco tiempo los atajos de la historia, las insuficiencias de la razón teleológica, la discutible utilidad de la revolución. La *boutade* reaccionaria es tragicómica, cuando define al socialismo como el camino más largo para pasar del capitalismo al capitalismo.

Las ciencias sociales y el pesimismo

La filosofía postmoderna y el vivo debate que provocó, no produjo, como muchos lo afirmaron, la crisis de las ciencias sociales en América Latina, pero al intersectarse con ella, contribuyó a alimentarla y, *ex post*, a explicarla. Las ciencias sociales fueron paulatinamente alterando su dirección teórica, soltando temas y técnicas, abandonando modelos conceptual-ideológicos y hasta produciendo vergüenza –valga el ejemplo– en la dimensión erudita de ciertas citas bibliográficas, ésas que antes daban prestigio[199]. Fueron varias las razones, en parte originadas en la enorme ola cultural, conservadora, que lo cubrió todo desde los años setenta. El neoliberalismo no llega solo: va de la mano de los seguidores de Popper, de Hayek y de Lyotard. Ocurre cuando de la economía de mercado se pasa a la sociedad de mercado, acompañada por los extraordinarios éxitos de la informática y del mundo de Internet.

En un extremo aparecen los posmodernos, que al proclamar el colapso de la modernidad se preocupan, sobre todo, de referirse a sus bases culturales, y con ello cuestionan los paradigmas en las ciencias sociales. Hay otros que reconocen la crisis de la modernidad, pero animados por un sentido autorregenerativo.

Un primer aspecto importante, que reiteramos ahora, es la crisis de los paradigmas, que en su lenguaje original Lyotard[200] califica como *el fin de los metarrelatos*, categorías generales que han servido para interpretar la realidad, en la mejor tradición iluminista.

---

[199] Citar a Marx aún sin haberlo leído era bien visto; o bien a sus epígonos de la década de los setenta. Hoy en día, el apoyo en estas autoridades teóricas está devaluado.

[200] En la década de los setenta. Hoy en día, el apoyo en estas autoridades teóricas está devaluado.

Justamente, la contribución de los padres fundadores del siglo XIX —Comte, Marx, Weber, Durkheim—, fue la de establecer categorías teóricas que integran y estimulan los procesos de producción de conocimiento, sirven para interpretar la realidad y para ordenarla teóricamente bajo la noción de conceptos como progreso, desarrollo, cambio ascendente, en una visión optimista según la cual la historia marcha en una dirección previsible.

Pero en la óptica posmoderna la historia es discontinua, sin una racionalidad interna, es decir, llena de incertidumbres respecto del futuro. Y la realidad es fragmentada y difusa. El propósito heurístico de la teoría, "iluminar" los datos y hacerlos "hablar", enfrenta dificultades.

La evanescencia de los paradigmas debilitan momentáneamente la investigación en las ciencias sociales, en tanto la realidad pareciera ser sólo parcialmente inteligible, porque parece preñada por el caos, llena de tantas direcciones como investigadores hay, y a lo más que se puede aspirar es a obtener resultados provisionales, parciales, dispersos. Con ánimo ajeno a las modas intelectuales, Savater insiste en que la razón no es suficiente por sí misma y en ciencias sociales es sólo el vínculo con la realidad, cuya verdadera naturaleza sólo se puede conocer a través de la experiencia. Lo real hay que observarlo, someterlo a prueba. La realidad no es conocimiento dado de antemano sino resultado de una aproximación de la razón por medio de la experiencia, de la medición, del cálculo. Atajando "el asalto a la razón", afirma que ella ilumina lo real porque es instrumento y método[201]. Las facultades de la razón no es cierto que disminuyan o nunca fueron suficientes, simplemente que el esfuerzo por desentrañar lo que ocurre en la sociedad, el fenómeno social, pierde momentáneamente coherencia y predecibilidad, en tanto el paradigma, la teoría, ayudaba no sólo a describir cómo son las cosas sino cómo se integran en una dirección conocible, y por ello, modificable.

En rigor, aunque la crisis comprende a todas las escuelas, es la matriz marxista la que resultó más dañada, por sus dificultades para invocar principios teleológicos, por la quiebra del historicismo, porque el pensamiento racional va por ello en otra dirección.

Esa matriz, antes espacio de consensos ideológicos y académicos, de ortodoxias, ahora es sustituida por una matriz ecléctica, que les resta legitimi-

---

[201] Fernando Savater, "El pesimismo ilustrado", en G. Vattimo y otros (eds.), *En torno a la posmodernidad*, Barcelona, Anthropos, 1994, p. 112.

dad a los hallazgos. La sensación que se experimenta es la fragmentación de la realidad, percibida mejor según sus practicantes con los instrumentos del individualismo metodológico y de la óptica microsociológica. Hay una tendencia a percibir más fácilmente la heterogeneidad estructural que retener porciones del tejido social, que restarle complejidad a lo social, con lo cual el extravío de la racionalidad única da paso a la multiplicidad de interpretaciones, al relativismo. Todo esto conduce a la noción de indeterminación de lo social, asunto grave porque se sitúa a contrapelo de la mejor tradición sociológica latinoamericana de los primeros años fundadores.

Las ciencias sociales continúan desarrollándose, y hablar de crisis sólo es válido como referencia al pasado. Es el resultado de proponer una comparación con nostalgia y con el ego lastimado.

Hoy en día hay más instituciones de enseñanza, más investigadores, más publicaciones, recursos y público que hace 20 años.

Y probablemente hay más información sobre estas sociedades.

Pero todo esto ocurre bajo otro techo. Ciertamente se privilegia más el saber tecnológico de lo social, se buscan insumos simbólicos para explicar los procesos sociales aislados, se multiplica la información y se renuncia a la necesidad comprehensiva del mundo y de la sociedad. Los recursos intelectuales se orientan por la ingeniería social. En el nuevo ambiente político y cultural, el perfil del intelectual y del investigador se desdibuja en provecho del experto que sabe, poco o mucho, pero con una utilidad inmediata que tiene precio. Los determinantes de los nuevos escenarios están calificados por las macrotendencias que reconstituyen la sociedad actual, tales como la influencia determinante del mercado, el papel subsidiario del Estado, la desvalorización de lo político y de lo público, la integración internacional asimétrica, la segmentación social que produce la informática, etcétera.

Hubo una época en que el uso del instrumental de conocimientos que manejaban la sociología/ciencias sociales, y sus resultados era un símbolo de estatus. La investigación, el trabajo intelectual en nombre de las ciencias sociales creó un aura para quienes se dedicaban a tales actividades. Eran respetados en el entorno de la cultura tanto como en los pasillos de la política. En los medios académicos y en los lugares adyacentes, el prestigio, el buen nombre, la valoración del investigador alcanzó una legitimidad nueva. Las esperanzas que los científicos sociales o los planificadores alimentaban en un público ansioso, como dueños de un saber para corregir la historia, era más importante que el efectivo manejo técnico instrumental disponible. Paradójicamente, la confianza en los medios era suficiente, a veces, para no valorar los resultados.

Es importante identificar, hoy, el uso que se les da a los resultados de la investigación social, recordando que durante todos estos años el lenguaje de las ciencias sociales penetró en amplios públicos no académicos, especialmente en la retórica política y periodística. Abundan los conceptos cuyos referentes teóricos, precisos, se perdieron en el terreno polvoriento del sentido común.

Dos fenómenos de esta actualidad contribuyen a que los usos de las ciencias sociales vayan variando en la apreciación del público, en su utilidad y hasta en la valoración social que producen.

Por el lado negativo, hay desconfianza si los resultados aparecen contaminados por el virus ideológico; se descalifica el producto intelectual si se envenena con soluciones politizadas.

Por el lado positivo, la credibilidad va en aumento si el hallazgo se acompaña del dato cuantitativo, porque si es medible es menos objetable (encuestas, estadísticas, fenómenos mesurables).

Aquí cabe recordar que los conocimientos tienen dos caras, según Brunner/Sunkel, una de las cuales es más visible. Ella es la cara del conocimiento como representación, idea o bien simbólico; la otra, es la del conocimiento como destrezas que permiten al poseedor actuar bien informado[202]. El conocimiento en su primera acepción estimula el reconocimiento social; en cambio, el segundo es más utilizado por un mercado ávido del producto del experto, está más próximo al sitio donde se toman las decisiones.

En este clima ocurre la despersonalización no sólo del proceso sino de los resultados del conocimiento, que ahora es más institucional y se mueve con una dinámica que convierte el conocimiento en información manejable. Entonces, el saber es un insumo más que debe ser procesado. La información es informática.

Sin duda, 20 años después, *la figura del intelectual se desdibuja y en su lugar aparece la efigie del técnico*. La excitación intelectual no daba oportunidad al escepticismo, que no tardó en llegar, y que ha sido sustituido por el pragma-

---

[202] J. J. Brunner y G. Sunkel, *Conocimiento, sociedad y política*, Santiago de Chile, FLACSO-Chile, 1992, p. 10.

tismo del funcionario, sabedor de que el conocimiento que se le ofrece, tiene utilidad inmediata. Los investigadores sociales son profesionales cuyos productos tienen ahora un nuevo mercado. Tal vez es ese destino el que explica el cambio de reputación, casi como una reiteración de que también en este ámbito, como lo enuncia la Ley de Say, la demanda provoca su oferta.

En la actualidad, las exigencias de la producción de las ciencias sociales se orientan más por lo que en el interior de una falsa dicotomía se llamaba *ciencia aplicada*. El profesional se agrupa en *think tanks*, en consultorías privadas a veces de carácter internacional, en redes de asesorías técnicas abiertas, disponibles por gobiernos, empresarios y hasta Organizaciones no Gubernamentales (ONG) y organizaciones sociales que requieren ciertas informaciones técnicas. Se trata de una producción manipulada del conocimiento que se vende a quienes pueden "pagar" por los servicios. Antes, el público académico recibía y estudiaba el resultado de una investigación, y discutía su eventual valor teórico, su aporte al conocimiento y su valor crítico de la realidad.

En el mercado de la información, ahora el usuario lo utiliza como documento confidencial (en el sentido de utilización restringida) y lo califica según su aplicabilidad o la sabiduría de sus recomendaciones, ajustadas a las exigencias de un *statu quo* que se acepta.

Los usos han cambiado la naturaleza de los resultados, de cuyo valor intelectual no puede dudarse en uno u otro caso. O tal vez la calidad de los resultados, producto del ambiente, condiciona la utilidad o la preferencia de sus aplicaciones.

La metamorfosis se aprecia mejor si imaginamos en una breve descripción, primero, la figura del investigador social, sentado en su "cubículo" tradicional, dirigiendo un proyecto de alto contenido teórico, con plazos flexibles de entrega, con un salario predeterminado, que asegura el cheque al final de cada mes; o bien, recordemos la imagen del profesor, empolvándose en una biblioteca universitaria, preparando los cursos disciplinarios que debe dictar en alguna carrera profesional. Sin duda estos papeles (roles) seguirán actuándose, pero marginalmente, pues experimentamos ya un masivo movimiento, *un recorrido no siempre traumático del académico que ahora se convierte en consultor.* Hay diferencias cualitativas. Éste negocia en una oficina (¿más moderna?) y se compromete en proyectos cuyo tema y propósitos no define; el abultado cheque no le llega cada mes sino al finalizar el contrato y contra entrega a satisfacción de la mercancía, monto que no depende del conocimiento como bien simbólico que se produce, sino de la utilidad instrumental que se le atribuye por servicio que atiende, y que es un componente de decisiones que toman otros, ya sean empresas, individuos, gobiernos. Se produce así una relación orgánica entre el saber superior y las decisiones estratégicas en el orbe privado o público. El académico es un intelectual en el reino de la cultura universitaria; el consultor es un profesional en las redes del mercado. La descripción anterior puede ser criticada por semejarse a una caricatura, pero que como tal, contiene los trazos esenciales que identifican a ese personaje.

A partir de los extensos cambios que están ocurriendo en estas sociedades de mercado y de la modernización en todos los órdenes de la vida productiva, es posible que este "recorrido" del que se habla en el párrafo anterior ya no ocurra en la vida de una persona; y que por el contrario, se trate de la nueva generación de graduados en ciencias sociales, que ya salen entrenados en programas especializados en gerencia o planificación estratégica, en diseños de sistemas, formación de recursos humanos, formulación y evaluación de proyectos, administración de programas, etc., y vayan directamente a la consultoría. La demanda especializada está en correspondencia con los cambios en la oferta universitaria.

Las universidades de América Latina han visto reducir sus programas de sociología por la significativa disminución de la demanda estudiantil y han crecido en proporciones imprevistas las "escuelas-de-administración-de-negocios" o de especialidades que entrenan para insertarse en un mercado exigente de técnicas vinculadas con la empresa, incluido aquí al Estado mismo, cada vez más manejado con ánimo gerencial.

Pesimismos, sí, creativos

La ofensiva del mercado libre sacó provecho del pesimismo posmoderno y acentuó sus efectos en el ambiente en el que hoy en día se procesan las ciencias sociales. La ausencia de una concepción progresiva de la historia y la crítica a las ideologías debilita las raíces del pensamiento utópico. Es importante alguna dosis de este alimento espiritual para que surja el pensamiento crítico, rasgo que tiende a desaparecer, sin que el científico social se hunda necesariamente en el cinismo.

Si la tarea esencial de la razón es la inteligibilidad del mundo social, no tiene por qué cancelarse la pertinencia crítica. Ella es inherente a este tipo de conocimiento. Otro problema es el de advertir desde dónde se formula la voluntad de cambiar el mundo porque no nos gusta, y otra la capacidad de formular alternativas.

El compromiso ahora es de otra naturaleza y no conduce directamente a organizar la voluntad para transformarlo. ¿Hay un optimismo en el pensamiento y un pesimismo en la voluntad?

Probablemente sí. Hubo una generación vanidosa y soberbia entre los científicos sociales; un convencimiento de que se hacía ciencia de la buena y, aún más, se hacía política constructiva.

El orden de las cosas está alterado, y situados en esa perspectiva afirmamos que hoy en día se viven *dos momentos críticos*. Es bueno saberlos distinguir porque ambos pueden nutrir los pesimismos del posmodernismo masoquista. Hay uno, menor, que es el que estas reflexiones intentan reflejar, de tal manera que al hablar de pesimismo pensamos, como un componente de la modestia, en lo que Hopenhayn llama el fin de las "apuestas fuertes", en la necesidad que la *intelligentzia* tiene de desplazarse hacia una mayor humildad intelectual, desde la cual se busca comprender la complejidad social. "La aventura de los proyectos totales ha sido sustituida por la observación 'prudente' de las articulaciones intrasocietales"[203]. Hay una crisis mayor, que afecta a toda la ciencia, a la tradición newtoniana, que se formula en términos sistémicos, y en la larga duración. Wallerstein postula el fin de la certidumbre en las ciencias sociales.

> Necesitamos desesperadamente una discusión intelectual colectiva, y si llamamos a esta discusión ciencia, filosofía o ciencia social, es algo por lo que siento la mayor indiferencia. Vivimos con el saber de que la incertidumbre, al menos la incertidumbre a largo plazo, parece ser la única realidad inamovible[204].

La cuestión clave para la generación fue la conexión entre el conocimiento social y la capacidad para reconocer el mundo moderno. Francis Bacon dijo a principios del siglo XVII que *la finalidad de la ciencia (en general)*

---

[203] M. Hopenhayn, *Ni apocalípticos ni integrados: las aventuras de la modernidad en América Latina*, México, Siglo XXI, 1994, p. 175
[204] Immanuel Wallerstein, *El fin de las certidumbres en ciencias sociales*, México, CIICH-UNAM, 1999.

es mejorar la suerte del hombre en la tierra, y propuso un método para hacerlo. Derivado de tal pretensión, ha quedado atrás una época en que las ciencias sociales, con confianza en sus métodos, creían en la existencia de un lazo orgánico entre el conocimiento que ellas producían y la capacidad de rechazar un mundo que nos disgustaba. Había en ello un referente utópico, un optimismo ingenuo. Calificamos el momento actual como negativo y la actitud de pensarlo, como pesimista. Las razones del pesimista son relativas, deductivas y provisionales. Llamamos *pesimismo* al clima en el que todo esto ocurre, sin que esto sea lo opuesto a negatividad. Es sólo una referencia relativa, comparativa, al "otro" momento de la modernidad.

Lejos de la intuición estética (que los posmodernos valoran) o de la revelación religiosa (que los fundamentalistas predican), hay que reconocer que la razón ilustrada ha fallado en la modernización de América Latina. Las dos vertientes de las que hablamos no han producido ni una sociedad desarrollada ni una democracia estable.

De las diversas maneras que las ciencias sociales han analizado la historia latinoamericana de los últimos 50 años, el reproche del pesimista que se merecen en esta coyuntura es que no fueron capaces de explicar por qué el desarrollo sería más excluyente, por qué la cultura sería más elitista o cómo dar cuenta del atroz período autoritario. La razón no da cuenta de las debilidades de la capacidad humana de dominio sobre lo natural y del control sobre lo social. La reversibilidad del socialismo, la clausura del *ethos* revolucionario, son síntomas de un malestar que vuelve escépticos a muchos, agravado por los males que el mercado reparte sin remedio al volver más desigual la sociedad, más el desastre ecológico, más el aumento de las formas incivilizadas en la vida social: fanatismo, intolerancia, prepotencia política de los más fuertes.

Cualquiera que fuese la verdad de todo esto, *la conciencia optimista/pesimista es una forma maniquea de pensamiento* que no tiene sino un sentido provisional, aplicado a los efectos de una coyuntura y calificada así porque al tenerlo como un punto de partida, se puede volver a asumir las tareas con más confianza, con un futuro menos incierto. El pesimismo en la ciencia no es de la misma calidad que el que enferma el ánimo, pues no es pérdida de fe sino inseguridad, incertidumbre frente al futuro o ausencias de certeza en vista de lo heteróclito de los resultados.

Al hablar del pesimismo, con ánimo positivo nos situamos en una perspectiva práctica, provisional, deductiva, porque la premisa mayor era una ilusión. Los desilusionados son aquellos que tuvieron un sueño. Es, también, una disposición teórica referida a los propósitos de la acción humana.

¿Generan las ciencias sociales conocimientos acerca de la vida moderna que puedan ser usados en interés de la predicción y del control? Hemos sido formados en la convicción de que las ciencias sociales proporcionan información acerca de la vida social, que puede darnos cierta calidad de control sobre las instituciones sociales, similar al que proporcionan las ciencias físicas en el reino de la naturaleza. El desfondamiento del fanatismo instrumental de las ciencias sociales, sobre todo en su versión empirista, frente a una nueva realidad emergente, es muy grande y es fuente de desorden.

Ésta no es una realidad posmoderna, pues lo que estamos experimentando es la modernidad del viejo orden renovado, una fase en que la trayectoria del desarrollo apunta hacia un nuevo y distinto tipo de orden social. Lo posmoderno es solamente la conciencia de que esa transición está ocurriendo, pero no nos muestra la dirección en que ella se mueve. Las interrogantes de la sociedad informatizada son elementales, pero resulta inevitable asumir que *el futuro es más problemático que enigmático.*

¿Qué está sucediendo realmente en este orden para el que no tenemos carta de navegación? a) la sensación de estar viviendo un período claramente distinto del pasado, del cual tenemos memoria cierta; b) descubrir que nada puede ser conocido con alguna certidumbre, ya que las bases de la epistemología al uso parecieran no ser suficientemente confiables; c) que la historia está enemistada consigo misma, sin una filosofía historicista y en consecuencia, ninguna versión de progreso puede ser plausiblemente defendida como futuro; y d) una nueva agenda social y política con el tema de la defensa del medio ambiente en el centro y como el mayor problema del desarrollo. ¿Cosas nuevas? ¿Qué hacer frente a una sociedad en que la responsabilidad de la integración social ya no la hace la política y el Estado sino el mercado? Ahora, el bienestar produce desocupados y toda actividad que moderniza la gestión productiva, las inversiones técnicas y de capital queman empleo. Los mercados laborales se complejizan, disminuye la clase obrera pero aumenta la productividad; y las diferencias de clase pierden significación frente a los activos e inactivos y con relación a lo étnico, cultural, regional. Hay razones, finalmente, para imaginar mundos mejores dado el entrampamiento al que están conduciendo, por un lado, los efectos negativos de la globalización y por el otro, la incapacidad del mercado como factor de regulación social. La ampliación de la pobreza, pero sobre todo el carácter multifacético de las desigualdades y *pari pasu*, el fracaso de las políticas para combatirlas, plantea desafíos importantes a las ciencias sociales. La revalorización de la democracia y de nuevas formas de hacer política, todavía en germen, apuntan a la consolidación de una cultura de participación ciudadana.

Las ciencias sociales tienen nuevas opciones en las formas de comprender la realidad social, acercándose a los problemas desde gestos de inconformidad, pero valiéndose de una renovada confianza en la razón, capaz de proyectar un futuro mejor, unos diseños utópicos, una interpretación teleológica.

Lo importante es ver alternativas, opciones, caminos. La cuestión es saber desde qué proyecto de futuro se construye hoy en día el conocimiento de lo social. La responsabilidad es la misma que en el pasado, cuyo recuerdo nos vuelve pesimistas. Salgamos de la crisis menor para enfrentar la otra, la que proclama el caos en la ciencia misma. Desde cierto escepticismo será posible construir certidumbres. Ésa es la tarea para la generación que nació con Internet. Es decir, que ya empezó a caminar.

Guatemala 2000:
Un edificio de cinco pisos
(Introducción a un análisis de estratificación social)*

Introducción

La sociedad guatemalteca se parece a un oscuro edificio, de una extraña forma triangular, de aspecto contradictorio de lejos y desagradable de cerca, que produce la impresión de haber sido construido por múltiples arquitectos, unos de muy mala calidad profesional, y que, disímil, pareciera estar a punto de implosión[205]. Es una mezcla de estilos arquitectónicos incompatibles e incongruentes: repugnante en su estructura profunda de donde se elevan con dificultad muros grises, sucios. Luego, en la base, breves espacios de ventanas multiformes, con las maderas y los vidrios rotos, como si fueran los ojos enfermos de un ser deforme, orificios apiñados que dan la sensación de un pesado conjunto de estrechos departamentos con jirones de ropa secándose en el.

Hasta aquí, sin duda, es una edificación a la que parece que nunca se le dio el mantenimiento necesario. Más arriba, en los sucesivos pisos superiores, el edificio va ganando en limpieza y proporcionalidad, dando una sensación de bienestar cuando culmina finalmente en lo alto con un moderno estilo señorial, ligero y elegante. El contraste de su sección superior es visible por la limpieza, el orden y la dignidad de sus espacios llenos de luz, con flores y mucho sol. Y porque se encuentra socialmente lejano y culturalmente ajeno de la gente que se encuentra en la base de este enorme triángulo de base muy ancha.

---

* Texto extraído de la *Revista de la Universidad de San Carlos de Guatemala*, tercer trimestre de 2005.
[205] Destrucción que ocurre en un cuerpo hacia adentro y cuando la presión o la fuerza externa es superior a la que existe en el interior.

¿Tiene cinco o tres pisos? Parece un edificio de tres niveles hacia arriba y dos ocultos, hacia abajo. En el interior de esta desfigurada construcción, contradictoria, conviven con disgusto casi general más de 11.361.330 de ciudadanos guatemaltecos y guatemaltecas.

En la dinámica de toda sociedad contemporánea, en su interior, ocurren procesos de diferenciación socioeconómica y cultural, el más importante de los cuales se relaciona con el desigual acceso a los bienes y a la riqueza que esa sociedad produce y a los servicios que ofrece. Unos producen más, reciben y consumen menos que otros y exhiben entre sí sustanciales diferencias de cultura en el disfrute de oportunidades, en el poder político, en la protección jurídica y en las influencias públicas de que disponen; unos son tratados mejor que otros; en suma, experimentan con sentido desigual la dignidad de la vida. Se dice que ocupan diferentes posiciones en la estructura social, manteniendo entre sí proximidades o considerables distancias. Hay también en esta sociedad otros importantes mecanismos divisorios.

En Guatemala hay notables contrastes entre el mundo rural y el urbano, especialmente si la comparación con aquél se hace a partir de la zona metropolitana de la ciudad capital. También hay fuertes discrepancias de género, visibles en la condición subalterna de la mujer, aún atrapada en la cultura machista, patriarcal y violenta. La hendidura étnico-cultural es más visible y decisiva en el funcionamiento del conjunto social porque las relaciones interétnicas se alimentan del veneno del racismo y la discriminación, de desconfianzas y rencores históricos.

Pero la mayor fuente de diferencias se aprecia cuando se la examina como una sociedad estratificada no sólo por el ingreso material sino por la magnitud de las enormes desigualdades que se han producido en su interior. La estratificación guatemalteca es la expresión polarizada de sus múltiples desigualdades, una de cuyas manifestaciones, la más utilizada por su valor descriptivo, apunta a la dinámica de las inclusiones/exclusiones que mueve las relaciones sociales y culturales de la población. A continuación se propone una descripción libre, pero en parte apoyada en información estadística oficial y manejada responsablemente.

Debe aclararse de forma precisa que los datos de ingreso que se indican constituyen el *promedio mensual per cápita*, y en consecuencia sólo tienen una intención comparativa y un valor relativo en tanto que como promedio corresponden a un rango mucho mayor de ingreso, en algunos casos, y menor, en otros. Una manera metafórica de aproximarse a la realidad de una sociedad muy heterogénea se hace "mirando" cómo vive en el interior de ese edificio de cinco pisos la población nacional[206]. Ella está dividida en cinco estratos sociales, de tamaños y calidades significativamente distintos.

El sótano 2

En el *Sótano 2* del edificio, estrecho, sin luz y sin agua potable, sobreviven en un pequeño espacio un poco más de 2,2 millones de personas, que corresponden a unas 440.000 familias hacinadas en un promedio de 3,5 personas por habitación, con 5,3 hijos en promedio[207]. Corresponden a lo que llamamos el *estrato bajo extremo* de la sociedad guatemalteca, y lo forman el 18,8% de la población total. De ella, el 71% (1,6 millones) corresponde a población maya, de las distintas etnias indígenas, y un 29% de "ladinos"[208] o mestizos (600.000), también en condiciones próximas a la de mendicidad o pobreza absoluta. La población de este estrato, sumergido en el fondo de la clasificación social, es muy joven: un 54% son menores de 15 años. *La pobreza extrema en Guatemala tiene un rostro infantil.*

El sótano tiene un aspecto de cárcel, antihigiénico, prácticamente sin acceso a servicios básicos de saneamiento, agua potable y electricidad, y también con un escaso acceso en equipamiento doméstico. Es un mundo de oscurantismo e ignorancia: el 43% son analfabetos y el promedio-años de escolaridad es de 0,8, cálculo que se hace comparando la edad de la persona con el promedio de edad ideal si fueran a la escuela.

---

[206] Es ésta una propuesta provisional de un índice para realizar ejercicios de estratificación social a partir de datos estadísticos de la Encuesta Nacional de Condiciones de Vida (Encovi); este texto fue presentado en una reunión internacional del Programa de las Naciones Unidas para el Desarrollo (PNUD), pero la institución no tiene ninguna responsabilidad en este ejercicio, que es estrictamente personal.

[207] Es importante tomar nota de que se trata de promedios estadísticos, que hacen referencia, por lo tanto, a una dispersión mayor y menor, y que tienen efectos descriptivos importantes cuando, por ejemplo, aluden a ingresos o gastos.

[208] Las categorías *indígenas* y *ladinos*, como expresión dicotómica de la sociedad nacional, son equívocas y no corresponden a la actual realidad; se utilizan en este ensayo con evidente disgusto por la imposibilidad de proponer una explicación que no corresponde en este trabajo y porque el sentido común aún maneja muy difundidamente estas categorías.

El *ingreso mensual per capita* (*promedio*) de estos indigentes fue aproximadamente de 121,19 quetzales (año 2000), es decir, la estremecedora cifra de 4,03 quetzales diarios (49 centavos de dólar), que no alcanza sino para comprar un poco más de una docena de tortillas. Del *Sótano 2* salen muchos a buscar "desechos" en los basureros, cuando son urbanos, o a recoger el herbaje en el campo. En su mayoría, el 75% son campesinos, trabajan por cuenta propia el 36%, y sin remuneración alguna el 21%. Son, pues, campesinos sin tierra, de subsistencia. En otra óptica clasificatoria, el 78% del extremo bajo se encuentra en el sector informal.

Padecen hambre crónica y altísimos niveles de desnutrición.

El mundo del sótano es violento, de una solidaridad frágil, que afecta brutalmente la vida de todos, pero especialmente a las mujeres y a los niños, prisioneros de relaciones rudas e inestables.

Es difícil calcularlo, pero de este sitio sale mucho delincuente común, son "carne de presidio". El 36% de los hogares tienen jefatura femenina y presentan el mayor promedio de hijos por familia de todo el país.

Esta población es fuertemente despolitizada en el sentido de que demuestra desinterés por los asuntos públicos. Probablemente es muy baja la proporción de los que votan, pues no están organizados por lazos de interés común. Nunca leen nada, ni la prensa popular. Son los radicalmente excluidos de la vida social por su condición político/cultural de impotencia (*powerless*) para reaccionar positivamente, con proyectos propios. Están atrapados y no pueden ver la salida. ¡El *Sótano 2* no tiene puertas ni otras salidas; para estos indigentes es virtualmente imposible escapar!

El sótano 1

Este piso inferior, también bajo tierra, es parcialmente próximo al *Sótano 2*, con el que tiene pocas discrepancias; se eleva y se diferencia solamente por un pequeño espacio físico mayor y una breve distancia social. Este nivel, que reúne a la mayoría de la población nacional, forma lo que llamamos el *estrato bajo* de la sociedad. Habitan en el *Sótano 1* alrededor de 5,6 millones de ciudadanos (49,4% de la población total), es decir, la mitad de guatemaltecos y guatemaltecas, todos en situación de pobreza.

El *ingreso mensual per capita* (*promedio*) es de 256,15 quetzales, es decir,

8,53 diarios (un poco mas de un dólar diario). En la medición internacional de la pobreza, este estrato está por debajo del estándar o nivel mínimo, que establece un ingreso de dos dólares diarios por persona.

Los habitantes de ambos *Sótanos* suman y forman esa desconcertante mayoría de pobres, un 68,2% del total de la población nacional. Guatemala es un país de pobres, pero más agudas son las desigualdades múltiples (¡¡educación, salud, respeto social, autonomía política!!) que siempre acompañan la carencia de ingresos. No siempre fue así: hoy en día es peor. *Es, entonces, esta nación, además, una sociedad injusta.*

Existen en este fondo social 1,4 millones de hogares, con un promedio por familia de 4 hijos y con un 47% que son menores de 15 años. De nuevo, ¡la pobreza tiene una cara juvenil! Este *estrato bajo* está formado por una ligera mayoría "ladina" de 2,9 millones de personas (51,1%), en relación con 2,7 millones de indígenas (48,2%). Éste *es un universo mestizo, de un fuerte sincretismo cultural, que podría representar en su conjunto una referencia fundamental de cómo es la sociedad guatemalteca.* La distancia entre los que habitan el *Sótano 2* y los que están en este piso es corta, y el piso frágil, que facilita un tránsito intenso entre uno y otro nivel, una perversa movilidad social que es más bien un movimiento circular sin ascenso alguno. ¡Unas veces más pobres, otras, menos! Y por ello, ¡sin esperanzas!

Se parecen mucho a los habitantes del nivel más bajo. El 20% son analfabetos y tienen 2,5 años promedio de escolaridad. El 73% son trabajadores del sector de la economía informal, o sea disfrazan así el desempleo abierto con diversas modalidades de subempleo; el 48% están en el campo. De hecho, su trabajo es irregular e incompleto, sin ninguna calificación. Un buen número de mujeres se ocupa en el servicio doméstico. El llamado *sector informal* de la economía guatemalteca recluta aquí una significativa mayoría.

Es probable que también del estrato bajo, igualmente violento y con débiles mecanismos de internalización de los valores de la convivencia social, salgan las "maras" y se reclute aquí una regular cantidad de malhechores, que van al presidio o al cementerio.

No hay datos certeros, pero de la información periodística puede inferirse que aquí y en el piso anteriormente descrito aparecería lo que se llama el lumpenproletariado, cuyo rasgo mayor es su desclasificación social, su marginalidad, que los hace víctimas de las drogas, del aguardiente degradado y, como se dijo antes, de conductas antisociales.

No están organizados en función de algún eje de interés colectivo, son desconocedores de la política nacional; y seguramente sólo un número menor de gente del *estrato bajo* participa en las elecciones, por el agobio material de su difícil supervivencia. Sólo muy pocos leen la prensa popular que hoy en día prolifera en Guatemala y no tendrán nunca la oportunidad de leer un libro; viven en un clima de oscurantismo, aunque algunos de entre ellos son adictos fervorosos de la radio, que constituye su mejor medio de información. Igualmente, aunque en porcentajes menores, son practicantes católicos o evangélicos y creen en el chamán y en las predicciones de la brujería. En este nivel hay muy pocas puertas de salida y las relaciones sociales son igualmente rudas y desesperanzadoras.

El primer piso

Los habitantes del *Primer Piso* constituyen el *estrato medio bajo* de la sociedad guatemalteca y lo forman 2,5 millones de personas, que equivalen al 22,5% del total de la población nacional. Las diferencias promedio de los miembros de este ambiguo estrato socioeconómico con los sectores bajos de la sociedad (que se han descrito anteriormente) no son pocas, y son reveladoras, por un lado, de la homogeneidad, referida a la pobreza, de la inmensa población guatemalteca y, por el otro, de su también indudable heterogeneidad. En este piso vive menos de un cuarto de la población total, del que ya sólo 528.329 son indígenas, es decir el 21,1%. Y 1.971.671 son ladinos (78,9 por ciento). Ya aquí sólo el 36% son menores de 15 años y tienen 2,8 hijos promedio por familia.

Ésta es todavía una parte fachosa del edificio, mal mantenida, con aspectos aún sombríos, pocas ventanas pero con algunas puertas, lo que se traduce en algunas experiencias de movilidad social ascendente. La clase media baja tiene un *ingreso mensual promedio* por persona de 634,38 quetzales, es decir, 21,14 quetzales diarios (US $2,64). Es ésta una cifra que les permite un consumo superior al precio de la canasta mínima *per capita*, la cual se calcula en 350 quetzales[209] por mes, pero aún insuficiente para atender las necesidades elementales del bienestar personal.

---

[209] Cálculos con base en Encovi 2000.

Del *estrato medio bajo* sale un 32% de empleados del comercio y servicios (llamados trabajadores de "cuello blanco") y un 20% de trabajadores de fábricas o empresas, un 58% son "dueños" de las microempresas del sector informal de la economía[210]; y también la baja burocracia estatal. En una perspectiva ocupacional, del total de empleados públicos, un 35% pertenecen a este estrato y un 35% laboran en la enseñanza.

La escolaridad de esta clase media baja es de un promedio de 6,2 años, es decir, tienen la primaria completa y el 98% son alfabetos.

Este sector social experimenta de manera muy sensible, y con efectos malignos, más que los otros estratos, los efectos de las crisis económicas, del estancamiento y de manera especial, de la inflación, por la fragilidad de su estatus social, que cuidan y del cual dependen emocionalmente. Son inseguros e infelices porque están cerca del sótano y no tienen recursos para pintar la casa, ponerle cortinas, tener una buena televisión. Cualquier aumento en los precios los alarma.

Aquí se encuentra el típico mestizo, ése que reniega de sus evidentes raíces indígenas y se comporta reconociendo negativamente a los más pobres y a los claramente indígenas (conducta común en otros estratos). Son en su mayoría urbanos, compran la prensa popular (*Al Día* y *Nuestro Diario*), se movilizan en autobús y un pequeño sector tiene automóviles, viejos casi siempre, que cuidan con fervor filial. Compran en tiendas y supermercados de barrio, "toman venado o indita"[211], y se surten de ropa comprada en Paca, ropa usada que luego llaman "seminueva". Un buen porcentaje vota y tiene alguna experiencia organizacional o de participación, sindical, barrial o de otro tipo, y una mayor aproximación a la vida pública, a la política. De hecho, estos sectores son politizados sin ideología, militantes del oportunismo sin mala conciencia; perciben el clientelismo político como un medio, características que ni todos tienen ni son sólo propias de esta clase, sino también de otros estratos, ricos o pobres.

Forman una legión de fanáticos religiosos, con tendencias al evangelismo. Nunca consultan un médico y recurren a los servicios públicos de

---

[210] Adviértase que unas cifras se refieren a *ramo de actividad* y otras a *posición ocupacional*, por lo que no tienen que sumar 100%.

[211] "Tomar venado o indita" es una expresión local utilizada para indicar que toman el ron más barato y de peor calidad. (N. del A.)

salud. Forman un porcentaje alto de los fanáticos y del público que llena los estadios de fútbol. En diciembre, la Navidad es para la mayoría asistir al Desfile Navideño de Paiz, dar vueltas al Árbol Gallo o disfrutar de los juegos pirotécnicos Campero[212]. Son los que asisten con la familia a los espectáculos gratuitos, en una experiencia de circo sin pan. Sus gustos por el arte son pocos y alaban lo *kitsch* como la belleza perceptible. Leen poco, compran CD de contrabando y utilizan la tarjeta de crédito, siempre endeudados.

El segundo piso

En este segundo nivel del edificio ya se descubre un horizonte distinto, amplio, luminoso y discernible. Hay algo para otear y ya, a estas alturas, la arquitectura del edificio aparece bien pintada, ventanas con cortinas con pretensiones, portones automáticos y automóviles usados o nuevos comprados a largos plazos. Un porcentaje grande de estas familias viven en casas propias, agobiados por las cuotas de pago casi vitalicias, pero con jardines, salas y alfombras, Y ¡pinturas casi nunca originales!; sala y comedor, dormitorio y salón de estar con una pretenciosa exhibición de bienestar, pero casi siempre con dudosos arreglos de mal gusto.

Muchos viven en condominios que imitan el *apartheid* de la clase alta. Todo lo que se diga sobre las clases medias es cierto pero relativo, pues como sucede en toda sociedad, es un estrato heterogéneo, múltiple, difícil a veces de identificar. La descripción busca imaginar una familia promedio.

Aquí habita el *estrato medio* de esta sociedad, cuyos rasgos típicos coinciden con la heterogeneidad abigarrada de las clases medias del subdesarrollo. Es decir, la esperada dispersión de sectores socialmente intermedios que se mueven entre el temor de "caer" en la pobrería y las esperanzas de "subir" adonde vive la "gente decente". En este piso hay varios subniveles. Lo forman 894.613 personas (un 7,8% de la población total nacional), de los cuales ya sólo el 6,8% son indígenas (60.834) y el 82% son ladinos (93,2%). Del total, el 9,5% rurales, que constituyen grupos de "ladinos" (mestizos y blancos) he-

---

[212] Las familias más pobres salen el domingo anterior a Navidad a ver los fuegos artificiales que patrocina la empresa Campero y a pasear alrededor de un enorme árbol de Navidad que auspicia la empresa Gallo. (N. del A.)

terogéneos por la pigmentación de su piel, con identificaciones dolorosas por su condición de mestizos de diverso color.

Son en su inmensa mayoría población urbana de los nuevos barrios; son los "ladinos" guatemaltecos de esa falsa dicotomía que olvidó el mestizaje. Un buen porcentaje de la clase media también reniega de sus orígenes indígenas, que lo sufren cuando descubren que no pueden evitar "la rabadilla morada".

El estrato medio lo forman 334.082 familias, en su mayoría de familia nuclear con 2,6 hijos promedio y ya sólo un 29% de la población menor de 15 años. Recordando de nuevo el valor variable del *ingreso promedio monetario*, estos sectores tienen un ingreso mensual personal de 1.558,81 quetzales, equivalente a 51,96 quetzales diarios (US $ 6,50), es decir, con una capacidad para consumir el equivalente a tres canastas básicas. Este ingreso les permite disfrutar (como promedio) de razonables condiciones de bienestar, un equipamiento domestico (¡los bienes de la línea blanca!) a la altura de sus ideales de consumo, lo que se traduce en una disponibilidad de los electrodomésticos básicos, celulares, TV, CD y DVD, computadoras, automóviles. El servicio doméstico aparece ya en buen número. Nunca van en autobús.

Los estratos medios presentan una variabilidad muy grande de formas de ingreso (salarios, beneficios, ganancias, intereses, etc.), pues incluyen la llamada "pequeña burguesía" (propietarios medianos de las más variadas actividades comerciales, servicios, manufacturas rurales y urbanas), profesionales liberales de diversa calificación, asalariados bien pagados del sector público o privado, o independientes, así como empleados calificados con alta remuneración. Por categoría ocupacional el 46% son empleados de la empresa privada y un 18% trabaja por cuenta propia.

Según el sector de actividad, del empleo en el sector financiero 42% salen de los estratos medios, el 36% en la enseñanza y en el sector público el 28%.

Son todos alfabetos, con 11 años promedio de escolaridad, lo que revela un sector numeroso con educación superior completa.

Forman parte del gran público de los cines, los restaurantes y los espectáculos pagados. Leen y en el nivel superior hablan otro idioma. Sin duda pertenecen a ese grupo de ciudadanos que tiene 2 probabilidades entre 10.000 de tener educación en arte, a los 2 de cada 1.000 que tienen la posibilidad de leer un artículo en los diarios y a los 3 de cada 50.000 personas que pueden asistir a un concierto a lo largo del año[213]. Los hogares de este sector intermedio envían a sus hijos a la Universidad Nacional, y no a las privadas precisamente; los sectores bajos del estrato medio exhiben un nivel de bienestar hacia fuera que en numerosos casos los endeudan crónicamente o que financian con tarjetas o al crédito. Van a hospitales privados y tienen seguros de todo lo asegurable.

Sin duda forman lo que se llama "la opinión pública" nacional, participan desigualmente en la vida de los partidos políticos y en otras actividades deportivas, sociales y culturales, y de este *Segundo Piso* salen quienes dirigen en buena medida el Estado, el ejército, la Iglesia, las universidades y otras instituciones públicas y privadas. Son en su inmensa mayoría urbanos, incluyendo a los indígenas. Los "estratos medios" utilizan la computadora, empiezan a entrar a *Internet*, a experimentar la ingesta de vinos y licores extranjeros, por lo general aún con poco gusto para discriminar.

Hacen turismo interno y cuando pueden, cumplen con el ritual de llevar a los nenes a Orlando. En este nivel hay numerosas puertas, pero recuérdese que en este edificio no hay ascensores sino varias escaleras. La movilidad social, cuando ocurre, no es estructural sino estrictamente individual. Y puede suceder que sea descendente.

En algunos países se dice que las clases medias son el pilar de la democracia y de los programas sociales. En Guatemala no existe información que permita afirmarlo, pero sin duda los grupos de izquierda y los sectores progresistas pertenecen a estos estratos; también la mayoría de intelectuales y artistas, buenos y malos, los que compran libros y disfrutan de variadas formas del tiempo libre.

El *penthouse*

El tercer nivel es el *Penthouse* del edificio, donde éste adopta la forma elegante de la construcción moderna, llena de luz y sol, grandes espacios, vidrio esmerilado y caoba pulida, silencio e higiene, agua abundante hasta para la grama verde con árboles y flores, extensas paredes casi siempre en una mo-

---

[213] Programa de las Naciones Unidas para el Desarrollo (PNUD), *Guatemala, la fuerza incluyente del desarrollo humano*, Informe de DH 2000, Ciudad de Guatemala, PNUD, 2000, p. 5.

dalidad defensiva de un *apartheid* social. Habitan aquí el 1,5% del total de la población nacional, urbana, equivalente a 166.717 personas, de las que sólo una minoría de 4.459 personas son indígenas (0,7%).

Del total de la gente de clase alta sólo un 25% son menores de 15 años y aumenta el número de adultos mayores. Los hogares de este llamado *estrato alto* de la sociedad forman la típica familia nuclear y tienen un promedio de 2,4 hijos.

La composición de la clase alta en Guatemala no es muy heterogénea y hay una minoría que concentra en grado extremo una altísima calidad de bienestar (que aquí no es posible describir).

El *estrato alto* tiene como promedio un ingreso mensual por cabeza de 4.658,67 quetzales, equivalente a 155,28 quetzales diarios (19,48 dólares), lo que se traduce en una desigualdad equivalente a 384 veces más de lo que reciben quienes viven en el *Sótano*[214]. En general, la elite que habita el *Penthouse* tiene espacios a su disposición en la forma de varias salas y dormitorios con *pantry* y *walking closet*, sitios privados de diversión, jardines, garajes.

Disponen de abundante servicio doméstico, choferes y guardaespaldas.

Son todos alfabetos y muchos bilingües; la escolaridad es de 14,3 años promedio. Los hijos van a la universidad privada y muchos culminan sus posgrados en el exterior, del cual a veces no regresan. Disfrutan del total ideal en lo que se refiere a la disponibilidad de electrodomésticos, TV, computadoras, automóviles de lujo y para otros usos y en numerosos casos, helicópteros, avionetas y lanchas de motor.

El *estrato alto* está formado por propietarios y gerentes (socios o no) de los más importantes activos productivos, tanto en el país como en el exterior, y sus principales fuentes de ingreso son los beneficios (ganancias) del capital invertido productivamente, intereses, bonos y otras derivaciones del capital financiero. El 19% está en el comercio, el 18% en finanzas y 18% en servicios.

Es una elite criolla y/o blanca europea y sólo excepcionalmente es mestiza; practican la endogamia y el racismo y formas abiertas de discriminación en sus relaciones sociales. Tienen lo que se llama "impunidad de clase", que les permite, llegado el momento, cometer abusos. Viven de cara al exterior,

---

[214] El grado de variación en el ingreso del *estrato alto* es muy grande. El promedio, en este caso, no permite captar el hecho de que en su dimensión alta, hay personas que pueden tener un ingreso promedio mensual de 80.000 quetzales. El promedio una vez más "oculta" esta realidad.

con el corazón, la bolsa y la responsabilidad de la salud principalmente en los Estados Unidos.

Tienen un alto grado de organización gremial, activa vida social y cultural, pero menos participación directa en las lides políticas, la que practican en defensa de sus intereses por interpósita mano. En el interior del *Penthouse* hay una importante interacción personal y grupal, competencia, odios y amores en clave de negocios, matrimonios y otras aventuras propias de la clase dominante.

Viven aquí, segregados positivamente, los que se reconocen como "los dueños del país". Vivir en el piso más alto los vuelve insensibles a los problemas del edificio; una falta de solidaridad, que tiene excepciones, es una expresión de una débil lealtad nacional.

Son ciudadanos de un mundo globalizado.

Colofón

Lo anterior es una descripción que ata, de manera personal, información estadística cierta pero provisional, con opiniones y juicios discutibles, sin duda, pero con cierto contenido histórico verdadero. Lo importante, por la discusión habida en el Seminario donde se presentó, son tres conclusiones que reflejan realidades ya conocidas, ciertamente, pero presentadas por vez primera con respaldo estadístico.

La primera, son importantes las distancias sociales, económicas y culturales de una sociedad reconocidamente desigual, especialmente para los sectores indígenas. La segunda, es la magnitud de la pobreza, que más que simbólicamente representan los habitantes de los dos sótanos y un buen sector del primer piso.

Esto significa que la población mayoritaria guatemalteca es marcadamente pobre. Y la tercera, es la distancia que con relación a éstos tiene la elite que vive en el *Penthouse*. Las desigualdades son múltiples y forman un síndrome que revela de otra manera que las desigualdades no se dan solas; por el contrario, se acompañan para reforzarse circularmente.

Una sociedad que fuese menos desigual no tendría la forma de una pirámide sino que se la percibiría gráficamente con *la imagen de una cebolla*: ello se explica por tener en su interior una fuerte y numerosa clase media, una base menos extensa de gente pobre y una cúpula con un vértice mayor. Nótese que de la descripción anterior se deduce que éste es un edificio sin ascensores. *Es una sociedad sin movilidad social ascendente*, es una comunidad donde sus habitantes probablemente no tienen futuro. ¿Ni para ellos ni tampoco para sus hijos?

No obstante, la realidad que se vive hoy en Guatemala no es tan negativa, pues con el fin del conflicto armado y el advenimiento de la democracia, la sociedad va adquiriendo otra dinámica.

Ciertamente el crecimiento económico no es aún suficiente para "acelerar" los procesos de diferenciación social modernizadora, pero se han ampliado las oportunidades educativas, aumenta en calidad la oferta en el consumo, las remesas familiares contribuyen poderosamente a mejorar el ingreso de las familias pobres, hecho que las estadísticas no pueden recoger ni reflejar. Las exportaciones no tradicionales son una fuente de iniciativas.

De hecho, el edificio de cinco niveles se mantiene y algunos rasgos persistirán. La población indígena está estratificada y en su interior la homogeneidad revela que el 80% de los pobres son indígenas. Para ellos y para el resto de guatemaltecos no indígenas el porvenir tiene que ser mejor. No basta desearlo. Las buenas intenciones asfaltan el camino del averno y sólo la acción colectiva rinde dividendos, en el mediano y largo plazo. Ninguna catástrofe natural destruirá este viejo edificio de cinco pisos.

Hay que reconstruirlo con la cooperación de todos, incluida la elite del *Penthouse*.

Bibliografía de Edelberto Torres-Rivas

Libros como autor o coautor

Percepción ciudadana de la democracia, con Francisco Rodas, Ciudad de Guatemala, Programa de las Naciones Unidas para el Desarrollo (PNUD), 2008.

Notas sobre la democracia y el poder local, con Pilar Cuesta, Ciudad de Guatemala, PNUD, 2007.

La piel de Centroamérica (una visión epidérmica de setenta y cinco años de su historia), Ciudad de Guatemala, Facultad Latinoamericana de Ciencias Sociales (FLACSO), 2006.

A cinco años de la firma de la paz en Guatemala: un balance crítico, con Rubén Zamora, Carlos F. Chamorro, Francisco Leal Buitrago, Luis Pásara, Juan Alberto Fuentes y Raquel Zelaya, Ciudad de Guatemala, FLACSO (Colección Debate, N° 51), 2002.

Construyendo la democracia electoral en Guatemala, con Secundino González, Horacio Boneo, Fabrice Lehoucq y David Wall, Ciudad de Guatemala, FLACSO, 2001.

¿Por qué no votan los guatemaltecos? Estudio de participación y abstención electoral, con Horacio Boneo, Ciudad de Guatemala, Institute for Democracy and Electoral Assistance (IDEA)-Tribunal Supremo Electoral (TSE)-PNUD, 2001.

Del conflicto al diálogo: el WSP en Guatemala, con Bernardo Arévalo, Ciudad de Guatemala, FLACSO-United Nations Research Institute for Social Development (UNRISD), 1999.

Del autoritarismo a la paz, con Gabriel Aguilera Peralta, Ciudad de Guatemala, FLACSO, 1998.

Negociando el futuro: la paz en una sociedad violenta, Ciudad de Guatemala, FLACSO (Colección Debate, N° 36), 1997.

Encrucijadas e incertezas en la izquierda centroamericana (ensayo preliminar de interpretación), Ciudad de Guatemala, FLACSO, 1996. Publicado también con el título *La izquierda centroamericana en la encrucijada*, San José, Fundación Friedrich Ebert, 1998.

Centroamérica 1995: una introducción a la realidad contemporánea de la región, Ciudad de Guatemala, Instituto Centroamericano de Estudios Políticos (INCEP), 1995.

Con tropiezos y esperanzas: perspectivas del desarrollo democrático en El Salvador, con

Mirta González Suárez, San José, Centro Internacional de Derechos Humanos y Desarrollo Democrático (CIDHDD) de Canadá, 1994.

History and Society in Central America, Austin, University of Texas Press, 1993.

El tamaño de nuestra democracia, San Salvador, Istmo-FLACSO, 1992.

El sistema político y la transición a la democracia en Centroamérica, San José, FLACSO (Cuaderno de Ciencias Sociales Nº 30), 1990.

Repression and Resistance: The Struggle for Democracy in Central America, Boulder, Westview Press, 1989.

La democracia posible, San José, Editorial Universitaria de Centro América (EDUCA), 1987. Dos reimpresiones en 1989 y 1991.

Problemas en la formación del Estado nacional en Centroamérica, con Julio César Pinto, San José, Instituto Centroamericano de Administración Pública (ICAP), 1983.

Crisis del poder en Centroamérica, San José, EDUCA, 1981. Dos reimpresiones en 1983 y 1989.

Interpretación del desarrollo social centroamericano, San José, EDUCA, 1971. Doce reimpresiones entre 1971 y 1990 por este sello editorial. Una versión previa se publicó con el título *Procesos y estructuras de una sociedad dependiente: el caso de Centroamérica*, Santiago de Chile, Editorial Prensa Latino Americana (PLA), 1969. En 1968 apareció una edición anterior en Santiago de Chile, con el primer título, bajo el patrocinio del Instituto Latinoamericano de Planificación Económica y Social (ILPES).

Estudios sobre la juventud marginal latinoamericana, con Adolfo Gurrieri, México, Siglo XXI, 1971.

Las clases sociales en Guatemala, Ciudad de Guatemala, Universidad de San Carlos (tesis de la Facultad de Ciencias Jurídicas y Sociales), 1962.

Libros como editor individual o coeditor

Linchamientos: ¿barbarie o justicia popular?, coeditor con Carlos Mendoza y autor del prólogo, Ciudad de Guatemala, FLACSO (Colección Cultura de Paz, Nº 1), 2001.

Guatemala, izquierdas en transición, editor y autor del artículo titulado "Renovarse o morir: los desafíos para la izquierda guatemalteca en 1997", Ciudad de Guatemala, Fundación Friedrich Ebert-FLACSO, 1997.

Historia general de Centroamérica (en 6 tomos), coordinador general de toda la obra y editor del tomo VI, que lleva por subtítulo *Historia inmediata* (incluye sus artículos titulados "Introducción a la década" y "La sociedad: la dinámica poblacional, efectos sociales de la crisis, aspectos culturales y étnicos"), Madrid, Comisión Estatal para el Quinto Centenario-FLACSO-Comunidades Europeas, 1993.

América Latina: militares y sociedad, 2 tomos, coeditor con Dirk Kruijt, San José, FLACSO, 1991.

América Latina y los años noventa: ¿desarrollo con equidad?, coeditor con Adolfo Gurrieri y autor de la introducción al libro y del ensayo titulado "Guatemala: subdesarrollo sin equidad ni desarrollo", San José, Comisión Económica para América Latina (CEPAL)-FLACSO, 1990.

Política: teoría y método, compilador y autor del prólogo, San José, EDUCA, 1990. Hay reimpresión de 1992.

Sociology of Developing Societies: Central America, compilador con Jan Flora y autor de la introducción y del ensayo titulado "Central America: War, Transition and Democracy", Londres, The Mac Millan Press Ltd., 1989.

América Central hacia el año 2000: desafío y opciones, editor y autor de la introducción y del artículo titulado "Un ejercicio de optimismo: la democracia en Centroamérica", Caracas, Nueva Sociedad, 1989.

Escépticos, narcisos, rebeldes: 6 estudios sobre la juventud, editor y autor de la introducción y del artículo titulado "La cuestión juvenil en Costa Rica", San José, Comisión Económica para América Latina (CEPAL)-FLACSO, 1988.

Industrialización en América Latina: crisis y perspectivas, coeditor con Eckhard Deutscher y autor de la introducción, San José, FLACSO-Centro de Estudios Democráticos para América Latina (CEDAL), 1986.

Centroamérica hoy, editor del libro y autor del artículo titulado "Síntesis histórica del proceso político centroamericano", México, Siglo XXI, 1975.

Lecturas introductorias a la teoría social, compilador y autor de la introducción titulada "A manera de epítome", San José, EDUCA, 1974. Hay reimpresiones en 1979 y 1983.

Artículos publicados en libros

"Las elecciones de 2007: 8 reflexiones para una conclusión", en Virgilio Álvarez Aragón y Ricardo Sáenz de Tejado (comps.), *Izquierdas y construcción de orden democrático en Guatemala: una aproximación a las elecciones de 2007*, Ciudad de Guatemala, FLACSO-Fundación Friedrich Ebert, 2008.

"¿Qué democracias emergen de una guerra civil?", en Waldo Ansaldi (dir.), *La democracia en América Latina, un barco a la deriva*, Buenos Aires, Fondo de Cultura Económica, 2007.

"Guatemala" y las entradas "Juan José Arévalo", "Jacobo Arbenz", "Rigoberta Menchú" y "Unidad Revolucionaria Nacional Guatemalteca", en Emir Sader, Ivana Jinkings, Rodrigo Nobile y Carlos Eduardo Martins (coords.), *Latinoamericana. Enciclopedia contemporánea de América Latina y el Caribe*, São Paulo-Rio de Janeiro, Boitempo-Laboratorio de Políticas Públicas de la Universidad Estatal de Rio de Janeiro, 2006.

"Notas sobre la política exterior del gobierno de Juan José Arévalo", en *Actas del encuentro "Juan José Arévalo, presencia viva: 1904-2004"*, Ciudad de Guatemala, Universidad Rafael Landívar, 2004.

"Centroamérica: revoluciones sin cambio revolucionario", en Waldo Ansaldi (coord.), *Calidoscopio latinoamericano: imágenes históricas para un debate vigente*, Buenos Aires, Ariel, 2004. Publicado antes en *Nueva Sociedad*, N° 150, julioagosto, Caracas, 1997.

"Los caminos hacia la democracia en América Central", en Diego Achard y Luis E. González, *Un desafío a la democracia: los partidos políticos en Centroamérica, Panamá y República Dominicana*, San José, Banco Interamericano de Desarrollo (BID)-Instituto Internacional para la Democracia y la Asistencia Electoral (IDEA)-Organización de Estados Americanos (OEA)-PNUD, 2004.

"Contrapunto entre reforma y revolución: la democracia en Guatemala y Costa Rica", en Jorge Rovira Mas (ed.), *La democracia de Costa Rica ante el siglo XXI*, San José, Editorial de la Universidad de Costa Rica-Instituto de Investigaciones Sociales de la Universidad de Costa Rica-Fundación Friedrich Ebert, 2001.

"Foundations: Central America", en Manuel Antonio Garretón y Edward Newman (eds.), *Democracy in Latin America: (Re) Constructing Political Society*, Nueva York, United Nations University Press, 2001.

"Democracy and the Market in Guatemala", en Christopher Chase-Dunn, Susanne Jonas, y Nelson Amaro (eds.), *Globalization on the Ground. Postbellum Guatemalan Democracy and Development*, Lanham, Rowman and Littlefield, 2001.

"Centroamérica en paz", en Cynthia Arnson y Raúl Benítez Manaut (coords.), *Chiapas, los desafíos de la paz*, México, Instituto Tecnológico Autónomo de México (ITAM)-Woodrow Wilson International Center for Scholars-Miguel Ángel Porrúa, 2000.

"Los alcances de la paz en Guatemala y El Salvador", en VV.AA., *Experiencias de El Salvador, esperanzas en Guatemala: los procesos de paz*, San Salvador, FLACSO, 1999.

"Los desafíos del desarrollo democrático en Centroamérica", en J. Botella y J. M. Sanahuja (eds.), *Centroamérica después de la crisis*, Barcelona, Institut de Ciències Polítiques i Socials, Universitat Autònoma de Barcelona, 1998. Publicado antes en *Anuario de Estudios Centroamericanos*, vol. 22 (1), 1996.

"Financiamiento de partidos y campaña electoral en Guatemala", en colaboración con Carla Aguilar, en P. del Castillo y D. Zovatto (eds.), *La financiación de los partidos políticos en Iberoamérica*, San José, Instituto Interamericano de Derechos Humanos (IIDH)-Centro de Asesoría y Promoción Electoral para América Latina (CAPEL), 1998.

"Los déficit democráticos en la postguerra", en Ana Sofía Cardenal y Salvador Martí i Puig (eds.), *América Central, las democracias inciertas*, Barcelona, Universitat Autònoma de Barcelona-Tecnos, 1998.

"Poblaciones indígenas y ciudadanía: elementos para la formulación de políticas sociales en América Latina", en Andrés Pérez Baltodano (ed.), *Globalización, ciudadanía y política social en América Latina*, Caracas, Nueva Sociedad, 1997.

"Las aporías de la democracia al final de siglo", en H. González y H. Schmidt (eds.), *Democracia para una nueva sociedad (modelo para armar)*, Caracas, Nueva Sociedad, 1997.

"Insurrection and Civil War in El Salvador", en M. W. Doyle, I. Johnstone, y R. C. Orr (eds.), *Keeping the Peace, Multidimensional UN Operations in Cambodia and El Salvador*, Londres, Cambridge University Press, 1997.

"Los desafíos de la participación democrática", en R. Bran y C. Ogaldes (eds.), *Los retos de la paz, la democracia y el desarrollo sostenible en Guatemala*, Ciudad de Guatemala, FLACSO, 1996.

"La gobernabilidad democrática y los partidos políticos en América Latina", en Carina Perelli, Sonia Picado y Daniel Zovatto (eds.), *Partidos políticos y clase política en América Latina*, San José, IIDH-CAPEL, 1995.

"La democracia y la metáfora del buen gobierno", en Regine Steichen (comp.), *Democracia y democratización en Centroamérica*, San José, Editorial de la Universidad de Costa Rica, 1993. Aparecido igualmente en J. Barba (ed.), *La democracia hoy*, San Salvador, Istmo, 1994. Publicado también en inglés en J. Tulchin (ed.), *The Consolidation of Democracy in Latin America*, Boulder, Lynne Rienner, 1995.

"Democracia y participación campesina en Centroamérica", en *Alternativas campesinas*, Managua, Latino Editores, 1994.

"La gobernabilidad centroamericana en los noventa", en Manuel Carballo y Gunther Maihold (eds.), *¿Qué será de Centroamérica? Gobernabilidad, legitimidad electoral y sociedad civil*, San José, Fundación Friedrich Ebert-Centro de Estudios Democráticos para América Latina (CEDAL), 1994. También publicado en *América Latina hoy*, vol. 8, Salamanca, Ediciones de la Universidad de Salamanca, 1994.

"Personajes, ideologías y circunstancias: lo socialdemócrata en Centroamérica", en M. Vellinga (comp.), *La socialdemocracia en América Latina*, México, Siglo XXI, 1993. Publicado antes en *Nueva Sociedad*, N° 118, marzo-abril, 1992.

"Schauplatze und Lesarten der Zentralamerikanischen Wahlen", en *Zentralamerica: Frieden-democratie-entwicklung?*, Frankfurt am Main, Vervuert Verlag, 1993.

"El estado actual de la democracia en Centroamérica", en *Periodismo y democracia en Centroamérica*, Ciudad de Guatemala, Instituto Centroamericano de Estudios Políticos (INCEP)-Fundación Konrad Adenauer, 1993.

"La democracia latinoamericana en la fragua", en *Modernización económica, democracia política y democracia social*, México, Centro de Estudios Sociológicos de El Colegio de México, 1993.

"La democracia electoral y sus dificultades en América Latina", en Margarita López Maya (ed.), *Desarrollo y democracia*, Caracas, Nueva Sociedad-UNESCO, 1991.

"Central America since 1930: An Overview", en Leslie Bethell (ed.), *The Cambridge History of Latin America. VII. Latin America since 1930: México, Central America and the Caribbean*, Londres, Cambridge University Press, 1990. Hay traducción al castellano: "América Central desde 1930: perspectiva general", en L. Bethell (ed.), *Historia de América Latina. 14. América Central desde 1930*, Barcelona, Crítica, 2001.

"Perspectivas de la economía agroexportadora en Centroamérica", en Wim Pelupessy (ed.), *La economía agroexportadora en Centroamérica: crecimiento y adversidad*, San José, FLACSO, 1989.

"The Common Market: Desintegration or Crisis?", en N. Hamilton (ed.), *Crisis in Central America, Regional Dynamics and U.S. Policy in the 80's*, Boulder, Westview Press, 1988. Publicado también en *Revista Centroamericana de Administración Pública*, N° 16, 1989.

"Prepararse para el mañana", en Francisco Barahona (ed.), *Costa Rica hacia el año 2000: desafíos y opciones*, Caracas, Nueva Sociedad-Unitar-Profi l, 1988.

"Constraints on Policies Regarding Human Rights and Democracy", en Kevin J. Middlebrook y Carlos Rico (eds.), *The United States and Latin America in the 1980s. Contending Perspectives on a Decade of Crisis*, Pittsburg, University of Pittsburgh Press, 1986.

"Ocho claves para comprender la crisis en Centroamérica", en J. Labastida (ed.), *Los nuevos procesos sociales y la teoría política contemporánea*, México: Siglo XXI, 1986. Publica- do antes en *Polémica*, N° 1, Instituto Centroamericano de Documentación e Investigación Social (ICADIS), 1981 y en *Contemporary Marxism*, N° 3, 1981. Una primera versión se incorporó desde un inicio al libro de su autoría titulado *Crisis del poder en Centroamérica*.

"La crisis y la democracia regional", en W. Grabendorf, W. Krumwiede y J. Todt (eds.), *Problems of Democracy and Counter-Revolution in Central America*, Boulder, Westview Press, 1986.

"A oligarquia e a crise do Estado na America Central", en B. Sorj, F. Henrique Cardoso y M. Font (eds.), *Economia e Movimentos Sociais na America Latina*, São Paulo, Editora Brasiliense, 1985.

"The Nature of the Central American Crisis", en J. Irving y Xavier Gorostiaga (eds.), *Towards an Alternative for Central America and the Caribbean*, London, George Allen & Unwin Inc., 1985.

"Profile of Guatemala: Presentation by the Prosecutor", en Susan Jonas *et al.*, *Guatemala: Tyranny on Trial*, San Francisco, Synthesis Publications, 1984.

"Derrota oligárquica, crisis burguesa, revolución popular: sobre las dos crisis en Centroamérica", en Donald Castillo (ed.), *Más allá de la crisis*, México, SIAP, 1983. Publicado antes en *El Trimestre Económico*, N° 200, 1982.

"Central America Today: A Study in Regional Dependency", en Martin Diskin (ed.), *Troubles in Our Backyard*, New York, Pantheon Books, 1983.

"La crisis económica centroamericana: una propuesta de análisis histórico-político", en Francisco Rojas Aravena (ed.), *Centroamérica: condiciones para su integración*, San José, FLACSO-Editorial de la Universidad Estatal a Distancia (EUNED), 1982.

"La Nación: problemas teóricos e históricos", en Norbert Lechner (ed.), *Estado y política en América Latina*, México, Siglo XXI, 1981 "Historia de medio siglo: una interpretación de la historia guatemalteca", en Pablo González Casanova (ed.), *Historia de medio siglo en América Latina*, México, Siglo XXI, 1980.

"El proceso de desintegración de las sociedades campesinas y las tendencias hacia la reintegración", en Germán Rama (ed.), *Educación y sociedad en América Latina y el Caribe*, Santiago de Chile, UNICEF, 1980.

"La crisis de la dominación burguesa en América Latina", en Raúl Benítez (ed.), *Clases sociales y crisis política*, México, Siglo XXI, 1979.

"Reflexiones sobre la investigación y la docencia en ciencias sociales", en Guillermo Boils y Antonio Murga F. (eds.), *Las ciencias sociales en América Latina*, México, Universidad Nacional Autónoma de México (UNAM), 1979. Publicado antes en *Revista Mexicana de Sociología*, vol. XXXIV, N° 3, 1972.

"Las relaciones urbano-rurales en Centroamérica: su modificación histórica", en J. E. Hardoy y R. Schaedel (eds.), *Las ciudades de América Latina y sus áreas de influencia a través de la historia*, Buenos Aires, SIAP, 1975.

"Naturaleza y crisis del poder en Centroamérica: notas para su estudio" (con Vinicio González), en Eduardo Lizano (ed.), *La integración económica centroamericana*, tomo II, México, Fondo de Cultura Económica, 1975. Publicado antes en *Estudios Sociales Centroamericanos*, No. 3, 1972 y también en *Revista Paraguaya de Sociología*, año IX, N° 25, 1972.

"Poder nacional y sociedad dependiente: notas sobre las clases sociales y el Estado en Centroamérica", en Rafael Menjívar Larín (ed.), *La inversión extranjera en Centroamérica*, San José, EDUCA, 1974. Publicado también en *Estudios Sociales Centroamericanos*, Nº 9, 1974.

"Commentary on Pellicer de Brody", en Julio Cotler y Richard Fagen (eds.), *Latin American & the United States: The Changing Political Realities*, Palo Alto, Stanford University Press, 1974.

"Comentarios a Touraine", en Raúl Benítez (ed.), *Problemas de conceptualización de las clases sociales en América Latina*, México, Siglo XXI, 1974.

"La violencia en Guatemala", en *Radicalismo y golpes de Estado en América Latina*, México, UNAM, 1973.

"La crisis política en América Latina", en Antonio Murga y G. Boils (comp.), *América Latina: subdesarrollo y dependencia*, San José, EDUCA, 1973. Hay una segunda edición de 1977.

Prólogos, introducciones, posfacios y recopilaciones

"La continuidad del cambio: los campesinos", prólogo al libro de Laura Hurtado, *Dinámicas agrarias y reproducción campesina en la globalización*, Ciudad de Guatemala, F&G Editores, 2008.

"Los avatares del Estado nacional en Nicaragua", prólogo a Pierre Frühling, Miguel González y Hans Petter Buvollen, *Etnicidad y nación: el desarrollo de la autonomía de la Costa Atlántica de Nicaragua (1987-2007)*, Ciudad de Guatemala, F&G Editores, 2007.

"El terror no tuvo límites", prólogo a Roddy Brett, *Una guerra sin batallas: del odio, la violencia y el miedo en el Ixcán y el Ixil, 1972-1983*, Ciudad de Guatemala, F&G Editores, 2007.

"Las mutaciones del tiburón", posfacio a Juan José Arévalo, *Fábula del tiburón y las sardinas*, Ciudad de Guatemala, FLACSO-SOROS, 2005.

"Sobre la verdad, la justicia y el miedo", prólogo a Comisión para el Esclarecimiento Histórico, *Conclusiones y recomendaciones. Guatemala, memoria del silencio*, Ciudad de Guatemala, F&G Editores, 2004.

"Ilusiones, equívocos y errores", introducción a Luis Pásara, *Paz, ilusión y cambio en Guatemala: el proceso de paz, sus actores, logros y límites*, Ciudad de Guatemala, Instituto de Investigaciones Jurídicas (IIJ) de la Universidad Rafael Landívar, 2003.

"La metáfora de una sociedad que se castiga a sí misma: acerca del conflicto armado y sus consecuencias", prólogo a Comisión para el Esclarecimiento Histórico, *Guatemala: causas y orígenes del enfrentamiento armado interno*, Ciudad de Guatemala, F&G Editores, 2000. Hay segunda edición en 2006.

Presentación a Francisco C. Weffort, *¿Cuál democracia?*, San José, FLACSO, 1993.

Introducción a Susan Jonas, *The Battle for Guatemala, Rebels, Death Squads and US Power*, Boulder, Westview Press, 1991.
Hay edición en español publicada por Nueva Sociedad en Caracas, 1992.

Prólogo a Gabriel Aguilera Peralta, *El fusil y el olivo: la cuestión militar en Centroamérica*, San José, FLACSO-Departamento Ecuménico de Investigaciones (DEI), 1989.

Prólogo a Marielos Aguilar, *Clase trabajadora y organización sindical en Costa Rica*, San José, FLACSO-Porvenir, 1989.

Introducción a Jorge Cáceres P. *et al.*, *El Salvador, una historia sin lecciones*, San José, FLACSO, 1988.

Introducción a José Luis Chea, *La cruz fragmentada*, San José, FLACSO-DEI, 1988.

Prólogo a VV. AA., *América Latina: diagnósticos y modelos industriales*, Caracas, FLACSO-UNESCO, 1988.

Prólogo a Jorge Rovira Mas, *Costa Rica en los años 80*, San José, Porvenir-Instituto Centro Americano de Documentación e Investigación Social (ICADIS)-Coordinadora Regional de Investigaciones Económicas y Sociales (CRIES), 1987.

Prólogo a Eugenio Rivera, Ana Sojo y José Roberto López, *Centroamérica: política económica y crisis*, San José, ICADIS-DEI, 1986.

Para entender Centroamérica, Nº 4, *Raíces y perspectivas de la crisis económica*, preparado con Gabriel Aguilera Peralta, San José, ICADIS, 1986.

Para entender Centroamérica, Nº 3, *Los hechos que formaron la crisis*, preparado con Gabriel Aguilera Peralta, San José, ICADIS, 1986.

Para entender Centroamérica, Nº 2, *Literatura en inglés sobre la crisis*, preparado con Gabriel Aguilera Peralta, San José, CADIS, 1986.

Para entender Centroamérica, Nº 1, *Resumen bibliográfi co 1960-1984*, preparado con María Eugenia Gallardo, San José, ICADIS, 1985.

"Consideraciones sobre el desarrollo capitalista dependiente", introducción a Sergio Reuben, *El desarrollo del capitalismo en Costa Rica 1940-1980*, San José, Porvenir, 1982.

"La contrarrevolución y la democracia en Guatemala", introducción a Gabriel Aguilera Peralta, *Dialéctica del terror en Guatemala*, San José, EDUCA, 1981.

"Notas sobre marginalidad y dependencia", prólogo a Aníbal Quijano y Francisco C. Weffort, *Marginalidad y dependencia*, San José, EDUCA, 1973. Hay reimpresión de 1977.

Artículos publicados en revistas académicas o en otros formatos

¿Qué significa ser de izquierda en el siglo XXI? Notas para una crítica de la razón revolucionaria, con Enrique Gomáriz, San José, FLACSO (Cuaderno de Ciencias Sociales, Nº 147), 2007.

"Las izquierdas, Rigoberta Menchú, la Historia", en *Cuadernos del Presente Imperfecto*, Nº 1, Ciudad de Guatemala, F&G Editores, 2007.

"Treinta y seis años después: Carlos Guzmán y Severo Martínez, análisis de su obra", en *Textos de Lectura a Fondo*, Ciudad de Guatemala, Cooperación Española, 2007.

"La nación multicultural y el racismo", en *Cuaderno de Desarrollo Humano*, Nº 2, Ciudad de Guatemala, PNUD, 2006.

"Guatemala: desarrollo, democracia y los acuerdos de paz", en *Revista Centroamericana de Ciencias Sociales*, vol. 3, N° 2, San José, FLACSO, diciembre de 2006.

"Guatemala 2000: un edifi cio de cinco pisos. (Introducción a un análisis de estratifi cación social)", en *Revista de la Universidad de San Carlos de Guatemala*, tercer trimestre, Ciudad de Guatemala, Universidad de San Carlos de Guatemala, 2005.

"La crisis de la democracia en América Latina", en *Diálogos*, Ciudad de Guatemala, FLACSO, 2005.

"La multiculturalidad, la ciudadanía étnica y el Estado en Guatemala", en *Revista de Estudios Interétnicos*, Ciudad de Guatemala, Instituto de Estudios Interétnicos de la Universidad de San Carlos de Guatemala, 2005.

Acerca del pesimismo en las ciencias sociales: los intelectuales en una época de transición, con Immanuel Wallerstein, Ciudad de Guatemala, FLACSO (Colección Debate, N° 49), 2001.
Publicado también como "Acerca del pesimismo en las ciencias sociales", en *Revista de Ciencias Sociales*, N° 94, San José, 2001.

"La sociedad civil en la sociedad democrática: notas desde una perspectiva crítica", en *Instituciones y Desarrollo*, Nros. 8-9, Barcelona, 2001.

"Centroamérica en el final del siglo: una reflexión egoísta, en primera persona", en *Tendencias*, N° 76, San Salvador, 1999.

"La difícil legitimidad: elecciones en Guatemala", con S. González, en *Diálogo*, No. 11 y 12, Ciudad de Guatemala, FLACSO, 1999.

"Guatemala: los demonios del pasado y la consolidación democrática", en *Nueva Sociedad*, N° 164, Caracas, noviembre-diciembre de 1999.

"El Estado después de los conflictos: hacia un Estado moderno en Centroamérica", en *Diálogos*, N° 7, Ciudad de Guatemala, FLACSO, 1999.

"La memoria histórica a prueba: reflexiones sobre la muerte, la verdad y la reconciliación nacional", en *Diálogos*, N° 1, Ciudad de Guatemala, FLACSO, 1999.

"Los avances de la paz en Guatemala y El Salvador", en *Exilios*, Madrid, 1998.

"La Comisión de la Verdad, el castigo, el olvido", en *Anuario Social y Político de América Latina y el Caribe*, N° 2, Caracas, Nueva Sociedad, 1998.

"Entre las armas y la socialdemocracia", en *Azacán*, N° 1, San Salvador, noviembre de 1997.

"Centroamérica: revoluciones sin cambio revolucionario", en *Nueva Sociedad*, N° 150, Caracas, julio-agosto de 1997.

"El caos democrático: reflexiones sobre la coyuntura", en *Nueva Sociedad*, N° 144, Caracas, julio-agosto de 1996 y posteriormente, en *Revista de la Universidad de San Carlos de Guatemala*, nueva época, N° 1, Ciudad de Guatemala, abril de 1998.

"Para entender el Caribe", en *Perfi les Latinoamericanos*, N° 8, México, FLACSO, junio de 1996.

"Tras la violencia y el miedo, la democracia: notas sobre el terror político en América Latina", en *Revista Sistema*, Nros. 132-133, Madrid, junio de 1996.

"El fin de la guerra fría y de la guerra civil", en *Cuadernos de Diálogos*, N° 1, Ciudad de Guatemala, FLACSO, 1996.

"La gobernabilidad centroamericana en los noventa: consideraciones sobre las posibilidades democráticas en la posguerra", en *Papers, Revista de Sociología*, N° 49, Barcelona, 1996.

"Consideraciones sobre la condición indígena en América Latina y los derechos humanos", en *Documentos de Trabajo*, San José, Instituto Interamericano de Derechos Humanos (IIDH), agosto de 1995.
"Dilemas de la postguerra en Centroamérica: la política, lo político, la sociedad", en *Revista Europea de Estudios Latinoamericanos y del Caribe*, N° 58, Ámsterdam, junio de 1995.

"América Latina: gobernabilidad y democracia en sociedades en crisis", en *Nueva Sociedad*, N° 128, Caracas, noviembre-diciembre de 1993.

"La democracia y la metáfora del buen gobierno", en *Polémica*, segunda época, N° 19, San José, FLACSO, enero-abril de 1993.

"Perspectivas de la economía agroexportadora en Centroamérica", en *Revista de Estudios Rurales Latinoamericanos*, vol. XV, N° 1, Bogotá, enero-abril de 1992.

"Longeva pero lozana: reflexiones sobre la democracia en Costa Rica", en *Documentos de Trabajo*, No. 13, San José, FLACSO, 1992.

"Imágenes, siluetas, formas en las elecciones centroamericanas: las elecciones de la década", en *Polémica*, segunda época, Nros. 14-15, San José, FLACSO, mayo-diciembre de 1991.
"Retorno al futuro: las ciencias sociales vistas de nuevo", en *Nueva Sociedad*, N° 108, Caracas, julio-agosto de 1990.

"La recomposición del orden: elecciones en Centroamérica", en *Revista Española de Investigaciones Sociológicas*, No. 50, Madrid, abril-junio de 1990 y en *Revista Latinoamericana de Ciencias Sociales*, segunda época, N° 1, Quito, FLACSO, 1991.

"El sistema político y la transición a la democracia en Centroamérica", en *Cuadernos de Ciencias Sociales*, N° 30, San José, FLACSO, 1990.

"Ciencia y conciencia sociales en Centroamérica", en *Polémica*, segunda época, No. 8, San José, FLACSO, mayo-agosto de 1989.

"Centroamérica: democracias de baja intensidad", en *Pensamiento Iberoamericano*, N° 14, Madrid, julio-diciembre de 1988.

"Centroamérica: la transición autoritaria a la democracia", en *Polémica*, segunda época, N° 4, San José, FLACSO, enero-abril de 1988 y en *Síntesis, Revista documental de Ciencias Sociales Iberoamericanas*, No. 7, Madrid, enero-abril de 1989.

"Is This the End of the Affair? Notes on the Central America Crisis and the Peace Efforts", en *Occasional Papers*, N° 22, La Haya, IVO, 1988.

"La cuestión juvenil en Costa Rica", en *Cuadernos de Ciencias Sociales*, N° 9, San José, FLACSO, 1987. Publicado luego con modificaciones en Edelberto Torres-Rivas (ed.), *Escépticos, narcisos, rebeldes: 6 estudios sobre la juventud,* San José, Comisión Económica para América Latina (CEPAL)-FLACSO, 1988.

"Central America: Effect of the Crisis upon the Social Situation and Policy", en colaboración con Rafael Menjívar, en *Canadian Journal of Development Studies*, vol. VIII, N° 1, 1987.

"Central America, Origins of Crisis and Instability", en *Contemporary Marxism*, N° 14, San Francisco, Synthesis Publications, octubre de 1986.

"Escenarios, sujetos, desenlaces: reflexiones sobre la crisis de Centroamérica", en *Working Papers*, N° 68, Notre Dame, Notre Dame University-Kellogg Institute, marzo de 1986.

"Informe sobre el estado de las migraciones en Centroamérica", en colaboración con Dina Jiménez, en *Anuario de Estudios Centroamericanos*, vol. 11, N° 2, San José, 1985.

"Centroamérica: algunos rasgos de la sociedad de postguerra", en *Working Papers*, N° 25, Notre Dame, Notre Dame University- Kellogg Institute, agosto de 1984.

"Nicaragua: sufragio y guerra", en *Polémica*, Nros. 14-15, San José, ICADIS, marzo-junio de 1984.

"¿Quién destapó la caja de Pandora? Nuevas reflexiones sobre la crisis centroamericana", en *Polémica*, N° 13, San José, ICADIS, 1984.

"Comme raggiungere la pace atraverso la guerra", en *Politica Internazionale*, N° 10-11, Roma, La Nuova Italia, 1984.
"The Beginning of Industrialization in Central America", en *Working Papers*, N° 141, Washington, The Woodrow Wilson Center, 1984.

"Cambio y permanencia de América Latina en el contexto económico mundial", en colaboración con Alfredo Guerra Borges, en *Revista Centroamericana de Administración Pública*, N° 5, San José, ICAP, 1984. Publicado también en *Problemas del Desarrollo*, No. 58, México, Instituto de Investigaciones Económicas de la UNAM, 1984.

"Modalidades de la transición al capitalismo agrario en Costa Rica", en colaboración con Mario Ramírez Boza, en *Cuadernos Centroamericanos de Ciencias Sociales*, N° 10, San José, CSUCA, 1983. Publicado también en *Estudios Rurales Latinoamericanos*, vol. 5, N° 1, Bogotá, 1983.

"La crisis centroamericana: ¿cuál crisis?", en *Polémica*, Nº 6, San José, ICADIS, septiembre-diciembre de 1982.

"El golpe militar de marzo de 1963", en *Polémica*, Nros. 4-5, San José, enero-agosto de 1982.

"Estado y nación en la historia latinoamericana", en *Socialismo y Participación*, Nº 16, Lima, diciembre de 1981.

"El Estado contra la sociedad: las raíces de la Revolución Nicaragüense", en *Estudios Sociales Centroamericanos*, Nº 27, San José, CSUCA, septiembre-diciembre de 1980.

"Problemas de la formación del Estado en Centroamérica", en *Estudios Sociales Centroamericanos*, Nº 26, San José, CSUCA, mayo-agosto de 1980.

"La formación del Estado y del sector público en Centroamérica y Panamá", en *Revista Mexicana de Sociología*, vol. XLII, Nº 2, México, IIS-UNAM, abril-junio de 1980.

"Vida y muerte en Guatemala: reflexiones sobre la crisis y la violencia política", en *Foro Internacional*, vol. XX, Nº 4, México, El Colegio de México, 1980. Publicado también en *Alero*, 4ª época, Nº 5, Ciudad de Guatemala, Universidad de San Carlos de Guatemala, febrero de 1980. Hay versión en inglés en *NACLA*, vol. XIV, Nº 1, 1980 y en francés en *Amérique Latine*, Nº 2, París, CETRAL, 1980.

"Formas productivas y capitalismo en el agro latinoamericano", en *Cuadernos Centroamericanos de Ciencias Sociales*, Nº 4, San José, CSUCA, 1980. Hay reediciones en 1981 y 1982.

"Mercado Común Centroamericano: ¿crisis para quién?", en *Alero*, 4ª época, Nº 1, Ciudad de Guatemala, Universidad de San Carlos de Guatemala, junio de 1979. Una versión ampliada fue publicada en México por el Centro de Estudios Económicos y Sociales del Tercer Mundo, 1980.

"Crisis y coyuntura crítica: la caída de Arbenz y los contratiempos de la revolución burguesa", en *Revista Mexicana de Sociología*, vol. XLI, Nº 1, enero-marzo de 1979.

"Elementos para la caracterización de la estructura agraria de Costa Rica", en *Avances de Investigación*, Nº 33, San José, Instituto de Investigaciones Sociales de la Universidad de Costa Rica, abril de 1978.

"Sobre la formación del Estado en Centroamérica", en *Cuadernos del CEDEC*, No. 2, São Paulo, Centro de Estudios de la Cultura Contemporánea, 1977.

"Sobre la crisis del sistema capitalista y las perspectivas del cambio político en América Latina", en *Alero*, 3ª época, Nº 12, Ciudad de Guatemala, Universidad de San Carlos de Guatemala, 1975.

"La integración económica de Centroamérica: enfoque crítico", en *Revista Mexicana de Sociología*, vol. XXXVII, Nº 3, México, IIS-UNAM, 1975.

"Refl exiones sobre el Seminario de Mérida", en *Revista de la Universidad*, México, UNAM, marzo de 1973.

"Notas sobre la estructura social del campo centroamericano", en *Revista Paraguaya de Sociología*, año IX, Nº 23, Asunción, 1972. Publicado también en *Economía (Revista de la Facultad de Ciencias Económicas)*, Tegucigalpa, Universidad Nacional Autónoma de Honduras, 1974.

"La proletarización del campesinado en Guatemala", en *Estudios Sociales Centroamericanos*, Nº 2, San José, CSUCA, 1972.

"Reflexiones en torno a la interpretación histórico-social de Guatemala", en *Alero*, Ciudad de Guatemala, Universidad de San Carlos de Guatemala, febrero de 1971. Publicado también en *Revista Mexicana de Sociología*, vol. XXXIII, Nº 1, México, IIS-UNAM, 1972.

"Problemas del desarrollo y la dependencia en Centroamérica", en *Revista Mexicana de Sociología*, vol. XXXI, Nº 2, México, IIS-UNAM, 1969.

"La jeunesse latinoaméricaine: problèmes de démographie et de structure", en *Development et Civilisation*, Nº 27, IRFED, marzo de 1969.

"Problemas de la integración económica centroamericana", en *Revista de Estudios Internacionales*, año IV, Nº 12, Santiago de Chile, 1969.

"Las elites militares en América Latina", en *Elites urbanas en América Latina*, Serie Documentos del Instituto Latinoamericano para la Planificación Económica y Social (ILPES), Santiago de Chile, abril de 1966.